THE COURAGE AND INTEGRITY OF HENGYANG

血性衡阳

[衡阳保卫战中的大数据与小故事]

蒋昭芒 编著

广东旅游出版社
GUANGDONG TRAVEL & TOURISM PRESS
悦读书·悦旅行·悦享人生

中国·广州

图书在版编目（CIP）数据

血性衡阳 / 蒋昭芒编著. — 广州：广东旅游出版社，2019.5
ISBN 978-7-5570-1548-0

Ⅰ．①血… Ⅱ．①蒋… Ⅲ．①先进事迹－衡阳－现代 Ⅳ．①K820.864.3

中国版本图书馆CIP数据核字(2019)第049543号

总 策 划：刘丽华
策　　划：蒋勋伟　林新华　罗胜利
出 版 人：刘志松
责任编辑：何　阳　于子涵
责任校对：李瑞苑
责任技编：冼志良
装帧设计：邓　靓
美术插图：蒋二芒
照片提供：丁　民

血性衡阳
XUEXING HENGYANG

广东旅游出版社
（广州市越秀区环市东路338号银政大厦西楼12楼）
邮编：510642
联系电话：020-87347316
网址：www.tourpress.cn
印厂：深圳市希望印务有限公司
印刷地址：深圳市坂田吉华路505号大丹工业园二楼
开本：787毫米×1092毫米 16开
印张：20
字数：300千字
版次：2019年5月第1版第1次印刷
印数：1-13000册
定价：58.00元

守衛衡陽的戰

士們是英勇

的

毛泽东 一九四四年 八月十二日

序 THE PREFACE 刘和平

2008年5月，中国汶川发生了震惊世界的大地震，伤亡数十万人，直接受灾面积10万平方公里，无数人失去家园。看现场直播悲伤难禁，与时在澳洲留学的女儿通了电话，她主动提出减少她的留学费用，鼓励我将人民文学出版社出版的《大明王朝1566》稿费一次性捐给灾区。中国文联闻讯通知我组织一个采访组到灾区实地采访，写一部作品，我当时答道："面对如此巨大的灾难，任何文字都是苍白无力的。"我没有去，其实是不敢去，不敢写。

我是写大题材的，可一直应该写而一直不敢写的还有一部大题材，就是1944年发生在我家乡的衡阳保卫战。我的祖父母1925年逃难流落衡阳，当年祖父去世，祖母替人佣工抚养我的伯父和父亲，十几年省吃俭用，竟从底层苦工经营出了一家旅馆，被时人称颂。1944年6月23日至8月8日，衡阳发生了震惊世界，抵抗日军入侵的47天保卫战，整个衡阳市5万多栋房屋被夷为平地。与衡阳市40多万市民一样，我家也沦为了赤贫。1945年抗战胜利，所有衡阳市民在一片废墟上搭建茅舍，重建家园。衡阳也被命名为中国唯一的抗战纪念城。

然而从小从祖辈父辈处听到的不是我们遭受的灾难，而是这场战役中中国军人和衡阳人民抗击日军的自豪和骄傲。永远不能忘记的是三组数字：1.日本侵略军最后集结了6个师团10万余人攻打衡阳，我军却只有一个军17000余人阻击，比例为抗战以来从未出现的敌六我一；2.日军战前计划为最少一天最多三天攻占衡阳，我军在衡阳人民的支持下竟奇迹般地坚守了47天；3.战役结束，日军伤亡7万余人，我军伤亡为1万余人。是役，阻滞了日军大本营打通中国大陆南北交通线的一号作战令，成为了日本东条英机内阁倒台的导火索之一，在二战史上被视为奇迹，也成了军史界研究的谜团。

蒋昭芒和我一样世居衡阳，他的父亲一生就致力于收集研究衡阳保卫战的史料，留下了大量的宝贵文献。昭芒继承父亲遗愿，在其父毕生工作的基础上，穷搜遗落的记忆，从一个个鲜活的人物和战例中，别开生面，历时十余年写出了这部呼吸可闻的《血性衡阳》。适逢今年衡阳市委、市政府启动衡阳保卫战电影的拍摄，约我创作该剧，昭芒即将他的资料悉数提供，使我感动。写了这些文字，向读者推荐这部《血性衡阳》。

刘和平

2018年11月于北京

自序
ADMISSION

1944年6月23日至8月8日的衡阳保卫战，对古城衡阳来说不仅仅是一场抗击外敌的战役。

它已成为衡阳文化的一个符号，是衡阳宏大历史叙事中的一座高耸入云的丰碑。

习近平总书记说，一个有希望的民族不能没有英雄！

"天地英雄气，千秋尚凛然。"70多年前，守卫衡阳的第10军将士以不畏强暴、血战到底的英雄气概，用血肉之躯筑起新的长城；他们前仆后继、英勇不屈，用鲜血和生命铸就了一首首英雄的诗篇。

这些英雄的诗篇将一代代人心口相传，荡气回肠，激励千万万人重新审视本民族所经历的艰苦卓绝，重新打理自己先辈用生命维护的民族尊严与浩然正气。

对于方先觉领导的第10军进行的衡阳保卫战，毛泽东在1944年8月12日《解放日报》发表的社论中指出："坚守衡阳的守军是英勇的，衡阳人民付出了重大牺牲。"

我曾经多次赴张家山、五桂岭、虎形巢、江西会馆等地去察看当年发生过激烈战斗的战场遗址，力图从地形地貌、一草一木中感受那些英雄们与敌寇厮杀的气象，但经历数十年岁月的沉淀，大地已然安详，万物重归平和，人们生活静好，那些往昔喋血的代价如今有了现实的回馈与注脚。在岳屏山的抗战英雄纪念碑前，我奉上鲜花鲜果，鞠躬再三，我抚摸着浑厚的和平大钟，神思飞越。我想，活着的人，特别是活在衡阳这块热土上的人们，不应该淡忘那场远去的战争，不应该淡忘那震撼世界的47天！我们有责任记下那一个个撼人心魄的故事，记下那一张张宁死不屈的面孔。

风撩起我的鬓发，岁月不居，人生

易老。记得最初给我讲述衡阳保卫战那些震撼心灵的故事的还是我父亲，他以一个生于斯长于斯的衡阳文化人的情怀，对发生在70多年前的那场撕裂天空大地的战役一直没齿不忘，他坚持用自己的笔墨去记录他们的事迹，他们的传说。他说，尽管那场战役给衡阳人民造成了巨大的苦难，带来了巨大的牺牲，成千上万的中国士兵在此付出了鲜血和生命，但毋庸置疑，这场战役也极大地彰显了衡阳人的血性、中华民族的血性。在这块土地上，我们的先辈们宁折不弯、威武不屈，让不可一世的日本侵略者也因之心惊肉跳、肝胆俱裂，我们一定要记住那些英雄们！

父亲曾为此访古探幽、搜罗资料，走访那些曾经见证那场战役的老人们，征集那些烈士遗物、勋章和照片，他还曾经尝试着撰写了6集电视连续剧，可惜由于晚年疾病缠身，这项具有重大意义的工作被迫中断了。每当念及此，我便不禁为之扼腕叹息。故而，我编著这些有关衡阳保卫战的故事，也就有了纪念父亲的意思了。如果父亲在天之灵能够看到这本今已成书的《血性衡阳》，或许有一丝欣慰。我们，不仅仅是我们，正在通过文字、图像和光影，还原那一个个惨烈无比的战争现场，再现一个个曾经鲜活的英雄，目的就是让那些为争取民族独立与人民自由的先烈们永远活在后来人的心中，成为不朽的传奇！

是为序。

蒋昭芒

2018年夏月于广州

目录 DIRECTORY

THE COURAGE AND INTEGRITY OF HENGYANG

血性衡阳

[衡阳保卫战中的
大数据与小故事]

衡阳保卫战之
历史背景

HISTORICAL BACKGROUND

1922年登回雁峰望岳台，往北方向拍摄的衡阳城全景

1943年，世界反法西斯战争转入战略反攻，日军在太平洋战场上屡遭失败。其本土也遭受猛烈空袭，日本大本营趁中国重兵部署于印缅战场，决定倾其全力、孤注一掷，制定"一号作战"计划，其目的是打通从中国东北直到东南亚的大陆交通线。

为什么要打通大陆交通线？最主要的原因是美军在太平洋战场逐岛争夺战中取得节节胜利，直接威胁到日军在太平洋上的交通线。如果"一号作战"计划得以实施，那么中国的半壁江山，自北向南将战火连绵，使得日军可将中国国土一分为二。日军只要打通平汉和粤汉铁路，并接通湘桂铁路到越南的交通，日本本土到东南亚的运输线将获得贯通。同时中美空军在华中、华南的航空基地也将被日军摧毁，从而阻断美军从中国大陆空袭日本本土的战略。

日本"一号作战"计划分为三步：第一步，1944年4月，发动河南作战，计划一个半月打通平汉线；第二步，1944年6月，发动湖南作战，计划五个月打通粤汉铁路中段；第三步，1945年1月，发动广西会战，计划一至二个月打通湘桂线和粤汉线南段。为了执行这个计划，日本投入的总兵力达到了51万人，火炮1500门，坦克800辆，汽车15500辆。日军还将整个中国战场的航空兵改组，并

首次在中国战场上，使用了装甲师团，同时从日本国内调集了道路、桥梁的专业工程人员和其他战略物资来华作战。

1944年4月18日，日军开始了"一号作战"计划第一阶段的作战。日军约15万兵力，由司令官冈村宁次指挥，分三路向豫中进攻。而在河南地区的中国军队，隶属于第一战区。号称"飞将军"的司令官蒋鼎文，"中原王"副司令官汤恩伯，指挥40万中国士兵，在黄河南岸抗击日军。短短的37天里，中国军队丧师失地，一路溃退，丢失城池38座。伤亡19000余人，日军伤亡4000余人。平汉铁路掌握在日军手中。蒋鼎文和汤恩伯均被撤职。

1944年5月27日，日军正式向湖南发动进攻，开始了"一号作战"计划第二阶段的作战。在中国大陆唯一的一个野战攻击军——日军第11军，以8个师团的约20万人规模，由日本中国派遣军总司令畑俊六大将统领，将战斗指挥所由南京推进到汉口，战场总指挥由横山勇担任。横山勇根据此前与中国军队交手的经验以及长沙前三次会战的失利，选择了牛刀杀鸡、狮子搏兔的战术。之前，他已派遣间谍打入中国军队内部，重金贿赂走狗汉奸，为其绘制地图，收集情报。

中国方面，指挥湖南会战的第九战

区司令长官薛岳，统兵40万人节节阻击日军。6月16日，日军第四次围攻长沙，仅一日，就攻占了长沙西部的岳麓山高地，然后居高临下用炮火猛轰长沙，2天后长沙陷落。这出乎很多人的预料之外，也使得衡阳立刻受到威胁，日军进兵神速，以最精锐的四个师团，包抄衡阳东侧的湘赣边界，期望一举歼灭第九战区的剩余主力。另外以两个师团扫荡西侧，将广东方面的军队阻隔于湘西山地，再以两个师团主攻衡阳，横山勇乐观地估计，用这三四万人的兵力拿下衡阳城，一举结束湖南阶段的作战。

作为交通枢纽的衡阳已是危在旦夕。

打通粤汉铁路，接通湘桂铁路，衡阳是必经之地。

衡阳的飞机场又是中国东南空军基地之间的中间联络站，它若失守就使辛苦经营的东南空军基地归于无用，因此日军为了实现"一号作战"计划，对于衡阳是志在必得。

6月，不平凡的1944年6月。

1944年6月，可以说是第二次世界大战最重要的一个月，在反法西斯同盟国与法西斯轴心国德国与日本之间发生了惊天动地、名载史册的三个大决战：

第一个是欧洲战场6月6日至8月25日的诺曼底登陆。盟军（美国、英国、加拿大、法国、波兰等国）先后调集了36个师，总兵力达288万人，17万辆车辆，60万吨各类补给品，成功地渡过了英吉利海峡。战争双方约有24万人伤亡、被俘，其中盟军伤亡12.2万人，德军伤亡和被俘11.3万人。缴获和摧毁德军的各种火炮3000多门，摧毁战车1000多辆。德军损失飞机3500架，坦克1.3万辆，各种车辆2万辆，人员40万。诺曼底登陆成功，美英军队重返欧洲大陆，使第二次世界大战的战略态势发生了根本性变化。8月25日巴黎解放，诺曼底战役宣告结束。

第二个是太平洋战场6月15日至7月9日的塞班岛登陆战。盟军出动战舰400余艘，战机4000余架，登陆士兵12.8万人。在为期三周的浴血战后，岛上日军3.1万人全部被歼灭，岛上1万多的日本居民丧生，7月6日，日本联合舰队司令南云中将和兵团司令斋藤中将自杀。此一战役使日本在太平洋上海陆空的战力消耗殆尽，盟军直逼日本本土。

第三个就是中国战场上6月23日至8月8日的衡阳保卫战，中国国民革命军第10军孤军守备衡阳，军长方先觉率领1.7万将士，在炎热盛暑下，与11万之众的日军浴血奋战47天，仅1平方公里的战场上，中国军队阵亡7000余人，日军伤亡共超过7万人，日军68师团长佐久间为人中将阵亡。日军因无法攻取衡阳且伤亡惨重，导致7月18日东条英机的内阁倒台。中国军队取得了战略性胜利。

三个战场中唯有衡阳保卫战是以绝对劣势之兵力、绝对劣势之装备，不屈不挠、拼死血战，打出了中华民族的英雄气，迟滞了日军既定的战略预期，让反侵略战争的正义光芒再次升腾在中国的土地上。

日军投降后，中国军民回到衡阳城

第一部分：
血色数据

历史的叙述可能会受到观点的扭曲，但是数字仍然会用铁一样的事实说话。

当我尝试着从数字看衡阳保卫战时，不禁对这场发生在衡阳城区抗击日寇的战役充满敬意，对充满血性的中国军人充满敬意，他们用热血与生命为这座古城树起了一座精神坐标。

"抗日战争中，双方投入兵力10万人以上的大型会战有22次，而衡阳保卫战是唯一一次中方以少胜多的范例。"

战争使得这座城市满目疮痍

我们曾有过
备受屈辱的历史

1840年第一次鸦片战争，大英帝国凭借40余艘军舰、19000余名士兵就迫使大清王朝签订了丧权辱国的《南京条约》，割让香港岛，赔款2100万银元。

1856年第二次鸦片战争，英军18000余人、法军7000余人长驱直入中国首都北京，杀人放火，将皇家宫苑圆明园付之一炬。

1894年甲午战争，清政府一纸《马关条约》割让中国辽东半岛（2.9万平方公里，后赎回）和台湾（3.6万平方公里）予日本，赔款白银2亿两。

1900年英、法、德、俄、美、日、意、奥八国联军进攻北京，八个国家拼凑的兵力不足2万人，却10天内令北京陷落，赔款数额更是达到空前的4.5亿两白银。

1931年九一八事变。驻扎东北地区的日军不到十万人，而张学良的几十万东北军人也未能阻止侵略军的野心，日本鬼子1天占领沈阳，一星期控制辽宁，三个月就使整个东北沦陷。

1937年7月7日，日本侵略者再次以挑起卢沟桥事变，而在同一地区的中国军队仅宋哲元部第29军就不下10万士兵。居然，仅一个月时间，整个平津就挂起了膏药旗。

1944年4月17日夜，日军启动"一号作战"计划，在开封渡过黄河，两天后占领郑州；5月1日一天攻陷许昌；5月25日洛阳一天失陷；接着日军以14个师团的兵力第四次围攻长沙。中国第九战区司令长官薛岳指挥4个集团军共约40万人，在空军（飞机181架）、友邻战区支援下，在湖南新墙河南岸、沅江和益阳地区摆开阵势，准备与日军进行一场大战。然而谁也想不到的是，日军6月16日围长沙，仅一日，就攻占了长沙西部的岳麓山高地，然后居高临下用炮火猛轰长沙，两天后长沙陷落敌手。

衡阳保卫战
战场地貌概况

 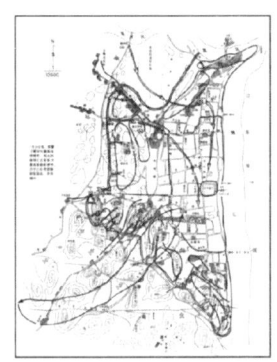

1938年湖南省衡阳城区地图　　　　　1944年衡阳保卫战经过地图

　　当年的衡阳城区呈长方形，东西宽约500米，南北长约1600米。总面积约为1平方公里。耒水自东蜿蜒而北，在城区北角注入湘江，城区北面又有蒸水，由西向东流入湘江，弹丸之地却是交通枢纽，既是粤汉、湘桂两条铁路的连接点，又是西南公路网的中心，仅仅依靠穿城而过的湘江和耒水、蒸水三条河流，便集中了湖南省每年输出的稻谷达3000万石，还有丰富的矿产于此集中。

衡阳保卫战前的衡阳城

衡阳保卫战是
一场人民战争

1944年6月19日，长沙陷落当天，衡阳城内30万居民被疏散。

轮渡工人及渔民将养家糊口的船只约90余艘凿穿沉于江底，举家上岸，无惧颠沛流离。

粤汉铁路工人张学逸率20余人将衡阳火车站的剩余的火车头转盘全部拆毁，设备搬迁，路轨撬掉，站内空空如也，厂房次第破坏。

渌口至耒阳的粤汉铁路、衡阳至冷水滩的湘桂铁路和宝庆至衡阳的公路，一段一段地被组织起来的衡阳百姓挖断破坏，路基、轨道、涵洞、桥梁等，要么炸毁，要么撤走，要么填塞，只要是能动的运输设备，悉数坚壁清野，意在阻缓或切断日军进攻路线。

13万衡阳居民参与修筑工事，全市所有的铁匠木匠篾匠泥水匠、锻工钳工车工水电工，凡懂点专业工程技术的全被动员起来。修筑工事需大量木材用于造木栅，

建碉堡壕沟。衡阳市竹木板片业同业公会理事长邬仲林率众将木材120余万根标明规格登记入册，全部供给军用。湘桂铁路工人又送来储备钢轨和枕木，利用河川、丘陵、城墙和房屋，构筑工事，从城区到市郊，到处都是光着膀子、喊着号子的民夫在帮助修建工事。城内各街道挖掘了战壕、散兵坑，修筑了暗堡、机枪掩体、铁丝网等，壕壕相连，沟沟相通，构成坚固的防卫体系。

5月21日，衡阳人民抗敌后援会在火车站、潇湘门码头、小西门、汽车西站等处设立7个献金台，募集62万元；湘桂铁路全线员工捐献一日工资共118万元支持抗击口寇。

妇女界发动妇女开展一人一鞋活动，每人自制布鞋一双，捐献了5万双军鞋。

5月24日，衡阳各界支持抗战献金救国活动在市府广场举行，市长赵君迈第

一个捐出5000元。

第六中学老师自制纸花上千朵发动学生义卖，100元一朵，全部义款捐赠第10军。

福泰铁工厂老板邵鸿舜捐资捐物多次，又以个人名义捐款40万元。

一位华姓妇女将家里2.4亩水田契约交给主持者，请其变卖现金支持抗日。

一位盲人老太太由孙女搀扶，将卖棺材的钱从手绢里抖抖嗖嗖地掏出扔进募捐箱。

市民全天捐款500余万，悉数由赵市长交给了第10军方先觉军长。

月底，衡阳媒体请来著名小提琴家马思聪先生义演，筹款门票1000元一张，一售而尽。

6月20日，衡阳市市长赵君迈再次号召18岁以上、45岁以下7000余名市民组成弹药队、工事抢修队、消防队、伤病服务队和收尸队等，支援国民革命军第10军守备衡阳。

在抗击日寇入侵前，衡阳社会达到了空前的团结，无论官民、无论老幼、无论贵贱，大家同仇敌忾，有钱出钱、有力出力，这也彰显出衡阳人对待外敌入侵誓死不屈的民族意志和地域血性。

1944年6月23日，中国抗战14年杀敌最多的一场战役在这里打响。

湖南民众积极备齐物资，支援前线

衡阳保卫战是
一场以一敌六的战役

衡阳保卫战期间，美国"飞虎队"队员拍摄的衡阳战场情况（五桂岭和张家山一线）

围攻衡阳的日军是其第11军第68师团、第116师团和第34师团218联队主力，后因伤亡惨重，日军调来第3师团、第13师团、第27师团、第40师团、第58等师团等大批部队增援，日军第44飞行战队参战并使用"特种弹"（毒气弹）。日军前后集结兵力共计达到11.7万人。（日军战史记载，仅7月20日一天里日军就有10个大队外围警戒，20个大队修缮道路，15个大队进攻衡阳）

守卫衡阳的第10军前身为著名的黄埔教导团，号称"泰山军"，是当年军队最高荣誉——飞虎旗获得者。军长方先觉时辖号称四个师，但兵力配置除两个满员师外其他均严重缺编，总兵力为：第3师、预备第10师、第190师（仅一个团完整，余为干部）、暂编54师（仅一个营），加上配属部队第5军48师战车防御炮营一个连、第46军炮兵营一个连、第74军野炮兵营1个连，总共16275人。其中战斗人员14000人，其他是通信、卫生、工程、辎重等没有武器的非战斗人员，第10军的士兵以浙江人、福建人、河南人、安徽人、湖南人为多。

衡阳保卫战中
双方武器装备质量极为悬殊

围攻衡阳的日军除配备火炮、坦克、飞机外，还备有及芥了气与路易氏剂混合毒气弹。令人深恶痛绝的是，47天的战役中，日军卑鄙无耻地使用施放毒气弹70余次。

日军档案中仅10天时间的记载："随着公路的开通，汽车部队陆续南下装载军需品。7月26日夜，47吨。27日夜，12吨。28日夜，34吨。……至8月4日第三次进攻开始，150毫米榴弹炮三门，每门炮弹330发；100毫米加农炮三门，每门炮弹450发；山炮一门，炮弹约100发；步兵炮10门，每门炮弹约90发。其它驮马辎重（包括架桥材料中队的辎重）36吨；汽车120吨；水路舟艇160吨；军需品500吨，合计816吨，在佐佐木孟久中佐率领下抵达衡阳。"

"8月4日清晨，日军五个师团各种火炮150多门，炮弹40000余发，在横山勇司令的统一号令下，向衡阳西南阵地倾泻。"

"8月7日，横山勇司令令令全军再度强行总攻。陆军炮兵之中坚武器，15英寸榴弹炮、10英寸加农炮投入使用。"

这仅仅是日军第三次攻击衡阳时所增加的枪炮子弹。而日军一个师团平均常备人数为22000人，步枪9000支，机枪600挺，汽车4辆，战马2000匹，山炮200门，装甲车20辆。

中国军队第10军奉命防守衡阳时仅备有坦克1辆、美式七五山炮12门。在常备配备基础上，增加炮弹共5000发；步枪枪弹有530万发；手榴弹28000颗；迫击炮弹3200发。只准备半个月粮弹。打到第20天步枪子弹已消耗60%，手榴弹消耗三分之二，迫击炮弹消耗了80%，缺山野炮弹。

打到后期，军长下令以现金1000法币一颗收购战士手中用来最后血拼殉国自杀的手榴弹。

打到后期，第10军由于各兵团迫击炮口径不一，有81口径的，也有82口径的。81口径的炮弹已颗粒无存，而82口径的炮弹库储尚有数百发。军参谋长孙鸣玉为求平衡第一线火力，特发动司令部幕僚，将半数的82口径炮弹"弹带"部位，以砖石磨去其直径1厘米，使其能适合81迫击炮发射。

日军飞机每月预定补充50架、航空油料足够半年，空军弹药够用两年。日军第5航空军也以出动2700架次飞机，以7倍优势压倒了只有400架次出动的中美空军，从而掌握了制空权。

日军情报人员在战前即已绘制出衡阳每一街巷的地图。敌军备战之充分可见一斑。

陆家新屋——衡阳保卫战纪念馆

衡阳保卫战
战况震古烁今

衡阳保卫战1944年6月23日开始到1944年8月8日结束。

47个昼夜，平均每天120万发子弹的相互倾泻，满目瓦砾，战后的阵地找不到一株完整的绿荫，一段整齐的墙垣，一只活着的动物，树干上、梁柱上、墙壁上千疮百孔。

47个昼夜，围攻衡阳的日军伤亡7万余人（日军在开战第23天的统计人数为战死3860人，战伤8327名，战病7099名，合计19286名，损失马匹7126匹）。第68师团中将师团长佐久间为人、少将旅团长志摩源吉均丧身于衡阳战场。第116师团和第68师团遭到毁灭性打击。

47个昼夜，守卫衡阳的第10军全军

殉国者7600多人，伤员8000余人，仅存1200余人被俘。其中第30团幸存8人；第29团幸存20人；第28团幸存30余人；第7团幸存40余人；第二线的第8团幸存70余人；第9团幸存90余人。伤亡率达90%。

47个昼夜，中国军队赢得了中外广泛赞誉。连日军亦称第10军"寸土必争，其孤城奋战之精神，实令人敬仰"。

47个昼夜，配合作战，抢挖工事，运送弹药的民夫牺牲者3174人。全市直接被杀伤、间接因饥病以致死亡者，逾351038人，

衡阳保卫战中60米高的张家山，敌我双方相互攻取达13次。

只有身临其境，才能知道那47个昼夜有多长，那炮火有多猛烈，那决死的信仰有多么坚定，那中国人的秉性是多么的坚毅，光焰万丈！

战后的衡阳变为废墟，图为空中拍摄衡阳石鼓书院附近全景

衡阳保卫战中
中国将士平均每人杀敌4个半

第10军官兵平均年龄22岁。

年龄最大的是49岁，最小的17岁。

47个昼夜，衡阳城平均每天有150多位青年军人为国捐躯，牺牲的校级军官便达26个，其中2个团长、2个副团长、20个营长、2个副营长。尉级军官连长39个，排长106个。其时，能扛枪打仗的有效兵员只剩2000人不到。

衡阳保卫战中日军军官战死中将师团长1人、旅团长1人、联队长2人、大队长15人、中小队长约100名。军官近500人阵亡，日军在湖南战场共损失军官约1000名，衡阳战役占一半。

而昆仑关战役：日军战死旅团长1人，联队长2人，大队长4人。

平型关战役：日军战死旅团长1人。

衢州会战：日军战死旅团长1人。

三次长沙会战：日军战死联队长4人。

上海保卫战：日军战死联队长2人。

武汉保卫战：日军战死联队长2人。

常德保卫战：日军战死联队长2人。

台儿庄战役：日军战死联队长1人。

南浔战役：日军战死联队长1人。

宜昌战役：日军战死联队长1人。

衡阳城破，并非日军步兵所为，关键在遭受重炮劈天盖地的轰击。以一个弹丸之城，受到四个炮兵团队数百门重炮长达数十日的轰击，阵地被破坏殆尽，战力遭到毁灭性摧毁，已到了守军想打巷战都无法所托的地步。

地面

日军野战重炮第15联队，三门15英寸榴弹炮、三门10英寸加农炮，一天之内前者发射330枚炮弹；后者发射450枚炮弹。

日军独立山炮第5联队，由南向北轰击城南五桂岭、飞龙山。

日军第13师团的山炮第19联队在湘江东岸隔江轰击。

日军122山炮联队从西往东炮轰岳屏山、天马山、苏仙井。

天空

日军第一飞行团第6战队、日军第44战队、第八飞行团轻轰炸机队轮番投弹轰炸。

47个昼夜，天地易色，草木喋血，第10军官兵人人只想着一件事，就是如何杀死一个敌人"以找回本钱"；杀死两个便"赚一个"，并无一人退却，亦无一人逃亡。

以少敌多，让日军每天折损1000人的代价仍然不能前进半步，并一时打到弹尽粮绝，第10军堪称中国军队第一个。

因为这47个昼夜，战后国民政府在全国400余座城池中唯一把衡阳确定为"抗战纪念城"。第10军预备第10师长葛先才奉命回到衡阳，与滞留的60多个前第10军官兵一起历时四个多月，在原来的阵地上收集官兵忠骸3000多具，其中挖出最多烈士遗体的是岳屏山。为此，葛先才买光了城中所有商店的花露水和香水喷洒、冲洗尸骨。在岳屏山中一起挖出来的，还有证件、委任状、相片、家书、战士写给爱人的情书……。后举全市之力，建烈士公墓于张家山之颠，碑高17米。

蒋中正为纪念碑题词：衡阳抗战纪念城。

因为这47个昼夜，中国军民惊天地、泣鬼神，其顽强抗敌的意志打破了日本大本营原计划7天之内打通湘桂线直抵滇缅的黄粱美梦。

南岳忠烈祠

衡阳保卫战
灭掉了膏药旗的猖狂

在此之前，日军攻占新加坡和马来西亚只动用兵力三个师团，伤亡960人；日军夺取缅甸的兵力为四个师团，伤亡只有1289人；日军"扫荡"印尼全境使用三个师团加一个旅团，损失2634人。

而为攻占衡阳区区一座孤城，日军投入五个师团、一个独立旅团和一个重炮兵部队，战斗旷日持久达47个昼夜之长，而伤亡人数却远在上述诸役之上。

就连日军自编的战史都称其为日俄战争以来又一个"旅顺要塞之战"。据日本国桧第六十八师团史编纂委员会所编的《桧第六十八师团史》记录："敌人之守将方先觉将军，为一号骁勇善战之虎将，其第十军之三个师，皆以必死之决心，负隅顽抗，寸土必守，其孤城奋战的精神，实令人敬仰。"

"亘四十余天之激战中，敌人尚无一卒向我投降，实为中日战争以来之珍闻。"

此役"牺牲之大，令人惊骇"，为"中日八年作战中，唯一苦难而值得纪念的攻城之战"。

毫无疑问，衡阳保卫战是中日战史上一个以少胜多的典型战例。

日军所摄被守军迫击炮击毙的第57旅团长志摩少将之地，衡阳城南原市民医院附近

《血红芳华》蒋二芒画

衡阳保卫战中
衡阳工商业遭遇灭顶之灾

战前热闹非凡的衡阳易赖街

1942年1月1日，国民政府设衡阳市，正值广州沦陷，武汉弃守，长沙"文夕大火"之后，衡阳成为西南各省军事、政治和经济中心，采购物资的吞吐口。当时衡阳为中国第二大工商业城市，其税收也列为全国第二位；又因上海、武汉等地的工厂大多迁往衡阳，故有"小上海"之美誉。湖南当时共有重要工厂123家，其数量仅次于四川。但其中集中在衡阳的则有57家，临近衡阳的祁阳有20家，湘潭有8家，其余30家分散在各地。衡阳工业有军工、冶金、机械，水泥，电气、纺织、造纸、火柴、酒精、汽油等类，手工业企业近千家，有职工约1万余人，资本总额达1000万余元，而机械工业一项年产值即可达到1亿元以上。当时中国唯一的一家汽车发动机制造厂"新中工程公司"就设在祁阳，该厂每周可生产发动机一台。酒精厂规模也比较大，年产量为3.3亿加仑。衡阳的轻工业对西南各省亦有较大的影响。如棉纺织品，远销昆明、成都、重庆，其他如肥皂、玻璃、卷烟、纸张等也大致如此。战事发生后，工厂大部分来不及拆除，只得忍痛丢弃，有一部分费了九牛二虎之力搬到火车站，但因无法挤上火车，只好就地破坏或遗弃。

衡阳保卫战致使全城房屋45697栋被毁，大小工厂183家关闭，荒废田土375000余亩，损失财产82204亿余元（当时法币），按1银元约等于800元法币计算相当于10亿银元。这还是不完全统计，私人财产、收藏品如图书、古董、字画，损失不在其列。

千年古城被夷为平地。

衡阳工商业虽然在战火中惨遭破坏，但它在衡阳保卫战中所起的作用不可估量！

衡阳保卫战
是世界军事史上的一个奇迹

1944年6月1日，方先觉军长带领第10军参谋长孙鸣玉、预备第10师师长葛先才、第190师师长容有略、新编第19师师长罗活及军部幕僚，在衡阳城区周围连续察看地形两天，确定西、南两面丘陵地区为防御重点，图中左手向前指的人为方先觉

第10军的坦克只有一辆，没有参战的记录；第10军的火炮最多的时候，也不过是日军的一百一十分之一，日军总共发射了130万发炮弹，空军投弹上万枚。第10军全军只有82000发炮弹。

上百万发炮弹撕碎了3.8平方公里的衡阳古城，47天，平均每秒1发！每一分钟3600发！

这座原本在横山勇的作战计划里预计以200人为代价，3天内就可攻下来的衡阳小城，却用自己的血肉之躯、钢铁意志验证了中华民族的顽强精神。

3.8平方公里的狭小面积，47天落弹上百万发；1.7万余中国军人，对抗11.7万多日本强盗；前沿阵地上，中国军队经常是以伤亡严重的连队对抗日军齐装满员的联队，几乎没有炮火支援，弹药常常补充不上；一桶水、一箱弹药、一个苹果都常常是牺牲好几条人命还不一定送得上去，在这种情况下突显的民族精神，就是一个奇迹。

日本军人也忘不了让他们魂飞魄散的衡阳，因为1944年的那47天，他们领教了"方先觉壕"将传统冷兵器与现代热兵器有机结合的智慧；他们尝到了人造"绝壁工事"的厉害；他们目睹了中国军人的血性与自信在捍卫民族尊严时居然用砖石打磨火炮口径，发明将三五颗手榴弹捆绑成集束手榴弹。

尽管历史没有完全记录下那7000多位在战火中浴血牺牲战士的姓名，但他们用热血展现了以寡敌众以弱胜强的意志，将身躯与衡阳古城、与巍巍南岳紧紧糅合在了一起。在血与火交融的47天，衡阳城向世人证明：有血性的中国人，是不会屈服的！

衡阳保卫战为世界反法西斯战争
做出了无与伦比的贡献

衡阳保卫战经历了难以想象的苦难，留给了衡阳人沉甸甸的骄傲。这就是衡阳人民、中国军队对于全世界反法西斯战争所做出的无与伦比的贡献。

衡阳保卫战那些带血的数据是无法否认的事实，是谁也抹杀不了的历史铁证，这也是为什么中国能成为联合国四强的根本原因之一。历史的叙述可以受到某些观点的扭曲，但是数字仍然会站出来道出真相。

随着时间的推移，真实的数据会经过过滤、甄别，还原出曾经发生过的历史，让人民知道今天的盛世和平、生活静好，是前面无数的先烈付出牺牲才争取过来的。在弱肉强食的世界，没有一个民族的血性偾张，就不可能有后世的民族独立，人民幸福。

衡阳保卫战中，中国军队为了捍卫民族独立和自由，与日本法西斯进行的殊死血战，令该战役成为世界反法西斯战争的重要组成部分，写下中国人民抗日战争和世界反法西斯战争史上光辉而感人的一页，衡阳人绝不会忘记，是苦难中的不屈，铸就了我们今天的安宁；中国人不应忘记，军人有血性！百姓有血性！国家才能屹立于世界各民族之林！

这种血性是刚强与正直，是气质与性格，是牺牲与担当！

史籍有载，血色留痕。

第二部分：
血红画卷

衡阳空城　30万民众疏散

　　大战在即，昔日繁华的抗战后方第三大城市——衡阳，已成为随时会落入侵略者魔爪的一块肥肉。

　　衡阳乃粤汉、湘桂两铁路之枢纽，又有湘江水运，商贾云集，工商业原本就发达。中日战争爆发，上海、汉口等大商埠许多工厂陆续迁衡阳设厂，则更为繁荣。自蒸水口至黄茶岭以上约十余华里之湘江两岸工厂林立，盛况空前。湘江有轮渡两艘对开，可见江面之宽，商旅之繁。两岸靠满帆船及巨大木排，帆船大者三桅，载重数千石。木排横宽10米内外，厚四五十厘米，数排前后相连，长及30米，有如水上绿洲。木排本身无动力，行动时，放入中流依赖水之流速下驶。

　　衡阳既然志在必守，为了减少居民不必要的伤亡，也为了防止汉奸敌谍混迹其间，国民革命军第10军方先觉军长当即决定实行"衡阳空城"。劝导衡阳全市30万市民全部迁离预料中之战场，在军地联席会议上，方先觉将军慷慨激昂、掷地有声："各位长官、各位同仁，各位袍泽，值此大战来临之际，我们军民理当同仇敌忾，上下一心，共赴国难！然而战火无情，为减少不必要之牺牲，故务必请城厢内外之民众一律撤退，不可留下一人，以免伤及无辜百姓。其所不能带走之物品，着将门窗钉牢封存。如

琼瑶像

房屋被敌炸弹炮弹击毁，乃无法避免之损失；若是人为者破门而入之损失，本军将保证照价赔偿！"

会后，军部命令：出动全军各级政工人员，会同衡阳市、县政府工作人员，除文字宣传工作者外，分头劝导民众，避免不必要之流血，立即疏散。

粤汉、湘桂两个铁路局尽量调集车辆于东西两站，免费疏运。南行者乘粤汉路车，西行者乘湘桂路车，第10军派参谋人员在车站协助办理运输事宜。各站并派一个排的武装士兵维持秩序，辎重团派出一个连的士兵照顾老幼，帮助民众搬运笨重物品上火车。一时东、西两站人山人海，扶老携幼，肩挑手提，大人喊叫声、小孩啼哭声混成一片；有些孩子多、所携之物较重者，挤不上车，只得坐在路旁，露宿风餐，等待下一次空车到来。车站轨道上，经常有七八列载满人群之列车陆续开出，不但车厢内挤满了人，火车头的煤炭堆上、客货车顶栅、车厢底部两轮之间的横梁及车厢入口的踏板上，虽不安全，亦都挤满了人，远处望之，有如一条蚯蚓身上爬满蚂蚁缓缓蠕动，景象凄凉悲壮，充分表现了军民一体焦土抗战之决心。

凡不愿坐火车或挤不上火车的市民，也必须步行或利用其他交通工具，疏散到离衡阳30华里以外的地方。

洛夫像

人流滚滚，车鸣马叫，拖儿带女，肩杠手提，整整三昼夜，30万市民于日寇攻击之前基本疏散完毕。

尽管如此，决定空城后的衡阳，仍有7000余平民百姓自愿与第10军士兵共同抗日，用血肉筑起新的长城。

具有2000多年历史的衡阳，遭遇内辱外侵时，从来就没有屈服过！

也在成千上万的逃难者中，一个6岁的小姑娘及其三姊妹拽着父母的衣角艰难地走着，一脸麻木。她在曾担任过北伐军总司令部顾问的爷爷家才刚刚度过两年的幸福生活，她似乎根本不习惯这种熙熙攘攘的躲藏与迁徙，且伴着一阵阵尖利刺耳的警报声。日本的飞机时不时来空袭，当局就拉响警报器，告诉市民要防空了。呜呜的长声是预备警报，提醒大家赶快钻进防空洞，或疏散到郊外；短促焦急的呜呜声是紧急警报，预告日本飞机即将飞临头顶。

可是此刻，街上一片杂乱，携家带口的人群，拥挤不堪地涌向火车站或是出城的道路，人们大多提心吊胆，有朝不保夕之感。望着焦虑、恐慌的人群，小姑娘睁大着眼睛问爷爷："爷爷，怎么这么多人？到哪里去啊？"

"逃难，都是逃难。"爷爷回答，脸色凝重。

"为什么逃难？"小女孩又问。

"日本人来了，我们得赶快走。"

"日本人是什么人？"小女孩仍不明白。

"日本人是鬼子，是坏人，他们杀人放火，再不走就没命了。"

小姑娘不做声了，望着熙熙攘攘的"走日本"人群，紧紧地抱着爷爷的脖颈。

小姑娘与弟弟、姐妹随着爷爷、父母匆忙摸黑出逃，走东安，赴桂林，转入四川，之后去了台湾，她就是后来文声风靡中国、影响一代年轻人的衡阳籍言情小说家琼瑶女士。"走日本"的这段经历，在琼瑶幼小的心灵中留下了刻骨铭心的记忆。她舍不得家乡的"兰芝堂"，她难忘屋前屋后的松与竹叶，她喜欢石狮水库的波光粼粼，她更留恋蒸水河畔的百里稻香。几十年后，她还在倾诉对家乡的思念：

回首衡阳，遥望湘江，
白云深处，是我故乡；
寄语白云，归我故乡，
告我亲人，未曾相忘；
浪迹天涯，怀我故乡，
眉间心上，皆我故乡。

这里还应该记住一个人，他当年16岁，没有加入逃难的队伍，而是与衡阳军民一道保卫古城血战47天，终因弹尽粮绝、援军迟迟未到、敌我悬殊而让古城失守时，瞒着父母加入了衡阳自卫别动队第三大队游击。小小年纪的他，跟随游击队打鬼子，夺机枪，一年后便升为分队长。

他就是2001年凭借长诗《漂木》获得诺贝尔文学奖提名、享誉海内外华人圈、被称为"诗魔"的衡阳籍诗人——

1944年6月间，衡阳保卫战前夕，30万衡阳居民撤离衡阳城，图为国民政府用火车将居民撤往桂林

1944年6月间，没有乘上火车的百姓，沿铁路步行撤离衡阳

洛夫。洛夫曾亲历过衡阳保卫战，之后定居加拿大。

他曾写下著名的诗歌《边界望乡》：

雾正升起，我们在茫然中勒马四顾/手掌开始生汗/望远镜中扩大数十倍的乡愁/乱如风中的散发/当距离调整到令人心跳的程度/一座远山迎面飞来/把我撞成了/严重的内伤。

1988年，洛夫终于回到故乡衡阳。当时，洛夫的母亲已经去世七年。他回衡南乡下上坟，写下《河畔墓园》一诗：

在黄土上跪下时/我试着伸腕/握你蓟草般的手/刚下过一场小雨/我为你/运来一整条河的水/流自/我积雪初融的眼睛。

"我们民族是从碎玻璃上踩过来的。"此后游历杭州时，洛夫对诗友感慨，"这是个悲剧，是时代给我们安排的命运，这是时代给我们诗歌极好的营养。每一个有抱负的中国诗人，都应该是为历史作见证的中国现代诗人。请注意，我说的是中国的，而不是台湾的或者大陆某个省的……"

"我只是历史中流浪了许久的那滴泪"。

无论作为一个有血性的士兵或是一个有丰富情感的诗人，洛夫都是衡阳人的骄傲！作为那个特殊年代的过来人，他和琼瑶女士都从不同的角度，用文字追述了那个血与火交织下一个地域的人民的苦难与坚强。

张 权　湖南衡阳人
第10军预备第10师参谋
黄埔军校第18期毕业

兵临衡麓　我武惟扬

1944年5月31日，第10军奉华中长官部命令，固守衡阳城区。6月1日方军长即率领各师主官及参谋亲至衡阳城郊察看地形，回军部后经过研究，作出防御方案，随即对各部队下达了命令，要求各部迅速进入阵地，构筑工事。

预备第10师担任的防守区域是城郊丘陵地带的锁钥部，选定的阵地前沿包括湘桂铁路以南的黄茶岭、欧家町、托里坑一线（今湘粤名城段）。

葛先才师长来到阵地前后左右用各种姿势反复细观，觉得阵地过于开阔，容易暴露行动，部队调遣、弹药补充、伤亡后送、炊事人员往返等都易受敌炮火威胁，且正面空阔，在我兵力极不充足的情况下，将会造成分布过散的问题。如将阵地移至铁路以北的丘陵地区，则正面较小，兵力火力均易集中，加以该处树木较多，在阵地后面兵力运动又较隐蔽，可以减少敌人炮火威胁。

张权像

葛师长将上述理由用电话向方军长作了口头报告，请求更移阵地。

6月4日，方军长带领参谋人员重新视察，接受了葛师长意见，将阵地前沿移至铁路以北地区，并指示把已筑工事毁掉填平，以免被日军利用。

6月5日，军部重新将兵力作了配

备，师参谋张权记录如下：

一、第190师以一个营附带野战防炮连，于泉溪市耒河西岸新码头（今曾家码头）构筑前进据点。以一部于酃湖南岸铁路堤坝经湖西岸湾塘至蜈蚣桥一线占领警戒阵地。主力则于五马归槽、橡皮塘（今衡阳轧钢厂）、莲花塘（今衡阳探矿厂）之线构筑据点阵地，保持重点于右翼。

二、暂编第54师的一个团以一部于束家湾、何家山一线占领警戒阵地，主力则置于冯家冲（今洪塘村），沿耒河左岸至耒河口一线构筑据点阵地，重点保持于左翼（今东风路、衡州大道以北）。

三、新编第19师以一个营占领来雁塔至望城坳之间的据点阵地。以一部于高家塘、三里亭、胡坳、马王庙一线占领警戒阵地，主力则占领石鼓嘴、草桥、辖神渡至汽车西站一线，重点保持于瓦子坪、汽车西站之间的地区。并于杜家港、易赖街、青山街、杜仙庙、杨林庙之线，构筑预备阵地。

四、预备第10师以一部占领托里坑、欧家町、黄茶岭一线为警戒阵地。主力则占领汽车西站、虎形巢、张家山、枫树山、五桂岭、江西会馆一线。并以一个连的兵力占领停兵山、高岭两个独立据点，固守到底。

五、炮兵部队在雁峰寺、县政府、

日军从辖神渡渡过蒸水，完成对衡阳城的包围

031

蒸阳路、吉祥街西侧等处占领阵地。

六、军司令部驻中央银行，前线指挥所设于五桂岭。

6月13日，新编第19师奉令调往全州，军部转而命令第190师除留下568团第1营野战防炮连占领泉溪市西岸新码头前进据点，归暂编第54师湘江东岸守备团指挥外，主力即由湘江东岸调回西岸衡阳城区，接替新编第19师阵地，继续构筑工事。

如此一来，湘江东岸只有一个团和一个营的兵力防守。

守卫衡阳主阵地的兵力在第3师在外的一个团完全回来后，总共有7个团的步兵和部分炮兵。张权一开始就负责预10师防御工事的构筑和检查，起早摸黑地在阵地上巡视奔波，"工事要筑牢，泥土须夯紧；平时多流汗、战时少流血"成了他的口头禅。内弟举行婚礼，他叫妻子去送礼喝喜酒，自己却去了托里坑、欧家町阵地壕沟勘察射击距离。

张权的妻子叫王淑良，到了6月20日还呆在城中的住房里，张权三番五次劝她撤离她都当成了耳边风。她要留下来，并要求去第69兵战医院当护士，她要与丈夫一起同生共死。

张权哪里肯依，他上有老父，下有幼女，都需要人照顾。

"夫妻本是同林鸟。"王淑良振振

有词。

"我同意！但国难在即，夫妻应分开负责，各自承担义务。我在此尽忠，你回家尽孝。"张权耐心解释。

"忠孝不分家，夫妻不分家。"王淑良哭喊道。

"都去战场尽忠，谁在家里尽孝？""老人能躲过炮弹吗？""孩子能习惯枪声吗？"

张权发动亲朋好友，左劝右劝，苦口婆心劝说王淑良，终于，她扶老携幼在火车西站乘最后一趟列车依依不舍地离开了衡阳。

7月9日下午5时40分，张权打电话告知在哨所值班，现应换班的刘登才参谋："晚饭已上桌，快来吧。"

刘登才回话："你先吃吧，吃完了再来接班，省得吃冷饭，我给你顶一会儿。"

谁知饭未吃完，敌机突然来袭，一颗炸弹落在掩蔽部上，掩体全毁，顿时尘土与破片齐飞，血肉共泥浆一色。轰炸过后迅速救人，刘登才已经身亡。他好心好意替张权值了十几分钟班，竟成了替死之魂。这让张权彻夜难眠。

7月15日，第28团1营3连连长王德杜来电话："老同学，中午过来一下，我们商量点事。"

张权跟王德杜不仅是军校同学，还

是衡阳老乡。开战以来，俩人还只见过一面，张权放下电话就奔阵地而去。午饭还只吃了一半，事还没开始谈，日军突然开始攻击，王德杜扒枪就往外冲。

一阵炮轰过后，王德杜通身红遍即时倒地，张权忙与副连长将其送医院抢救，但因流血过多，不治身亡。

张权欲哭无泪。

明月安详，秃树血染，层层烟火似一块绸布盖住了山岗。蓝色的天空，居然没有一丝云彩，荒凉而又凄美。

此刻，军长方先觉向全军下令：牺牲一切，充实火线！

张权提枪就往枪声最密集的地方冲去：报仇，报仇！生在衡阳，死在衡阳，老子要把衡阳变成鬼子的地狱！

1944年6月27日，日军占领衡阳欧家町，开始向衡阳城进攻

炸毁剪彩才半年的湘江公铁大桥

树影如墨，大战前夕，皎洁的月亮与江岸桥头的白菊互相映衬，此时更显得惨淡，此时，虫鸣与蛙声放肆着，浑然不知即将到来的是血与火的炙烤。行走江边，灌入鼻孔的是浓郁的火药味，不远处，传来一阵阵叮叮当当的铁锹、钢钎撞击铁轨的铿锵声。

1944年前，衡阳虽然有粤汉、湘桂两条铁路，但因为隔着一条湘江，两条铁路不能互相连通。因此，衡阳城周边设有一东一西两个火车站。火车东站属于粤汉铁路局，直达广东广州；火车西站则属于湘桂铁路局，接通广西南宁。客货列车运输交接要换乘汽车，再转乘轮渡过湘江，十分不便。于是国民政府决定不惜财力物力人力，务必修通衡阳湘江大桥，以便连通两条铁路。

衡阳湘江公铁大桥设计为公、铁两用桥，铁路和公路位于同一桥面。建桥所需七孔下承华伦式钢梁每孔长60.2

方先觉像

米，全部从国外进口，但由于广州已被日军攻陷，只运到六孔钢梁，余下一孔滞留香港，不得已只得修改建设方案，乃将原计划之第七孔改为32米和23米两小孔，两桥墩之间加筑钢轨塔架一座，成为八孔，桥长427米，两岸均有公路引桥。

通车时，走火车之际则不走汽车，走汽车就不能通火车。

衡阳湘江公铁大桥的修建历时8年，耗资2亿法币。这座当年中国东西南北十字交通连接点上的关键性基础设施具有极为重要的战略地位。1944年1月1日元旦正式建成通车，通车那天，衡阳市区万人空巷，奔走相告，敲锣打鼓，全城市民是由衷地兴奋与自豪！

可是，大桥使用才刚刚半年，为了国家、为了民族、为了阻止日军"一号作战"计划，重庆军委会命令：将衡阳湘江公铁大桥彻底炸毁。

好端端的新桥必须炸掉，老百姓痛惜不已！

炸桥的目的有二：一是阻止日军利用桥梁进攻衡阳城；二是切断日军机械化部队进入广西及中国西部地区的交通要道。

军长方先觉站在桥边，心潮难复，他想到了第一次世界大战期间发生的一个故事：德军进攻到法国凡尔赛城城郊时，法国指挥统帅命令所有守城将士回首看看美丽的凡尔赛城，全体法军官兵的爱国忠诚情绪被激发。正当此时，法军统帅下令向德军反攻，终将德军击退数十里，获得了胜利。

站在桥上，眺望湘江两岸，衡阳城依山傍水，亦十分具有魅力。

方先觉沿着大桥来回走了两转，桥上桥下，一一仔细勘察。修一条桥不容易啊！8年的民脂民膏，成千上万人的血汗筑成的连接衡阳东西两岸的桥梁，如今在他一声号令之下就要毁了，于心不忍啊。他一根接一根地抽着香烟，反复思忖着，彻底炸毁实在可惜！方先觉找来原建桥设计专家和参谋长孙鸣玉、毕业于清华大学工程系的上尉连长洪立宪、工兵营营长陆伯皋、副营长宋魁贤及宋的同学李向阳，毅然决定：请你们一起商量，原方案略作修改——尽可能保留桥墩，只炸桥梁。

孙鸣玉急欲提醒："军委会电令……"

方先觉打断他的话，"我的理由有三：一则，在我炮火和空中打击下，使敌军不至于利用进攻，可以达到这次炸桥的主要目的。二则，鬼子已抵泉溪市与我前沿部队接触。昨天回雁峰上的野炮营又全力摧毁了日军隐蔽在城北望城坳以东高地的四门山炮。大战已经打响，没有那么多时间让我们进行更为复杂的水下爆破。第三，也是最主要的原因，便于战后迅速恢复重建，免得再耗费巨大的建设费用。这是最后命令，后果由我承担。"

6月24日，经过专家与洪立宪、陆伯

皋、宋魁贤、李向阳等几个军中高材生的反复、周密计算，决定对大桥进行有限度的破坏，即炸毁中间三截桥桁而不破桥，使日军在短时期内无法修复。这个想法得到方先觉的批准。

一切准备就绪，工兵用两节车厢装满炸药，置于桥中心，并在每个桥墩与桥梁的结合处埋置了适当炸药。百姓已基本疏散，沿岸尽是第10军官兵。

方先觉对着身边的将士说道："把仇恨记在鬼子身上，我们的损失要敌人以血肉加倍偿还。炸桥！"

工兵营陆营长一按电钮，一阵巨响，飞沙走石，粗实紧固的桥桁在爆炸声中断裂了，碎铁断木，耗费2亿法币及无数劳工心血筑成的衡阳湘江公铁大桥桥身哗啦啦地落入江底。经检查，毁坏两个桥台，四个桥墩，钢梁一节一节坠入湘江，破坏程度完全达到了炸桥前的设想。大桥两端路基也同时被破坏。

随着巨响，万余官兵的血液开始沸腾。

炸桥的硝烟散尽，方先觉坚毅地甩开膀子，向指挥部走去。

图为被炸毁后的衡阳湘江大桥

4 杨济和　湖南湘西人
第10军第190师第568团1营营长
湘南著名武师、镖头岳西平徒弟

打响衡阳保卫战第一枪

5月29日，农民谢东林与百余名志愿者被正式编入衡阳抗战自卫队，并与营长杨济和的全营官兵一起挖战壕，构筑工事，至6月22日基本就绪。

6月的阳光照耀在湘江的上空，日夜不息的江水默默地穿城而过，空气中充满了大战来临前的紧张和躁动。

6月23日拂晓，天色微明。日军第68师团第64大队和第116大队避开湘江，准备从泉溪强渡耒水河，在第1营对岸前沿据点开始集结。

按师部部署，该营根据实情可以不必在河岸与日军交战，向后撤至五马归槽时再打击日军把握更足。但营长杨济和认为，初次与敌接触，遇到胜算不大的硬仗就不战而退，未免太长日军志气，灭了自己威风，老子带着农民兄弟筑了将近一个月的工事岂不白费了。我还真不信这个邪。于是决心利用耒水河岸现有工事打击日军气焰。

岸边打着三四排木桩，船只想就近靠岸绝非易事，堤岸上挖了战壕工事，射击孔对着水面，间隔百来米建有重机枪火力点，延伸区还有战炮连，可随时机动，防御日军过江登陆。

日军先是以猛烈的炮火为前奏，呼啸而来的炮弹在阵地周围全面开花，却没有一颗落在阵地内。杨济和整了整钢盔骂了一句：狗日的！还没摸清老子的位置，就敢闯老子的家门！打不死你！

炮声过后，近千日军乘坐大小30多艘木船、橡皮舟向西岸冲来，杨济和将一营6门战防炮、20余挺轻重机枪及所有的重武器，全部集中在江边的战壕里，全营官兵蹲在工事里一声不吭地静候。

"再近点，再近点。"杨济和压住自己的心跳，左手握拳，右手拽紧枪把，也在极力压住自己开火的冲动。待敌即将登岸之际，船与人完全暴露在他所控制的火力网内时，他举起手枪扣动扳机，同时猛吼一声："打！"

这是衡阳保卫战的第一枪。

其他轻机枪、冲锋枪、步枪像接上了电源一样，全都响了起来，稍远处的战防炮也开始有节奏地狂吼，不管自己是否遭到袭击，只要自家的枪声一响，顿时就来了精神。打得狗日的喊爹叫娘；打得狗日的人仰船翻，打得狗日的血浸湘江。

第一营所有的火力像开闸的洪水汹涌澎湃地向岸边倾泻而去，那一段河水顷刻被染红了，木船翻了，橡皮舟打穿了，汽艇方向盘失灵，在河面盲目地转圈圈，日军像煮饺子一样，争先恐后往水里翻转，死伤惨重，整个上午无一人强渡成功。此役，日军伤亡及溺水者约300人，第一营伤亡官兵57人。

中国军人初战告捷。

士兵们返回到屋里，七嘴八舌地谈论着："今天有没有人被打死？"

"我们一班死了一名兄弟，重伤三个。"

"战炮连副连长王惠民在指挥火炮变换阵地时阵亡了。"

"明天不知会轮到谁。"

"也就是运气差点，军人殉国也算归宿不错！"

"后天就过端午节，老子还不想死啊！"

王惠民是湖北武汉人，22岁的他由于读过书，素质好，参军不久就担任了副连长。鬼子接近江岸时，他爬出战壕观察敌情，决定调整炮位。于是，他冒着枪林弹雨指挥炮手将火炮拖至另一地域，时间不等人，分分钟都会有牺牲。王惠民奋不顾身与士兵们拖拉调整火炮，谁知一粒子弹飞来，不偏不倚，正中脑门，满地淌血，面目全非。一腔热血顿成满腔仇恨。

午后，日军第68师团主力全部到达，品尝到杨济和这一闷棍后，吃了苦头的日军改变策略，以一部隔河佯攻，大部主力由泉溪市以南绕渡过耒水。

军部识破日军的企图，立即令杨济和率全营西撤，进入衡阳东约6公里处的五马归槽据点备战。

1944年6月23日拂晓，日军开始强渡耒水进攻泉溪镇，拉开了衡阳保卫战的序幕

5 赵士富
第10军第190师第569团3营8连连长

一辈子不看有汉奸的戏剧与书籍

日军气势汹汹、浩浩荡荡。兵临衡阳城下，以一部分向西、向北攻击，于6月26日拂晓抵达江东飞机场南端。日军第68师团师团长佐久间为人早就拟定由64大队进攻飞机场，令其"舍命攻占"，松山大佐即率领1000步兵快速逼近。

黄昏时分，日军第68师团其他各部向西向北发起猛攻，突破暂编第54师568团冯家冈阵地（今朱晖区东风路），将暂编第54师的一个团的守军阵地活生生与第190师第569团的阵地分隔开来。

战役打响前，3营营长黄钟曾亲率有关人员前往冯家冈、八尺岭（原衡阳机场北侧）、湾塘（今酃湖上托村）等地侦察，了解到了不少情况。两天下来，各小分队陆续返回。根据汇集起来的线索，大致摸清了防区的地形、渠道和主要建筑。制定了个"以静制动，围而聚歼"的战术。根据这些情况，营长黄钟

的具体做法是，在日军可能出没的地点——冯家冈、八尺岭和湾塘等地点分别派出部队，发现敌人就打，造成声势。命令发布后，部队带足了三天的干粮，分头行动起来。而赵士富的连队前往湾塘驻守。

营长黄钟万没有想到，正是自己6月23日的疏忽，在第3营没有查出间谍而导致了恶果。那天团长梁子超电话嘱咐他两件事：一是军部可能派参谋来检查战备情况；二是在第9连防守区域可能有间谍。他忙着准备检查，却忽视了严查间谍。忙到太阳快落山了，军部参谋也没见影儿。他还憋了一肚子气。

恰逢赵连长来3营营部协商协调作战任务，门外又响起了"报告！"。

正在站岗的步哨带进来一个二十岁左右的青年。

"什么事？"黄钟问。

"这家伙在本部旁边的小路上转来

转去的，我把他抓来了。"

"是老百姓吗？"

"请您发落。"

青年长得挺秀气，还戴着一副眼镜，斯斯文文。

"站好了。这是我们长官。"步哨踢了那青年人一脚。

"关上门，出去吧。"黄钟说，然后在年轻人的怀里搜了搜，没发现什么可疑的东西。

赵士富则不分青红皂白，上去随手给了他一记耳光，"说，干什么的？为什么还不走？"

年轻人回答说，他是前面四十多里地的一家当铺的掌柜。他说他没想到这里正在打仗，他来衡阳不久，只是做一般生意的。

不论他怎么解释，既然不是衡阳人，赵连长建议把他当作便衣间谍处理，说完就用粗绳子把他绑在了柱子上。

晚饭后，军部参谋还没来，赵士富也回去自己的连队。

深夜，黄钟又叫哨兵给绑在柱子上青年搬过去一条凳。那青年闭着眼睛，一句话不说，还闭着的眼睛里流出了露珠一样的泪水。哨兵想再踢他一脚，可看到那晶莹的泪光，靴子又抬不起来了。

那青年一夜没睡。第二天黄钟叫哨兵将他放了。

在布防时，黄钟虽然认识到八尺岭地形重要，但只派了第9连三名士兵去岭上驻守；如敌来攻，战斗不利时可退守岭下。这时却忘记了交代他们同时应向耒河方向警戒。而就是那个被放走的青年间谍将布防情况和守军未向耒河警戒的情报告诉了日军，于是日军第64大队松山圭助大佐改变主意，秘密派出一支精干小分队，由那青年间谍带路，袭击了八尺岭上的三名守兵。

可怜那三名守兵正轮流死死地盯着通往八尺岭上唯一的一条山路，道路的两侧是深深的战壕，大多是守军往返来去用的。偶尔听到枪声，却一个影子都没有。他们从子弹声来判断，日军可能是在几公里外或者更远的地方朝这里射击的。

三个士兵万没料到自己会悄声无息地被日军小分队摸了哨，两人当场牺牲，另一人听到背后枪响，立即倒地顺着山坡朝下滚，虽然中了两弹，但是捡回了一条命。次日拂晓，他被人救回营部。营长黄钟觉得很蹊跷，但仍然没想到与间谍有关。

松山圭助的大队成功端掉了三个哨位，得以从守军左翼耒河边和水田地带进入湾塘，大张旗鼓地偷袭第8连，其目的是攻击抢夺飞机场。

第8连已构筑好工事。

几个士兵正在树上用刺刀挑李子，"快来，这李子还可以。酸溜溜的。"

一听说李子，有士兵口水就在嘴里打转了。一个新兵说："不是上面有令，不能乱吃老百姓的东西吗？"

"老百姓都跑光了，放两块光洋在树杈上就行。"一位老兵回答。于是，一群人围到树下，开始采摘李子。

老兵捧着几粒李子，送到连长赵士富面前，赵士富不屑地推开了："这玩意儿酸，我牙不行。"

"快过节了，尝尝鲜呗。"老兵讨好道。

赵士富摇了摇头，说："打完仗吧，打完仗再说，打完仗枣子也该熟了。"

他说他想吃枣子。

该是一排长回来报告了。现在既不知道八尺岭的情况，那三名士兵也不知道连队的准确位置。正当赵士富坐在工事边抽烟等一排长沟通结果的时候，突然飞来了子弹。那子弹激烈得超过以前任何一次，激烈的程度简直可以用"暴雨" 词来形容。赵上富吃惊地叫道："趴下！"他还没说完，士兵们都已经趴下了。

赵士富看见了对方在田地里伸出绑在枪上的膏药旗。

激烈的枪炮声逼近了。

那声音是"战争"！

那声音是"杀戮"！

第8连将士奋起抵抗，只听"啪"的一声，机枪手胸部中弹，倒了下去。又换了个机枪手，是老兵，手中的李子撒了一地，覆盖上去的，是一粒粒弹壳……

数分钟后，老兵尖叫一声趴在了机枪上。日军的子弹将他的右脸削掉了半边。赵士富绝望了，尽管前后左右不断落下子弹，他扑过去，将老兵遗体挪到一边，怒目圆睁端起了机枪……

只能看运气了。太阳慢慢沉入大地，夜晚快要降临之时，敌人的射击缓和下来了。赵士富叫道："后撤50米！"

士兵们边打边往后撤，到达了第二道防线。

田里四处飞动着像龙卷风一样的成群的蚊子。就像为了要掩盖丑恶的东西一样，黑暗遮住了一切。

士兵们越来越感到不安，东倒西歪地躺下，相互谈论起白天的战斗。

夜10点，枪弹声又疯狂地响了起来，无数的子弹发出震耳的声音，士兵们像有弹簧装置般地蹦跳了起来。

打，接着打，有日军士兵摸了上来，那就上刺刀。

一番博杀，8连两个排长及64名士兵光荣殉国，连长赵士富身负重伤。

战斗至天明，湾塘失守，全连只剩下

1个排长带领幸存的15人撤到二线阵地。

第8连损失惨重。

横穿衡阳城的湘江河上，开始漂流着将士的鲜血。

这是个意想不到的事态，日军为何此时会从这里进攻，第9连在八尺岭上的三个哨兵呢？这么大的动静他们居然没有发现一点蛛丝马迹？几十条活蹦乱跳的生命就这么消逝了，连尸体都没抢回来。

幸存者纷纷议论，第8连遭到了偷袭，这里一定有汉奸，鬼子间谍哪有这种能耐？

士兵们抬着赵士富，背起枪弹，每两人一组，相互搭肩往城里撤退。水淹到膝盖处。在田边，他们垂头丧气，脚尖神经质般地探着落脚点，一点一点地移动。到处都是可以放得下一头猪大小的坑穴，士兵在浊水中艰难地行走着。

这时，黄营长正漠然地站在一棵大树下的阴影里傻呆着，地下丢满了烟蒂，一副霜打了的茄子似的丧气模样，一种没有履行好责任的耻辱使他的身影显得很凄惨，神经质一样的瘦脸更让人觉得他很可怜。

毫无带兵责任感的官僚，60多条活蹦乱跳的生命啊，说没了就没了。士兵们带着一种鄙视的心理从漠然呆立在那里的营长面前走过去。

黄钟浑身上下都受到了每一个人严厉目光的责难。

他完全失去了士兵的尊敬。

杂草瑟瑟抖动，随着深夜的到来，凉意有些许加重。阵地丢了，人人都感到不安。由于怕暴露目标，无人点火，更不敢野炊，黑暗中不停地响着啃咬压缩饼干的"嘎巴嘎巴"声。没有人说话，也听不见河水流动的声音，完全是一个沉寂黑暗的世界。

夜幕被太阳吞噬，天空渐渐泛出鱼肚白，天亮了，世界苏醒过来，士兵们撤到了湘江边，船已经在沿河堤岸的斜坡下候着了。

赵士富伤愈后，一辈子不看有汉奸的电影、戏剧与书籍。

6 梁子超　广东高要人
第10军第190师第569团团长
黄埔军校第七期二总队一队毕业

让鬼子先遣敢死队葬身机场火海中

根据日军第11军司令官横山勇的部署，攻打衡阳可一天拿下。他的看法不是没有根据的，日军37天横扫河南，攻陷38座城池。6月，打长沙也只用了两天。这些城池与衡阳规模不相上下，大都一日而下，且多半只用了一个师团的兵力。现在以两个师团来攻打衡阳，应该是绰绰有余。他希望多留一些部队来围城打援，消灭中国军队的有生力量。

轻视第10军的不只是骄横跋扈的横山勇一个人。

担任攻城的两个师团长同样轻蔑第10军。

他们居然等不及日军重炮部队到齐，在炮兵火力没有全面配置的情况下，提前发起攻击，遭到守军阻击达两天之久，之后双方展开碉堡攻防战，前后打了三四天，才占到人多火力猛的便利。

1944年6月25日晚，日军松山支队偷袭湾塘得手，突破了第569团3营8连的防线，直逼衡阳飞机场。

梁子超像

为夺取机场，日军第68师团64大队组建了先遣敢死队，在强大的火力支持下，一拨又一拨，疯狂攻杀。守卫机场的暂编54师一个营被打散，稍作抵抗，很快就放弃了机场，日军于26日拂晓占领飞机场南端。

军长方先觉得知机场没有被完全破

坏，深恐留下后患，于是命令第190师逆袭衡阳机场，施行深度破坏。

不能让鬼子有喘气的机会。

第190师容有略师长马上指挥第569团反攻。

第569团正处于整编，余下的大多是干部与文职人员，战前三个月才陆陆续续补充一批批新兵。

酷热的阳光无情地照着大地，似乎要烧毁地面的一切东西。

团长梁子超是军伍出身，从一个小兵一步步打出来，他文化不高，但并不糊涂。走马上任之初，他的亲朋故旧纷纷想跟他一起来谋个一官半职，都被他拒绝了，上任之后，也确如他当众承诺的那样，没有搞什么大换血。作为军伍出身的他，知道打仗靠的是真本事，光靠拉拉扯扯、逢迎拍马那一套可不成。特别是第10军。在这支野战部队里，没几个真正能带兵能打仗的，一旦遇事那就非抓瞎不可。至于这些人不是自己的嫡系，那也不要紧。他相信以诚待人，以心换心。上任之后，便多次找各营连尉官谈话，与他们交心，尊重有加，凡事商量，态度真诚。这一来，倒使大家对他的增加了不少敬意。

太阳直射下来，异常烤人，汗水湿透了军装，又不停地从军装里蒸发出来，士兵们一个个晒得满脸通红，不少老兵已脱掉军装，赤膊扛枪向机场包抄过来。

占领机场的日军大约有一个中队，与569团的人数本不相等，加之他们脚跟尚未站稳，地形又不熟悉，大多数依墙靠树在喘息，做梦也没想到中国军队胆敢虎口拔牙来打一个反击。569团攻打机场的枪声一响，立时引起屯集机场内的日军慌乱，日军指挥官极力弹压，积极组织阻击。

争夺机场一侧塔台时，569团2营遇到了强有力的抵抗，塔台前堆满了死伤的中国士兵，平素温文尔雅的容有略急了，他对团长梁子超说："我属下三个团，568团在耒河口打响了第一枪；昨天570团又在五马归槽与鬼子干上了，贺光耀团长打得肠子流了一地；昨晚，鬼子偷袭了你569团8连的防线，如今夺不回机场，军长要我的脑袋，你的的脑袋也休想保得住。"

梁子超脱掉军装一甩，大叫道："569团也不怂！老子8连是死在汉奸手里。保常德、守浏阳，我们就没怂过！弟兄们，给我冲！屌——，小日本，我怕你个嗨。"梁子超爆了一句方言粗口。

他命令：2营集中火力拿下指挥塔；1营按连排分散开来，各自寻找目标，死打硬撞也要进入机场。

梁子超身先士卒，冲锋在前。"噗噗"作响的子弹纷纷在他身前身后激起一股股尘土，攻击队伍里不断有人倒下，但没人停下，前赴后继，火光冲天。2营士兵呼啸着冲进了塔台；1营全面撒网，分头合击，5个小时的鏖战，毙敌400余人，守军亦伤亡200多人，将机场内的日军全部驱出。

暂时又夺回了机场，他们立刻对机场实施破坏，并迅速炸掉所有的机场设施，在机场跑道上每隔十米就挖一个五十公分的坑，埋上一公斤炸药，安排完毕，容有略亲自按下引爆雷管的电钮，只听得一阵参差不齐的沉闷爆炸声，塔台荡然无存，机械库、油库、修理厂、宿舍统统变成了瓦砾，碎屑像火山烟雾一样腾起。炸药不但炸碎了整条机场跑道的外表，连地基也炸得翻了个边。短时间内日军休想修复使用。

破坏机场后，569团没有接到军部撤离的命令，容有略指示梁子超清扫战场，清点队伍，救死扶伤，准备固守。

嗣后日军大举增援，听到日军在衡阳飞机场得而复失的报告，68师团师团长佐久间为人中将十分恼火，自大日本皇军从汉口出动之初，司令官横山勇就特别嘱咐佐久间为人，衡阳飞机场是进攻的重要目标，必须做好一切准备，包括事先让准备攻占机场的部队进行模拟训练。攻占长沙后，佐久间为人师团长就将任务交给了独立步兵64大队大队长松山圭助大佐，按师团长的命令，松山圭助大队长立即部署手下实施野营，一方面与沿途的中国军队作战，一面利用类似地形，反复进行攻占机场的模拟演练。

之前64大队先遣敢死队攻打机场出乎意料地得手，又转瞬间丢失，刺激了松山圭助的傲气。他事先将早已在模拟训练中十分熟悉了的机场周围的高地全部占领，尔后亲率1000名已换穿胶鞋的步兵，于26日入夜后潜近机场。一发红色的信号弹腾空而起，已分成数十股的日军立即从四周扑进机场，第569团奋起还击，但毕竟势单力薄，弹药不足，梁子超下令边抵抗边撤退，退到了江东的核心阵地。

自此，衡阳湘江东的中国守军主阵地，均已被日军控制。第190师仅余1200来人，加上暂编54师的一个营，已无力固守江东核心阵地，即使与西岸成犄角之势支撑一些时日，但与守军主力毕竟隔了一条湘江，成了孤城外的防线，容易为日军所各个击破。同时衡阳城郊的守军主力仅有五个整团，防守东西宽约1500米，南北长2600米的矩形纵深阵地，在兵力运用上必须要具有较大的弹性，与其将十分之一的战力消耗在东岸，不如聚集在一起，形成拳头，基于上述考虑，方先觉下令，江东岸守军全师撤回衡阳城。黄昏以后，容有略指挥东岸部队乘事先控制的两艘大渡轮撤回西岸。

太阳终于在大地的尽头沉了下去，机场最终落入敌手。日军68师团长佐久间为人派出二个大队打扫战场，并着手修复弹痕累累、四处坑洼、破烂不堪的机场，寻找铁桶填塞弹坑，以修补、落实军部制定的"一号作战"计划。但严重破坏了的机场始终无法正常起降飞机，对日军在整个战场上扭转颓势没有起到明显的效果。

7 张作祥 吉林梨树人
第10军直属山炮营营长
上海同济大学 黄埔军校第11期炮科毕业

折腾三月跪地求战换取六门山炮

山雨欲来风满楼，黑云压城城欲摧。

1944年6月23日，衡阳保卫战在耒水河畔已经拉开序幕，而第10军的重火力却居然还在路上。

鉴于第10军在常德会战中立下赫赫战功，三个多月前，重庆军委会颁发嘉奖令：收缴第10军早已超龄的12门三八式重炮，换取12门美式七五山炮。

当山炮营更换12门全新的美式七五山炮的消息传到第10军后，全军为之奔走相告，尤其是炮兵战士激动得整夜无法睡眠。重火力提高了一个档次，攻城守地便增添了几分实力，12门全新的美式七五山炮来之不易，不是想换就换的，得靠战绩，说白了，是成百上千的兄弟用血和命换来的。

1944年3月，第10军派山炮营中校营长张作祥率士兵欢天喜地乘火车至广西金城江，再徒步至昆明接炮。全营同时

张作祥像

开到昆明干海子中美炮兵训练营中心，接受了为期4周的短期训练。之后，全营200多兄弟肩扛手推，费尽力气将炮拖至昆明车站，满以为大炮上了火车便成功地列装部队了，谁知装运时却发生了意外。由于战局混乱，整个昆明火车站已经失去了秩序，一片嘈杂。人生地不熟，

军阶也不高，张作祥往返于各个有关部门请也好，求也好，吼也好，骂也好，均无人理睬。转眼过去半个月，12门炮还卧在车站附近的野地里。张作祥只得耐着性子请客送礼，找关系联系车皮，托人安排车次，上下打点，熬到装运发货之日已滞留昆明一个月有余。

张作祥心急火燎，率士兵伴着火炮日夜兼程几经周折到达桂林，火车又趴窝了。往大后方的火车皮堆满了铁轨，沿途部队换防的，运送伤兵的，难民牵牛赶猪挑小孩的，多如牛毛。北上调度十分艰难，一天、二天、三天，吃喝拉撒全在车台上。更出奇的是，第四天晌午，突然来了一支全副武装的军队，一位上校军官出示一张莫名其妙的公函：12门炮被本战区炮兵第一旅截留，连人带炮收编到该旅第29团第2营，进驻广西全州。理由很简单：你为抗战，我也是抗战；你要护城，我也是护城；你是第一道防线，我就是第二道防线。

张作祥生来敦厚诚实，上过六年小学，却不擅长言辞交流。当兵后，完全足因为其骨架粗大，又孔武有力，被分配当了炮兵。而他本人更觉喜出望外，他太喜欢炮了，当年玩迫击炮时，他几乎天天抱着炮筒睡觉，由于他兴趣在炮，又特别好学，硬是一步一个脚印，积功升至营长，这才引起了方先觉的注

意。常德一战，方先觉欣赏他的忠诚与内蕴，对他慰勉有加，张作祥则对方先觉更是顶礼膜拜，敬若天神，所以，他无论如何要赶回衡阳去。

面对如此刁难，张作祥百口莫辩。想报告上司求救，估计也是远水难解近渴，那一纸公函还真盖着鲜红的战区印章；想发火动气，弄不好立马束手就擒；对方军衔高，张作祥苦求无效，心一横，你让老子走投无路，老子就越级告状，他气急败坏地坐在车厢里冒死致电重庆最高军事委员会陈述情况：

"……自赴滇换装，至此已近三月，第10军袍泽莫不翘首而待，方军长常倚门有望，职与全营袍泽盼归衡阳，若如游子盼归，尤以衡阳三面平川，一面临江，无险可据，军原有野战炮12门，已留守长沙，职如至建他旅，于公于私，均是责无旁贷"。

重庆的参谋总长何应钦无意中却又十分凑巧地接到了电文，并大加赞赏：一个小小的营长，竟敢致电最高统帅部，其勇气可嘉、其忠可靠、其义可许、其识可褒。他大笔一挥，批准放行，并钦点中央大员亲自前往协调，关照桂林方面立即安排车皮，不准阻碍。

如此折腾一番，张作祥才带着12门全新的美式七五山炮与2000发炮弹磕磕绊绊走出桂林山水。

6月21日抵达金城江，张作祥从电报中得知：衡阳已被日军三面包围，第10军背水一战的态势已经形成。战事紧张，因抢运各种军用必需物资，此地火车车厢严重不足。无奈，张作祥考虑与其让全营死等，不如能走多少就走多少。多一个人，多一门炮赶到衡阳，第10军就多一份力量，就能多对攻城的敌人构成一份震慑，他决定将全营分成两个梯队，自己带第一梯队携半数山炮先行；留下一半人马作第二梯队，由副营长杨春柏率领留在金城江候车，伺机赶来。

6月24日，张作祥率6门山炮至衡阳西南60里中伙铺时，衡阳战事已进入第二天，日军正猛攻湘江东岸，空中轰炸，炮火射击，声震遐迩，火车不能再往前行。张作祥心急如焚，横下一条心，率官兵车拉人杠，准备昼夜兼程急行军。刚出车站，又碰上了第27集团军副总司令李玉堂（原第10军军长），李玉堂让张作祥暂且留在原地，说："战役已经打响，这山炮恐怕进城就会被截。"

归心似箭的张作祥一时没有明白，心里却翻江倒海似的：怎么运个火炮参战像个走私倒卖军火的贩子，三番四次地被堵截，到哪儿，哪儿都不顺，眼睛直勾勾地盯着李玉堂，一个参谋附在他耳边说："司令怜悯你，此时不必进城送死。"

张作祥还是没明白，傻愣愣地吼道："司令，我们已经回来晚了，10军的兄弟都等急了。我不会送死，我只想鬼子死在我的炮口下。"说着，噗咚一声，张作祥跪了下来："司令，兄弟们最需要的就是大炮，我愿誓死率部进城。"

呼啦啦，几个连长全都跪在地上，表示愿冲入衡阳！

李玉堂惊呆了，没想到自己的兵一时曲解了自己的苦衷，他连忙喝令："起来，都起来！跪天跪地跪父母，跪我干什么？你不怕死，你有种！老子马上就送你进城，好好给老子打！"

在李玉堂的部署下，张作祥的营队为护炮组，李玉堂另派一支攻击组，两个组同时行动，当夜出发，途中多次遇上日军小股队伍骚扰，均被早有准备的攻击组击退。又幸逢方军长派出预10师第28团第1营前来衡阳西南15公里处的三塘镇接应。

三塘镇必经之路上的一座小桥遭到破坏，交通瘫痪，不得不等待抢修。已有士兵光着上身在急匆匆地架着小桥。他们的神速就意味着胜利的神速。

张作祥在清凉的石块上坐着，沉重的身体开始获得休息，忘记疲劳、忘记饥饿的喜悦油然而生。这是因为他看到了衡阳城的身影，看到了1营营长赵国民，这位山东大汉正用强壮的肩膀精神抖擞地扛着用来架桥的木材。他是个努力干活的人，为人诚实憨厚，有朝气。他也是营长。张作祥拍着他宽阔的肩膀，相互望着对方精神的模样，递了根烟，点燃。说了声"谢谢！战场上见"就告别了。

架桥作业结束，炮营继续前进。像一件行李似的部队充斥在二塘荒凉的村子里。太阳才刚刚升起，他们的身体却已像像滤水机一样不停地喷出汗水。他们的目光都在眺望城郭，一种无形的意志在催促着他们，后面的士兵望着前面士兵的脚后跟默默地往前走。血肉之躯机械化地向前挪动。车辆、马匹和部队混在一起，一路上发出乱糟糟的嘈杂声。这是一支除了车辆声和脚步声之外没有人声的沉重的激流。这支激流不久肯定会在什么地方碰到岩石，一切障碍大概都会被这支激流冲垮。

他们都是斗士。

6月25日凌晨，6门美式七五山炮、2000发炮弹被掩护进入衡阳城。

进击衡阳的日军运输队

拯救飞行员　四命换一人

6月27日凌晨，日军向城西南阵地轮番攻击。上午，"飞虎队"6架飞机飞临衡阳助战，突然，一架飞机尾部冒着浓烟，机身摇摆不定。不久，轰一声巨响，该机被迫降落在高岭与停兵山之间的水田中，显然是被日军地面炮火击中了。

飞行员名叫陈祥荣，广东梅县人。日本人把飞机打得机翼冒烟，迫降时陈祥荣碰肿了前额，碰碎了4颗牙齿，碰穿了下嘴唇，血流如注。也许是神经麻木一时还不觉得痛，他脱下笨重的飞行衣，迅速跳下飞机，判断敌我阵地，明确撤退方向，这一系列动作他做得都很快。前方一户被炸烧了的村院硝烟还在弥漫，此时他的第一反应是"小鬼子已占领此处"，他掉头往回跑，后面便"砰砰砰——"响声不断，日军已在向他射击了，子弹呼啸而过。他在水田里拼命跑，跑上山坡，看见了守军的阵地。有两个中国军人跳出战壕："快跑啊！兄弟，鬼子火力很猛啊！"他跑到了铁丝网前，已筋疲力

尽，跨过一只脚，另一只脚却不听支配了，裤管挂上了铁丝网。

"使劲啊！朋友！"陈祥荣又听到了喊声。

他猛力一拉，裤管掉了，一股鲜血汩汩从裤管流出，一块弹片穿入他的腿骨，他一瘸一拐，拼死跌进了一块土坡后面。两个军人跑过去正欲搀扶，一排子弹扫射过来，吭都没吭一声，便倒在血泊中。

原来，据守停兵山的连长张德山令3排长王世禄率士兵不惜代价拯救飞行员，王世禄二话没说，对着身边仅有的7名士兵命令道："刘毅伏守阵地，其余人跟我走。"

抗日抗了十几年，官兵们个个从实战中明白：飞行员就是军中的金疙瘩。

抗战之初，我方空军主力战斗机是300架霍克-3双翼机，特点是：速度慢、善缠斗。日军主力战斗机是2000架九六式单翼机，特点是：速度快、专门针对缠斗机。九六式的时速比霍克-3快60公

里。啥意思？就是中国的飞机"呜呜"地飞行时，日军飞机"嗖——"的一声就已经飞过去了。

装备方面，敌众我寡。到了1937年11月，中国的霍克三双翼机损失殆尽。当时，我们的空防装备几乎全靠国际援助，量还少，总共不到300架，打下一架少一架。而日本，可用飞机多达2000架，其国内还在源源不断地生产。

之后几年，苏联援助了一批伊-15与伊-16飞机。伊-15还是双翼的缠斗机，机上只有两支机枪。

日本偷袭美国珍珠港后，美国正式对日宣战。中国获得美国军事援助。由美国退役飞行员组成的志愿队"飞虎队"来到中国。空军有了当时最先进的P-47、P-51战斗机及B-25中程轰炸机。战役中，看见自己的飞机翱翔天空，陆军士兵们就会精神亢奋，嗷嗷嚎叫。看见敌人在轰炸扫射中像割麦子一样倒下一片，他们会欣喜若狂；飞行员在陆军士兵的心目中，那就是腾云驾雾的孙悟空。若看见自己的飞机被击中冒烟，他们会撕心裂肺，肝肠寸断。哪怕自己死十次也不愿他们伤一次啊。

从来没有这么多人对这么少人，亏欠这么深的恩情。用他们的话说：十条命也抵不过飞行员一条命呵！

王世禄将士兵分成两路，迅速向田间飞行员方向跑去。此时190师特务排也派出了援救队。日军更想活捉飞行员，双方争分夺秒，不时发生枪战。已有两名士兵中弹身亡，王世禄顾不了倒下去的兄弟，咬牙切齿发疯一样地扑上去与另一名士兵接着搀扶受了伤的陈祥荣，不要命地狂奔。一阵迫击炮弹呼啸而至，陈祥荣趔趄倒地，说时迟那时快，王世禄奋不顾身罩在陈祥荣身上，冲天的烟雾中，王世禄脑袋被弹片削掉半边。又有两名士兵跟上，没有丝毫犹豫，连拖带拽将陈祥荣跌跌撞撞拖入我方守军壕沟。

此时，空军分队长兼飞行员陈祥荣浑身上下都是血迹与泥巴，嘴唇痛得歪向一边，右腿已完全失去知觉，整个人瘫成一块泥团，人鬼难分。一位戴着钢盔的大汉俯身在他耳边说道："我是第10军预备第10师30团第7连的张德山，请你放心，我马上送你到军部去。只要我的弟兄在，你就不会死。"

"他的命值钱呵，已经死了4个兄弟了。"陈祥荣躺在担架上依稀听到有人在哭泣。

"住口！全连可以死，不能让他再受伤，这是命令。"张连长吼道。

陈祥荣满嘴是血开不了口，泪水从眼角里淌了出来。

一番简单包扎后，他被6名士兵护送到城中第10军指挥部。

志航大队没有一个孬种

6月27日，中国空军驱逐机部队第4航空大队副队长刘宾麟率领6架飞机展翼凌空，飞行员陈祥荣很细心地跟着刘副队长的长机，穿云破雾，飞进衡阳上空。

第4航空大队又叫"志航大队"，民族英雄、王牌飞行员高志航就是他们的大队长。1937年8月14日的"八一四"空战中，高志航率领的第4航空大队以6比0的战果，首开对日抗战空战全胜纪录，被誉为"空军战神"。

今天，陈祥荣与长机的任务是侦察敌我的位置与行动状况，于是以1000米的高度作低空飞行。日军用高射炮迎头拦截。但第4航空大队的飞行员们对此已司空见惯，他们在炮火里穿行，把高度一再降低，以求得到更确实的情报。刘宾麟的计划是由西面通过衡阳城上空，进入湘江东岸，然后由樟木寺转回，沿湘江及公路侦察敌人的运输状况，再去

陈祥荣像

祁阳。

谁也没有料到，陈祥荣的飞机机翼竟然被击中了。最初他还以为油箱用完了空中停车，马上换油箱，仍是不动；再看仪表板，所有的表针都指向零。他知道机器失控了。跳伞？高度太低了；强行降落吧，需要马上找块平坦的地

方，同时还得注意敌我的位置。

"副队长，我的飞机中弹了。"陈祥荣呼叫。

"降落江东。"刘宾麟指示。

"不！那是日军阵地，我宁愿摔死在我们阵地里也不当俘虏。我向高岭飘，你们走吧！再见！再见！"

刘宾麟、陈履元、董启恒等5机上的弟兄们都听到了他的话，大家心如刀割，但谁也无法把它停在天空，给他换一架飞机。

"陈祥荣，不要急，我们掩护你……"

陈祥荣很沉着，先把油箱甩掉，免得落地起火；再把氧气口罩取下，然后把座舱罩子拉开，免得飞机落地后摔翻或起火时爬不出来。这些事做完后，地面就在他的腿下了。两面都是小山，中间一块稻田，他不能再选择了，他把左手伸起挡住前额，不让头碰碎；然后右手把驾驶杆向后一拉，飞机迅速着地。水田太软了，飞机踏不着实地，便向后一甩，他的身体猛力向前一撞，左手臂救了前额，驾驶杆却碰穿了下嘴唇，血如同泉水似的向外流。他一时未感觉痛，心中念叨的就是赶快跳下飞机，判明撤退的方向。这些他做得都很快，即刻朝准一个方向拼命跑。子弹呼啸而来，并未命中。他似乎听到有人朝他呼

叫，突然感到一阵头昏剧痛，不知不觉地倒下去了。

陈祥荣醒来时，已躺在第10军军部指挥所。方军长说："醒来就好，不要说话。饿了吧？"

他点点头。一会儿，一碗热汤面送到面前；他很想一口吞下，但是办不到，只好嗅一嗅，仍旧放回原处。

下午3点半，城里又放警报了。"怎么回事？"他问。

"飞机又来了。"

"是我们的吗？"

"好像是，没丢炸弹。"

"扶我去看看。"陈祥荣出门一瞧，的确是自己的飞机在上空盘旋。他知道这是飞行员向第10军要消息，便迅即把这意思告知方军长。

"这确实是我们的飞机吗？"孙玉鸣参谋长又问了一句。

"一点也不错。赶快铺符号，不要放警报了。"

一会儿，符号铺出来了，却显得小得可怜，只有2尺宽7尺长，飞机仍在上面绕，地面符号似乎没发挥作用。

"不行啊，方军长。符号太小啦。至少要1米宽，10米长，并且还要铺在开阔的位置。"陈祥荣急得只抓脑袋。

"这是根据规定的呢！"一位管符号的尉官在旁边申辩。

"还照本念经，还打官腔？马上给我改。"方军长气得破口大骂。

好在储存的军备物资较为扎实，指挥飞机的符号马上改正了。空军很快发现符号，并进行了积极配合。

从这天起，陈祥荣便兼任方军长的空军顾问。每当飞机来临时，由他判断敌我，警报基本没有错放过。地面的符号不但有我军的位置，还标明了敌人的距离、敌人的兵种。于是中国空军在有限的时间、有限的战斗力情况下，便根据地面的指示，尽可能地扫射日军散兵线，轰炸日军炮位。

方先觉对陈祥荣竖起了大拇指，高兴地递过来一盒香烟称赞道："你是我的天降神兵！说，有什么要求？"

陈祥荣也很激动，没想到自己负伤降落城中，还能履行一个飞行员的职责。他轻声说道："谢谢军长，没有10军兄弟舍身相救，就没有我陈祥荣，我就想见见他们，以谢再生之恩。"

这一夜，是第10军热血闸门的开放，也是日军施放毒气可耻纪录的增加。衡阳四周响起了激烈的炮声，各个山头的争夺战和绵密的机步枪已被手榴弹、大炮的声音盖住了。日军猛攻，第10军苦守。日军看到合围的阵地又要裂开，便拼命把毒气弹向炮膛里送。一夜恶战过去了，第10军的阵地除一小部分外，仍屹立未动。被毒死的官兵尸体与眼盲手肿、前额溃烂的伤兵源源不断地由阵地上退了下来。

"陈祥荣，你永远见不到在高岭命令救你下来的张连长了。"方军长走过来沉痛地对陈祥荣说。

"为什么？"

"他昨晚牺牲了，全连一个也没剩，都是被毒气杀死的。"方军长很气愤地说。

陈祥荣欲哭无泪。

让日军吃足苦头的"方先觉壕"

"方先觉壕"是日本士兵取的名字。

"方先觉壕"是中国士兵与百姓挖的工事。

就工事状况言，它不同于以往的大型战役，如1937年的淞沪会战，有久已建好的国防工事和众多的坚固钢筋混凝土大楼，可资利用；衡阳保卫战则系就地取材，临时以木材以及少数铁轨构筑野战工事，无一包水泥，无一根钢筋。

衡阳保卫战中，第10军官兵在军部的统一部署下，与13万民夫一起，利用衡阳各界捐献的物资，顶着衡阳酷暑季节与毒辣的太阳，花费近两个月时间把整个衡阳城连同外围阵地，修筑成了一个巨大的堡垒。1944年5月，衡阳城悬挂着"一寸土地一寸血，十万青年十万军！""铁棒磨成针，功到自然成！""用打仗精神做工，不怕不完成！"等一幅幅巨额横幅，横幅下，是穿着黄裳的军人和光着黄色膀子的民夫，震天价响地喊着做工号子：

做工事啊！嗨嗨！做工事啊！嗨嗨！从白天做到天落黑啊！嗨嗨！从天落黑做到天大亮啊！

做工事啊！嗨嗨！做工事啊！嗨嗨！从白露坳做到铜钱渡啊！嗨嗨！从铜钱渡做到汽车西站啊！

挑啊！挖啊！干啊！人声鼎沸，群情激昂。

"方先觉壕"是结合衡阳城南五桂岭、张家山的丘陵地形所修筑出来的一种非常复杂的立体工事，这种工事是将丘陵面向鬼子进攻方向的山体全部挖成绝壁悬崖，近10米高度，形成直立90度。并在悬崖下再挖一个又宽又深的外壕，削到地平线再往下挖出50厘米深的壕沟，沟底下放置钉满铁钉的门板，再放进水。

这样一来，鬼子的坦克车用不上，人也不好过去。

衡阳城南的每一座小山前好似有了一道护城河，壁顶之上设碉堡，又称宝塔式碉堡。这种碉堡有一半埋在战壕内，开多个射击孔，可以打正面的敌人，也可以射击冲进战壕里面的敌人，碉堡后方有隧道可以通往阵地后方。此种碉堡抗战中也极其少见。各碉堡间轻重机枪用侧射的方法编织成交叉火力网，相互策应，封锁山谷。

在宝塔式碉堡内，修筑了一条类似楼梯式隧道通往阵地后方的指挥所，这种隧道类似于防空洞，呈楼梯状梯次上行。

碉堡之前设手榴弹投掷壕，士兵可以相互配合将手榴弹不费力地投向壕底的敌人。

没有断崖的地方则挖设壕沟，壕沟即宽又深，底部有掩盖之地堡，使日军不能藏匿其间。断崖与外壕的前面再铺设铁丝网及直径10厘米以上的圆木构成如高墙的木栅，阵地上则挖1.5米深的交通壕将全部阵地连接起来。

又根据地形及火力需要在交通壕背后或前面，挖1.5米深的散兵坑。散兵坑既与交通壕相连，又能使士兵在坑内站立射击投弹，还可坐下休息。

坑口附设遮日蔽雨设备，并覆上伪装。所有工事都考虑到排水。

在阵地外30米左右设伏地堡和反射堡，以掩护交通壕通向阵地。预备队官兵则在阵地后方山脚下挖单人掩体，随时准备参战。

交通壕既通主阵地，又直达城区中心——第10军指挥部城区——中央银行地下仓库，那里发出的指令使整个衡阳城成为一大要塞式的综合阵地。

这种独特的防御阵地，让日军吃足了苦头，即便是日军有耍杂技的功夫去叠罗汉，搭人梯，也常常还没有攀登到半壁，便被第10军士兵逐壕扫荡。在上面扔手榴弹非常之爽。即便有阵地失守，那都是日军以士兵的尸体填满壕沟为代价，活着的日本兵踩着同伴的尸体冲上来的。

在《日本帝国陆军最后决战篇》中，日军专业人员这样描述："尤其敌人之碉堡位置，颇尽选择之能。其各个碉堡，不独均能相互支援，任意发挥侧射、直射之大力，且每碉堡之前均形成有猛烈之交叉大网。其各丘陵之基部，尽已削成断崖，于上端均有手榴弹投掷壕，我军即难以接近，并无法攀登，此种伟大之防御工事，实为中日战争之初见，也堪称中国军队智慧与努力的结晶。"

让日军吃足苦头的"方先觉壕"

056

11 船老大　湖南衡阳人
王才德　陕西榆次人
衡阳抗敌后援会成员

他与高岭融为一体

6月25日凌晨，在湘江东岸打了二天三夜的第10军第190师和暂编54师奉命全部撤回西岸，紧缩战线加强防守。第190师守石鼓嘴至泰梓码头沿线，暂编54师守泰梓码头至湘江大桥一线。雁峰寺和石鼓嘴两个名胜都设有守军的炮兵阵地。

船在江边等待，一条船可载全副武装的官兵二三十人，一张木排或竹筏只能载几个人，半天时间，100多条船，数不清的竹排、木筏，把参战部队全部渡送到湘江西岸。驾船撑排的，除了船工，还有几百青壮年民夫，都是抗敌后援会组织的队伍。

时近中午，官兵们上岸后，渔民船工开始砸船，有的拿斧锤，有的拿钎凿。当兵的不解，一位上尉连长问道："砸船干什么？"

船老大一边撸起袖子，一边回答："船落在鬼子手里，我们就得给鬼子卖命。砸了它，省得当汉奸。"说完，一锤下去，船底开裂。

"砸了饭碗，一家老小怎么活？"上尉又问。

"家人都逃难去了，这饭碗不能留给日本鬼子。"

上尉看着数百名挥斧抡锤、叮叮当当、拆筏凿船的民夫发愣，没有一个人叹气，没有一个人后悔。惋惜的倒是扛枪当兵的，刚才还好好的一条条民船、渡船、舢板、木筏，一瞬间，不是随着早已准备好的石块倒进底舱沉入江底，就是成了一堆废柴烂木。他心痛地问道："你们今后怎么办？"

"跟你们一道守城，找日本鬼子算账！"船老大答得斩钉截铁，豪气干云。

血火交织的激烈对抗，在每天平均每一秒钟落下一发炮弹的衡阳城内，船老大留下来了。

抗敌后援会成员留下来了。

全城7000多民工留下来了。

男的为守军送弹药、抬伤员、掩埋尸体；女的替守军缝补浆洗，看护伤员。工事木栅被敌人摧毁了，靠他们来修复，并且多是利用黑夜抢修劳作。他们虽然未受过军事训练，却毅然舍离一家老小来到了前线，和守军并肩战斗到8月8日衡阳城陷。

方军长屡屡看到他们的身影，无不激动，他叮嘱参谋长孙鸣玉：一定要把这些义民呈报上峰，请求特别的奖励。

王才德，中等身材，满脸黝黑，见事做事，待人温和，他笑起来的时候，会发出一种动听的沙哑嗓音，而且脖子伸得老长，头往后仰，脸上乐开了花，眼睛都快眯成了一条缝。谁也不知道他来自哪里，只知道他是抗战后援会运输队队员。那天，他冒着炮火给高岭第10军阵地送弹药，进入壕沟时已挥汗如雨，上气不接下气，爬到机枪手掩体旁，正想喘口气，忽听"啪啦"一声，机枪手头部中弹一句话没留下便歪倒在一边。王才德抬头一看，日军仍成梯队往上冲，情况紧急，他几乎不假思索地将机枪手遗体拖到一旁，打开子弹箱，熟练地填满弹药，快速地扣动扳机，准确地点射、扫射，有力地配合守军打退了日军的冲锋。

战斗间隙，中尉排长过来表示感谢，问他："你怎么会打机关枪？"

"原来捣弄过。"王才德简单干脆。

"听口音，你不是南方人。"排长一脸疑惑。

"陕西的。"

"你是八路？"排长瞪大了眼睛。

"管他八路九路，打鬼子咱们就是一路的。"

王才德最终与高岭融为一体。

据幸存者回忆：打完那一仗，他就没有打算活下去，也再没离开过阵地。他跟新结交的兄弟说，他是延安派来的，来衡阳做观察员，他观察够了，想过过枪瘾，他想拼下去。

高岭战场战壕遗址

12 张田涛 河北人
第10军预备第10师第30团3营7连连长

站起是一个人 倒下是一座山

张田涛，孔武有力，满脸络腮胡子，相貌骁勇剽悍。性嗜酒，又有"猛张飞"之称。当兵时，这位大个子被师长葛先才一眼相中，成了他的传令兵，之后随师长出生入死，屡立战功。枪林弹雨中一路走来，进入衡阳时，他已升任连长。

战斗打响之际，张田涛率全连据守该团阵地南侧之据点——停兵山（今恒升中央公园），已被绝对优势之敌围攻了两个昼夜。

停兵山山脚已削成丈余高的直角陡坡，陡坡上端又埋有木桩，木桩上缠绕着铁丝网，铁丝网后面是纵横交错的掩体、壕沟，易守难攻。日军先以排炮轰击，将障碍物、工事炸得一塌糊涂，而后步兵冒死冲到山脚下，架起人梯往上爬。张田涛命令全连沉着应战，一旦日军士兵通过撕开的口子窜进到外壕前面，便毫不手软地将其消灭，再有不怕死地往前冲的就投掷手榴弹。但毕竟是以少敌多，日军成批次地往上冲，障碍物毁掉了，机枪管打红了，子弹壳都没时间清理，机枪手只好不断地搬着机枪转换位置，阵地上被硝烟笼罩着，灼热的大地几乎能把人烤成木乃伊。终于有日军士兵爬上了阵地，张田涛率士兵冲出战壕与日军肉搏，几轮刺杀拼下来，全连只剩下四个人，退到最后一个碉堡内，身负轻伤的张田涛命令他们顶住敌人，自己要通了葛先才师长的电话。

张田涛先是报告战况，之后悲愤地说道："本连官兵决计在此据点与敌人拼死到底，不惜同归于尽，今后我再也不能挨师长骂，再也看不到师长了！"

葛先才两眉紧蹙，一股悲凉之情油然而生，他握着话筒一字一顿地吼道："张田涛！你听清楚了！倘若敌人攻势太强，可以放弃据点，撤回主阵地。我马上打电话给你们团长，火力掩护你们撤退。"

张田涛却一字一板回答："师长，不必了！我的死，一则以报国；再则以报答师长这些年来爱护栽培之恩。我这样结束一生，公私都有好。家母早已故世，老父有两个弟弟赡养。我应该去阴曹地府侍奉母亲了。忠良勇士，本应出于孝子之门。"

"别给老子扯这些没用的，该撤的时候就撤！"

"现在不用撤，师长，据点前面敌人非常多，我们随便放一枪也能撂倒一个鬼子，真他娘的可以杀个痛快！我宁愿被敌人刺刀插进胸膛，也不愿在撤退的时候，被敌人子弹由背后射进去。"

"现在伤亡如何？"葛先才头上青筋凸暴。

"师长！本连官兵之死，不会没有代价的。我们死一个，一定要敌人死两个、三个、四个……我这支驳壳枪里还有20发子弹，……师长！敌人快冲上来了！弟兄们已经上好刺刀，正在投手榴弹。再见了……师长保重！"张田涛甩掉话筒，已是眼泪盈眶……

葛先才手握话筒，血往上涌，连声呼叫："张田涛，张田涛！"

只有满耳爆炸声。

天明后，第30团团附项世英的传令兵许秋宾报告，适才坐地假寐，梦见张田涛连长带了很多阵亡兄弟来找团附索钱买酒。

项世英一听怒道："混蛋家伙，净讲鬼话！"随即电话询问张连长战况。张田涛气喘吁吁地答道："杀得痛快！敌人总死了好几百吧。不过我挂彩了。身边还剩下四个人……敌人又冲过来了！"

项世英即刻拿起望远镜向停兵山观看，相距400米，停兵山上演绎着最后的壮烈一幕：日军蜂拥而上，张田涛左手持枪，右手举刀，刀砍枪打，前面两三个日军士兵像风刮的茅草一样先后倒下。突然，肩背后一把刺刀捅了过来，他僵住了，先是一动不动，然后慢慢地回过头来，暴突的眼睛瞧了瞧把刺刀捅进了他身体的鬼子，魁梧的身躯直挺挺轰然倒下，像崩塌了一座山峰。

衡阳保卫战中，第一个拒绝上级撤退命令、死守阵地的尉级军官，以身殉国。

13 白天霖 安徽桐城人
第10军预备第10师第28团迫击炮连连长
中央军校第15期毕业

八炮齐放毁掉一个日军师团指挥所

日军第68师团师团长佐久间为人中将与第116师团师团长岩永旺中将乘兴约定6月28日对衡阳发起第一次全面总攻，两个不可一世的恶魔叫嚣"三天攻下衡阳城"。

第116师团步兵第1大队从西面进攻，步兵第120联队向张家山进攻；第68师团步兵第117大队则进攻停兵山。

第10军第30团第7连官兵在连长张田涛率领下与日军展开肉搏战，全部殉国。日军为攻占停兵山也付出了惨重的代价，木栅前、铁网旁、深壕内，到处堆积着日军的尸体。佐久间为人这才认识到守军的防御异常坚固，尤其是炮火的准确性上特别优于他们。于是他连续发布两条命令：命令炮兵向前推进100米，以便为第二天拂晓再次进攻做准备；命令将司令部推进到黄茶岭西南欧家町的小高地上，靠前指挥。

10时30分，佐久间为人又亲自带领

白天霖像

参谋长原田贞之郎、参谋松浦觉等人进入该高地勘察地形。

白天霖此时也匍匐在枫树山阵地观察所用10倍望远镜搜索目标，观察敌情，天注定这班贼寇撞在白天霖的炮口上了。望远镜里，他发现欧家町的山头上有日军10余人在指指点点，他估摸着可能是日军指挥官在前沿阵地进行侦察部署，白天霖当即脑海里突然冒出一个念头：擒贼先擒王。

他立即指挥手下，调好炮位。心里寻思：不能按常规再以单炮试射，万一没打中既暴露了目标，还会把狗日的吓跑。于是，他果断下令：全连8门迫击炮迅速计算标尺，听我口令，放！8颗炮弹呼啸而出，齐刷刷准确击中目标。

白天霖兴奋得将帽子一甩，喊道："各炮注意，再来2发，预备——，放！"

"砰砰砰——"三轮过后，日军所在高地，尘土飞扬，人仰马翻，之后是死一般的寂静，没了人影。

高兴之余，白天霖并没意识到这个战果有多大。

事后得到消息，被三轮迫击炮炮火"烹调熏炸"的是日军第68师团前线指挥部一干人员，其师团长佐久间为人中将运气算好的，背部被弹片击中，身负重伤；参谋长原田贞三郎大佐、参谋松浦觉少佐等则当场一命呜呼，被裹尸运走。整个日军第68师团指挥系统一时陷于瘫痪。

日军第11军司令官得知此讯立即采取紧急措施，命令第116师团长岩永旺指挥第68师团继续攻击。同时调堤三树男中将，前来接任第68师团师团长。

中国上尉连长白天霖三轮24颗迫击炮弹毁掉日军一个师团指挥所。

在中日双方拉锯战中，泥土都被烧焦了的湖南衡阳城沦为一片废墟

14 李桂禄　山东夏津人
第10军第3师第7团3营营长

擅自决定撤退被军长就地正法

自6月29日晚上起，军部办公室的几部电话"丁零零"一直没有停过。日军攻击的节奏渐次加快，险情一处比一处严重。日军已连续发起攻击，导致整个城区外线的通讯设备多处遭到破坏，个别师团与军部的联系时常出现中断。

当天凌晨3时，防守枫树山、张家山的第3师第7团阵地，遭到了日军第116师最强悍的第133联队轮番猛攻。133联队指挥黑濑平一大佐以勇猛著称，该联队进攻张家山阵地之前，未曾有过失败记录，因此十分狂妄，在28日、29日两天中，黑濑联队夺取了张家山阵前南面的核心阵地212高地，接着227高地（瓦子坪阵地）危在旦夕。

30日下午5时，黑濑联队又对瓦子坪阵地发起了更为猛烈的冲击，在一阵猛烈的炮击后，山下密集的士兵组成的进攻队形像波浪一样，向山头阵地涌来。

负责瓦子坪阵地守卫任务的第3师第

7团第3营营长李桂禄望着山下恶狼一般奔突的敌人，倒吸了口凉气。227高地经过他们几天的坚守，第3营800多官兵只剩下230人了，而就是这200多号人，还有轻重伤员六十几人，李桂禄看了看脚边弹药箱里剩下不多的手榴弹，有种不祥的预感。

"八连长，你带领受伤的弟兄们先撤。"他先后发出命令，"五连长、七连长，你们俩通知剩下的弟兄每人到这领取五枚手榴弹，各就各位听我号令，等敌人上来时，我们一块扔完了这最后一轮手榴弹后集体后撤。"

大家都贴紧在阵地上等待着，敌人距高地尚有100米，阵地上没有任何反应；50米，还是没有丝毫动静，走在前面的日本兵都感到奇怪，怀疑阵地上的中国士兵是不是被刚才的炮击全都消灭了，于是，加速脚步冲将上来，就在离阵地40余米之时，李桂禄将手中的手榴弹扔出去。

"打！"一时间，手榴弹爆炸声此起彼伏，硝烟中，日军在阵地前倒下了一大半，没死的敌人趴在地上不知所措，李桂禄趁机领着200多号人从阵地上退了下来。

团长方人杰见李桂禄他们从阵地上撤了下来，异常冒火，冲上去一把抓住李桂禄的衣领正欲臭骂，可望着头上绷带还渗着血的李桂禄，又忍了下来，将他狠狠地一把推开："你什么也别说了，喝口水，在一旁待着去吧。"

说完，方人杰指挥第2营营长谢英迅速组织反击，可瓦子坪阵地是张家山所有阵地中最坚固的堡垒之一，而日军黑濑联队先进的装备和顽强的作风，让方人杰组织的敢死队几番猛攻均徒劳无功，除了增加伤亡外未能夺回阵地，谢英营长及三个排长在战斗中壮烈牺牲。

师长周庆祥听说丢了瓦子坪阵地，也有些急了，亲自跑到第7团了解情况。他走进团指挥所，根本不听方人杰的解释，拿着望远镜往周边巡视了一圈，这不看还好，一看背上的冷汗就一下冒了出来。最前沿的日军离第7团团部也就800多米，突破这道防线，后边就是第10军军部了，情况已相当严重，他厉声对方人杰说："方团长，看见后面的军部了吗？老巢都要被端了，解释有屁用嘛，马上给我组织所有

力量，全团死在这儿也一定要死守住这最后的防线，你懂吗！"

方人杰二话没说，转身出了碉堡。

周庆祥又风尘仆仆赶到军部，方先觉和军部的几个幕僚正在用餐。

周庆祥大声喊道："军长，这里很危险，赶快把指挥部搬到市区去吧。"

听完周庆祥介绍完军情，方先觉瞪大着眼睛朝地图扫了一眼，点燃一支香烟，没有任何反应。忽听"啪"的一声巨响，方先觉扔下点燃的火柴后，猛地一巴掌拍在了桌子上。

"糊涂，撤？怎么撤，拿什么撤？拿这座城市吗！"方先觉铁青着脸，两眼透着一股杀气。

周庆祥脸"唰"的一下变成了关公色，室内的空气一下严峻起来，冷静了一会儿，方先觉对周庆祥说："周师长，我想借你的师部开个会。"

周庆祥不知方先觉想干啥，站在那点了点头。

方先觉接着对参谋长孙鸣玉说："孙参谋长，马上召集部队所有营级以上军官，到第3师师部开紧急会议。"

午夜，第3师师部的草坪上，聚满了各处前线赶来的军官，大家都火急火燎的，不知道发生了什么事。

孙鸣玉拿着名册对着下面的人群开始点名，这不点名还好，一点名还真把

在场的人都吓了一跳，短短八九天，一个团长、七八个营长不是牺牲就是重伤，孙鸣玉点到一个名字即被新顶替上任的人告知已阵亡，这时候所有的人无不悲痛。

孙鸣玉点完名后，方先觉沉重地说道："弟兄们，刚才大家都听到了，几个好兄弟都先走一步了，这就是战争，不是敌死就是我亡。我们这群扛枪的军人不死，一大群手无寸铁的百姓就得死，站在这里的各位应该明白，我们的生命已不再属于我们自己，我们脚下踏着的土地，是衡阳的一块土，是中国的一块土，我们已别无选择，只要我们守在这，就不能允许日军随意前进一步。"

方先觉紧绷着脸，停顿了片刻，看着下面的人群，明知故问："擅自从瓦子坪阵地撤下来的属那一个团？"

"报告军长，属第7团。"

"团长是哪一位？"

"报告军长，是我！"第七团团长方人杰当场站了出来。

"三天连续丢了两个高地，为什么不下令死守？"方先觉冷酷地问道。

"报告军长，已经死守了，只是伤亡太大。"方人杰的回答明显底气不足。

"伤亡大就可以作为放弃阵地的理由吗？"方先觉一听火气更大了，方仁

杰低下头不再言语。

"李桂禄呢？站出来！"方先觉出人意料点了李桂禄的名。

头上包着绷带的李桂禄小心翼翼地走了出来。

"你知道战场当逃兵的后果吗？"方先觉铁青着脸大声地向他喊道，李桂禄喉结蠕动，终于无语。

"督战官！""唰"的一下，军委会特派督战官蔡汝霖冷冰冰地站了出来，"到。"

"将李桂禄拉出去毙了。"方先觉声音不是很大，但异常地清楚。

"军长——"，师长周庆祥虽也铁青着脸在一旁，但一听说要毙了李桂禄，还是显得有些不忍，毕竟李桂禄曾当过他的随从，但此时此境他更难以徇私情。

"毙了！"方先觉加重语气。

督战官蔡汝霖走上前去手一挥，后边走出一列军法处的执行宪兵，将李桂禄的枪械收缴起来将他带了出去，走了十几步，李桂禄急了，他停下来向方先觉大声喊道："让我到前线去战死吧！啊，军长！给我一挺机枪，让我死在战场上去吧。军长，让我去吧，军长！"

方先觉没有吱声。

"军长！我这身上都有五处枪伤了，我不是怕死的人啊！"李桂禄大吼着。

方先觉把身子背了过去摆摆手对李桂禄说："把家里的地址留下，去吧。"

督战官蔡汝霖把李桂禄带到了一间空房内，让他说了家里的地址，把它记在档案里。然后，军法处处长赵文焕拿着一瓶酒、一盒烟过来，问："还有什么话要跟家里人说吗？"

李桂禄低头没有言语。

"喝口酒吧，李营长。"赵文焕说完将酒倒在一个黑瓷碗里，端到他的面前。

李桂禄一口气咕噜咕噜地把它喝了个精光，"再给点。"李桂禄恳求道，于是，赵文焕给他又倒了一碗，李桂禄又一口喝了。

"赵处长，执行吧！"李桂禄不再多说。

赵文焕眼睛朝边上的蔡汝霖点了一下，蔡汝霖立即走上前去，用一块军用毛毯把李桂禄蒙上，随后，一名执行官走上去对着李桂禄的头扣动了扳机，"啪啪"两声清脆的枪响，在全军官兵的心上留下沉重的印记。

枪声响后，李桂禄的战友忍不住哭了。

会议还在继续着。

方先觉加重了语气道："第10军从创立之日就没有退缩两字，我们受命坚守衡阳，第10军就是衡阳，衡阳就是第10军！敌人连续进攻10天，我们便坚守10天，敌人进攻一个月，我们就坚守一个月，那怕战斗到最后一名战士，也要坚守阵地上的最后一处弹坑。这是必须牢记的信念，是没有任何条件可讲的责任。"

方先觉说到这手臂一挥："对于瓦子坪阵地的弃守，根据战时的连带责任处理办法，我宣布，将第7团团长方人杰的职务撤销，降为3营营长，团长空缺由第9团副团长鞠震寰接任。"

动情之处，方先觉双手紧握拳头告诫官兵："第10军历来战斗纪律森严，官兵一心一德，才赢得上峰赋予的'泰山军'之荣衔；长沙第3次会战防守有方；常德解围之役更摧破日军锋芒，每次血战各级干部均身先士卒，勇往直前。时至今日，我再强调一遍：第10军就是衡阳，衡阳就是第10军！绝不容许临阵脱逃，擅自撤退！"

全军官兵闻之肃然。

15 王金鼎　安徽太和人
第10军第3师第7团团附、3营代理营长
黄埔军校第15期毕业

夺回高地各奖三千元

1944年7月7日以来，王金鼎奉命在青山街、县立中学（今市二中）一线的阵地上坚守。

从师部参加会议回来后，新上任的团长鞠震寰对全团现有兵力进行了调整，将全团的有生力量重点倾斜在几支敢死队人员的组成上。同时命令由第2营接替第3营防守阵地。团附王金鼎任第3营营长。命王金鼎营长率两个连组成敢死队，将227高地给夺回来。

敢死队出发前，日军的炮弹依旧不停地从官兵们的头顶飞过，出发前每位官兵都写好遗书交到团长鞠震寰手中，鞠震寰在给全团官兵做简短的战前动员时，非常动情地说："弟兄们，我没什么可说的，军人以服从为天职，师部命令我们坚守212、227两个高地，可是高地在我们手上丢了，怎么办？得夺回来。不论条件怎样艰难，就是把我们的命都搭上，我们的阵地也不能丢，这是我们的责任。"

鞠震寰说到这，向面前正直挺挺地站在那儿的侯树德营长说："侯营长，如果王营长带的两个连突击失败了，你接着带两个连跟上，你如果牺牲了，我鞠震寰将亲自带两个连上，我还是那句话，即使我们全团的命都搭上，阵地也绝不能丢一寸。现在，是我们为国家效忠的时候了。"

说完，鞠震寰向王金鼎他们果断地命令道："出发！"

王金鼎带着两个连的人马走在伸手不见五指的山道上，官兵们高一脚低一脚地往前赶，只用了五十多分钟就摸到了227高地的山脚下。

王金鼎派出两名士兵前去侦察了一下，士兵回来报告说，阵地上约有敌人三百多人，正在阵地上睡觉。

王金鼎见士兵们个个气喘吁吁的样子，让士兵们就地休息十多分钟，然后开始向高地爬去。当士兵们在离敌人二三十米远的时候，王金鼎命令士兵同时向坑道里扔出了一连串手榴弹，然后突然冲击，大声呼杀。

"杀，杀，杀——"敌人被突然而至的奇兵杀得伤亡惨重，但很快剩下的日军士兵还是与中国士兵混战了在一起。此时，大地一片漆黑，双方在敌我难辨之间展开肉搏战。惨叫声不时传出。

王金鼎一看这场面，心中暗自叫苦，要是这样一直混战下去还真不是办法，于是赶紧从混战的厮杀中撤离出来，趴在地上暗自地寻找对策。

混战的官兵与敌人拼杀了一阵，也渐渐地失去了了目标，于是阵地上慢慢地静了下来，双方都大气不敢出地趴在地上，等待着天明来临的那一瞬间。

时间在一分一秒地流逝着，时间对中国军队来说明显不利，日军不仅枪械好，而且以眼前的现实而言，日军毕竟还睡了半个夜晚，而守军的士兵经过一晚的筹措、急行军和刚才剧烈的冲杀，已非常疲倦，此时，一下子安静下来趴在那，很容易沉睡过去，这要是真睡过去，那可就永远都起不来了。官兵们拼命地瞪大眼睛，王金鼎营长眼看自己也有些顶不住了，先是用手掐着自己，觉得这样都已不太管用，赶紧用刺刀在手

上划了一刀，让鲜血和剧痛来使自己清醒。

8月7日拂晓，日军500余人突破青山街阵地。

晨曦微露，敌我都在同一时间看清了对方，"砰、砰、砰——"枪声四起，刚开始，守军官兵还有些顾忌，怕伤着自己人，尽量用刺刀。可敌人的枪快，不仅枪快，日军还都是经过了严格的步兵操典训练出来的，而守军有些士兵穿上军服最短的还不到四个月，这要平常放在坑道里扔扔手榴弹是没问题的，可要真短兵相接，确实非常之危险。

眼看阵地上敌人的力量占了上风，就在这几分钟之差，王金鼎从地上端起了一挺机关枪狂扫起来："狗日的！小日本鬼子，去死吧！"

哒哒哒——，一口气把伏在高地上的敌人全扫了个遍。"哇！""啊！""八格牙路！""妈呀！"各种尖厉的叫声、喊声与机关枪声交织在一起。

哒哒哒——，四周早已没了多余的枪声，王金鼎还在打着，他已打红了眼，已成了一个扣动扳机的机器，直到他身上的子弹袋里空空如也。

"营长，别打了，别打了，阵地夺回来了。"满身淌血的战友趴在地上对他说。

"夺回来了。"王金鼎手一松,筋疲力尽地倒在地上,那把枪管烫得冒烟的机关枪,也掉落到这浸满鲜血的土地上。

过了一小会儿,太阳升起来了,阳光将眼前的一切都映影在它的光芒下,尚存的五个士兵,站在高高的山岗上,看到了山上与山下两幅截然不同的画面:在山上,长长的战壕里,守军牺牲的士兵已和日军的尸体混在一块,堆成了一条厚厚的尸山,而山下,山谷里的小溪依旧在缓缓地流淌着,小溪的两旁,杜鹃花像被鲜血染过一样,一朵朵耀眼的鲜红,把这山谷装扮得异常的悲壮。

在227高地夺回以后,212高地也被夺了回来。

夺回212高地的是侯树德营长,他夺回阵地的方式同样是置自己于死地的亡命战术,而且是白天。

方先觉听到第7团将高地回来的消息后,高兴得从椅子上一下蹦了起来,拿起电话就直接拨到了第7团团部,对鞠震寰团长说:"好样的,干得不错!你替我转告王金鼎营长、侯树德营长,军部奖给他们二人各三千元,并将向军委会给予请功。"

放下电话,方先觉刚松了一口气,孙鸣玉来了,告诉他衡阳城区北面的危机又突现出来,方先觉脸上刚显露的一丝轻松又被眼前紧张的局势压了回去。

战前的衡阳县立中学

16 储厔畲 浙江诸暨人
第10军第3师第7团1营2连连长
黄埔军校第16期毕业

血润草殿　全身被打成了筛子

暮云低垂，乔木肃然，山丘不语，大战前的夜晚竟是如此寂静，空气中充满了愈来愈浓的硝烟气味。

从斜面架梯而上的鬼子，不断地在梯上中弹或受伤而栽落下去，整个山丘斜面已堆满了鬼哭狼嚎的日军伤兵。那幸存的日军，杀红眼地大声吼叫，叽哩哇啦，声嘶力竭，有一个佐官从尸体中抽出一挺机枪置于腰间胡乱扫射，被守军一枪了结了性命。接着是白刃战。之后传言日军志摩源吉少将到第一线指挥士兵，鼓舞士气，在示范如何将中国军队投过来的手榴弹再回掷过去时，被一颗子弹射穿头部。

储厔畲率连队据守杜仙庙以北阵地，在日军一次拂晓攻击中，丧失了阵地右前方既是障碍物又是可作掩护的伏地堡。此战下来，全连因伤亡惨重，抽不出兵力逆袭；若想组织正面反击，又实在是力不从心。

储厔畲趴在壕沟旁，眼睛一动不动地注视前方，两条剑眉渐渐拧成疙瘩，脸色十分冷峻。

他决心夺回伏地堡，而且就在今夜。

他从各排挑选出4名敢死队员，组成突击小组，每人配齐枪支弹药，同时携带"飞虎队"空投的美造圆形手榴弹4枚。

凌晨3点钟，储厔畲亲自带队，分别隐蔽地爬过外壕，通过木栅，乘天明前的黑暗，摸到伏地堡之外。他目光炯炯地注视堡内的动静，脸上丝毫看不出畏惧，眉峰高挑，下巴拧动，倒有一种闯险的兴奋和激动。

储连长一声令下，各人拉开保险针，把手榴弹从碉堡口扔进去，几下闪光，一阵爆炸后，阵地平静下来。

7月15日，东方尚未发白，储连长在木栅外督饬敢死队员全面清扫战场，发现堡内突袭进来的5个日本鬼子全部魂归西天。储连长令队友抬出鬼子尸体，清理枪械，调正枪位，准备下一轮恶战。突然接到报告：一排长殉国了。

储厔畲当即感觉如五雷轰顶，神情呆若木鸡，两人相处数年，情如手足。如今他血染战袍，魂归西去！怜惜、悲恸、怒气、仇恨一齐涌上胸口，让他喘不过气来，泪水在眼眶内打转，旋即双目紧闭，强忍不让它喷出。他紧拽枪柄，狠狠地在伏地堡被炸塌的砖跺上敲打，他强令自己：要克制，别冲动。嘴唇咬破，手掌渗出了血痕，心情也逐渐平静下来。他睁开眼，泪水终如涌泉流下，他在心中诚挚默祷：

"老弟啊！你为国捐躯，舍身成仁，死得其时，死得其所，我们号称'泰山军'，你的死就是重于泰山，我等后死者，当竭力替你完成未竟之志，安息吧！老弟。"

伏地堡毕竟夺回来了。敢死队员仍难以抑制住激动，有个小子居然扯开嗓子喊起了号子，储连长受到感染，将手枪插进套里，紧握双拳，对天　声长啸。冷不防对面山腰一挺机枪扫射过来，储连长姿势较高，身中数弹，应声栽倒，身体翻滚，暴露在壕沟之外。

上尉戴楚威欲跳出壕外救连长，却让鬼子机枪压制得抬不起头来。储厔畲呼吸短促，军衣军裤全是鲜血。他奋力睁开眼，失神地望着不远处的戴楚威，手指着伏地堡："杀，杀下去。"嘴唇仍在嚅动，还在说，声音却极为低微，再也没有说清一句话。

戴楚威急得想吐血，他与连长是老乡，又同是军校十六期毕业生，他必须把连长储厔畲的遗体抢回来。否则就一起葬身于此。

士兵们发疯似的在堡内开火，却招来了日军更猛烈的炮火还击，堡毁人亡，在日军火力钳制之下，储厔畲的忠骸久久未能够移回阵地掩埋，反而被日军当成了靶子，可怜瘦小的储厔畲，全身被打成了筛子。

戴楚威发疯了……

17 邓星明　湖北黄安人
第10军预备第10师第28团2营5连1排排长
中央陆军军官学校武汉分校第7期毕业

十二个敢死队队员全都活着

1944年7月7日，按照余龙营长的部署，连长李松林向中尉邓星明下达命令：率领一个班组成敢死队，潜行至欧家町小学附近，伺机进入敌营，捣毁日军在那里的一个后勤装备基地。

连长李松林问："知道今天是什么日子吗？"

"7月7日。从鬼子总攻击开始，已经是第10天了。"邓星明挺胸回答，声音洪亮。

"也是鬼子全面侵华7周年。"李连长一本正经。

"您的意思是让我们给鬼子送点礼？"邓星明一脸狡黠。

"对！搞出点声响来。"李连长笑了。

"保证完成任务。"邓星明声震屋瓦。

连长李松林说："别急，让兄弟们先抽口烟。"连长吩咐通信员给每人分了十支"丰收"牌香烟，真是雪中送炭。

月黑风高，邓星明率领敢死队出发了。

炮弹的爆炸声在黑暗中回荡，简直就是地狱里的大合奏，是残酷而狰狞的杀戮，是充满破坏欲的狂吼。在这野蛮的吼声中，繁星冷静而安详地闪烁着。这多么具有讽刺意味啊！邓星明边走边想：敢死队，哈哈，老子就是敢死队队长。当生命面临危险时才意识到生命的可爱与美好，豁出去了，将自己的一切乃至生命，就要奉献给衡阳城，奉献给国家了。军人就应该做一个能慷慨赴死的人。也许，在这个可称之为"屠杀人类重工业"的战场上，生命甚至不抵一粒尘埃。鬼子们惨无人道，全面侵华，践踏中国7年之久，如今还在等着吸食我们的鲜血。我们军人还在等什么？有人写了一首诗：

血可流，头可抛；

炸碉堡，任火燎；

石鼓作炮台，

雁峰当战壕，

衡州城是铁州城，

岂容日寇作窝巢；

碧血丹心保国土，

留得英名万事标。

听听这诗，献身、赴死已经成了军人的目的了。

接近欧家町了。

日军一挺重机枪突然从一所宽大房间的窗口对外猛烈射击，邓星明以为目标暴露了，立即卧倒清点人数，十二个队员个个都在。无一人放枪，无一人受伤。怎么回事？难道是小鬼子在打枪壮胆？

邓星明指挥队员弯腰快速跑了五十多米后匍匐前进。荆棘刺手，邓星明戴上了在常德保卫战中收来的手套，像猫仔似的爬着。敌人的子弹从头上呼啸而过。道路上，隆隆前行的居然是日军的轻型装甲铁壳车，车上机枪扫射，他们即刻停止前进，慌忙躲避敌人的子弹。大多数跳进了凹地。这里有一条小河，河上有座石头桥，石桥上设有障碍，扔满了圆木和大石头。桥墩旁挖有一米的壕沟。装甲铁壳车遇到了障碍，无法前进，配合那架重机枪停在那里胡乱放炮。敢死队队员们立刻隐蔽到河边的安全地带，以防飞来的子弹。

敢死队队员们几乎一枪未发，因为他们深谙"无的放矢"的含义，不发一枪。看来这又加深了日军的不安与疑惑，他们就像闭着眼睛打水仗的孩子把水到处乱泼一般，在黑夜里向四面八方放空枪。在队员们眼里，子弹像金币般值钱，而敌人却视如垃圾废物，四处泼洒。

多么猛烈、刺耳的枪炮声啊！

邓星明步兵学校毕业，因为有文化，头脑灵活，很快就被提升为排长。他的确是个有智商有情怀敢想敢干的家伙，面对如此情况，只说了一句"别让狗日的再发声"，便带了三个人包抄爬到桥边，他大声吼道："别怕子弹，一、二、三——扔！"

几声巨响，日军的轻型装甲铁壳车葬身火海。

乘着日军还未明白是咋回事，邓星明迅速率领队员从学校左边灌木丛穿出推进。十二个人分成四组，前门、后门、房子靠山的小土坡上、几株大树的背后，各就各位围住了该栋营房后勤基地。事不宜迟，邓星明率先扔出第一颗手榴弹，紧接着，全体队员争先恐后根据地形、目标将各自带来的手榴弹一股脑地全部扔了出去。基地内的日军乱作一团，手榴弹又引爆了弹药库，于是，这一场混杂着枪声、爆炸声、叫喊声的大演奏轰轰烈烈地上演了。邓星明很激动，很想手舞足蹈，他没想到自己能导演如此惊天动地的一幕剧，这的确是纪念全面抗战7周年给日军最好的礼物，这激烈的声音，不用说现在，若是每天都上演一场该多有意思呵！

十几分钟后，突然远近都听不到一声枪响了，就好像突燃停电似的，满眼一片狼藉，日军横七竖八地躺着，没有一个喘气的，日军全都灭掉了吧？

一个令人难以置信的月光如水的静谧夜晚。

邓星明率队员们走了进去。皎洁的月光从被手榴弹炸坏的窗户的缺口射了进来，照在楼梯上，楼梯已成碎片。钢筋混凝土的柱子倒了，屋顶也被掀掉了，到处都是秽物，连下脚的地方都没有。清寒的月光照在这片废墟上，落下斑驳的黑影。

邓星明沐浴在寂静废墟中的月光下，俯视着这片大地。凛冽的寒风从军服的破洞钻了进来。此时，狂怒后的大地已筋疲力尽，安静地躺着。如同猛兽一般疯狂的敌我双方，这时都沉寂下来了。

在这一片寂静中，邓星明率领敢死队悄然返回驻地，十二个人，一个个都还活着。

美国总统罗斯福在接见新闻记者时谓："日本全力向中国大陆作大规模入侵，希望日军越深入中国，抵抗也就越强。"

被日军空袭后的衡阳城

18 衣复恩　山东济南人
蒋介石座机驾驶员、中校机长
空军军官学校第4期毕业

敌我犬牙交错　物资空投多误

衡阳战绩传到陪都重庆多日，7月2日，重庆全国慰劳总会发起签名运动，向衡阳守军表示祝贺。

重庆《大公报》发表社评《前方打仗后方献金》，谓："保卫衡阳的战士们，把许多人心理上已经放弃的衡阳守候吧！"勉励大家献金。

市民们用白绸制成长达一丈的信封20个，内装重庆各界20万人签名的致敬信。同时，将民众捐献的大批慰劳品、战场急需的药品及弹药等由空军派飞机投送衡阳城。

人不吃饭可支持一两天，枪炮不吃饭，则马上不能动作。方先觉最感苦闷的，莫过于弹药缺乏。既往会战，已有不少的事实，而此番衡阳保卫战，日军围城，四面交通断绝，更感困难，唯一的办法就是空运。所以电呈军委会，请求以飞机运送。

空军考虑中途障碍多多，决定夜间

衣复恩像

运送。可黑夜朦胧之中，敌我相距不远，将弹药误投敌方的情况已屡见不鲜。为避免少犯此类错误，军部在衡阳市中心连夜竖立约10米直径灯光一圈，作为投弹药的标识。

7月3日，夜间隆隆的马达声由远及近，守军马上燃灯指示投掷位置。结果是日军飞机，燃灯后反被照中目标眼睁睁看着投了大批炸弹。第二天晚上又闻机声，大家的心情忧喜交织：喜的是希望我机多送弹药；忧的是担心敌机光临，照中位置再来投弹，因此不敢点灯。结果运输机在空中转了很久又返航了，大家急得没办法，又电请转告飞行员，到上空时先发信号，捱到灯亮后再投掷物品。

第三夜飞机来了，信号枪也发了，守军立即点灯，而日军已知守军点灯的用意，居然也竖起来一盏灯。那时在飞机上只能看灯投物，辨别不出敌我来，又没有把运来的弹药和物品投下。全军空喜一场，士兵们气得直骂娘。

诸多变数让中美空军均对衡阳空投补给犹豫不决。蒋介石知道后，令其座机驾驶员空军中校机长衣复恩带头执行命令，亲往衡阳。

衣复恩1916出生于山东济南。排行老二，其父衣振青曾留学美国，是山东齐鲁大学教授。

1931年"九一八"事变时，衣复恩在北京通州读中学。东北沦亡，让这个15岁的少年萌生了投笔从戎、抗日救国之念。高中毕业后，17岁的衣复恩被中央航校第4期录取，攻读轰炸专业，1936年毕业。1937年"八一三"淞沪会战，衣复恩与战友驾驶中国战机，奉命轰炸上海虹口的日军海军陆战队司令部，几乎全部命中目标。

1939年11月，日寇从广东钦县登陆，进犯广西，进占南宁。敌我两军日夜鏖战于广西昆仑关。时任空军第9大队副队长的衣复恩，奉命率队配合我陆军作战，率9架苏制性能差、航速慢的SB-2战机，与敌机恶战在昆仑关上空，击落数倍于我的敌机。捷报传到重庆，受到蒋介石传令嘉奖。翌年，蒋介石又亲自召见。1941年，衣复恩被选中去美国受训。一年后，衣复恩驾着一架C-47运输机从美国顺利飞回成都。衣复恩飞的是南线，横跨大西洋，飞越当时被视为天险的驼峰，这一带平均海拔在5000米以上，飞行高度必须升高到6000米左右才能够保证安全，这已经接近C-47的最大升限。衣复恩担任蒋介石的座机长，始于1943年。这一年，蒋介石、宋美龄恰好有一次贵阳之行。当时的蒋委员长并无专机。前一天，衣复恩奉航委会主任周至柔命令：翌日载蒋介石夫妇由重庆至贵阳。衣复恩立即先飞贵阳，测试航线和场地。第二天，即在C-47运输机上绑了两张藤椅，作为蒋氏夫妇的座位。那时的飞机，既无空调也不隔音，蒋介石的侍从们分坐机舱两旁的铝制座椅，蒋氏夫妇则坐在临时固定的藤椅上。由于此次航行非常顺利，蒋介石很满意。此后，衣复恩便多次以这种简陋方式，载着蒋介石出巡。

7月8日，衣复恩率机队飞临衡阳上空，第一次空投补给品和慰劳品。空投物资随风落于湘江之中或落到日军阵地之上，衡阳守军能拾得的空投物资不到一半，其中最多的是毛巾、肥皂、香皂、八卦丹、万金油等。而城中迫切需要的医药用品却未曾获得，令人感慨万千。

空投物资中倒是有几篇令人兴奋传阅的文章，是重庆《大公报》刊登的中央社通讯，"据军事委员会7月7日发表战讯，在保卫衡阳恶烈战斗中，第10军第3师师长葛先才将军率领所部，亲冒毒气，恢复张家山阵地有功，政府特颁给青天白日勋章，并记大功一次。其关于参加该战役作战之各连连长、各排长、各班长亦各颁忠勇勋章一座，并各记功一次；并对守城之忠勇奋斗卓著勋劳全体官兵，亦奖励有加。"

物资虽然不足，总算来了精神安慰。

空军依然坚持白天运送，但高空投下来的东西随风飘荡，有时又误落敌方。日军捡了炮弹虽也派不上用场，而守军已是弹药耗尽过半，急需补充。守军眼巴巴地望着这东西而没法得到，心

衡阳保卫战期间，准备出发的中国飞行员

中的恼恨焦急，不可名状。特别是随着每箱物品投下时夹着香烟，看着敌人兴高彩烈地抢去品尝着，肺都气炸。每当中国运输机到达衡阳上空时，降落伞下的一个个包裹，大大小小从半空中飞下来，守军士兵个个心跳加速，担忧着有限的弹药又落到日军阵地。

孙参谋长守在发报机前，一再电告重庆，请转告空运人员注意，别把补给都了日军。

紧接着中国运输机又来了，在上空盘旋一周后，径自飞往日军阵地，把一包包的东西投向敌方。

站在军指挥部门口观望的方军长暴跳如雷，指着空中的飞机大骂："这个飞行员不是汉奸是什么！"骂声未了，突见日军阵地传来震耳欲聋的爆炸声，火光冲天，如春雷滚动，守军霎时转忧为喜欢呼起来，狗日的鬼子也上了一次大当！

此时，暂编第54师饶师长来电话建议：衡阳城区南北长，东西狭，如夜间运送，应在华岳寺山上及草河塔上各置一灯，以为投掷方向，投掷时且要利用风向，东南风稍偏东，西北风稍偏西。

尽管守军用尽了心机，但投掷的结果即使投准了，也往往因伞张不开，炮弹落地变形而不能使用，始终无法圆满。

有时因气候关系飞机无法起降；有时机场发生故障而中途停止；有时来电报指示，当晚有大批弹药投掷，结果等了一夜不见飞机的踪迹。

失望让人流出眼泪，全军士兵无不感到沉痛而气愤。

衡阳保卫战期间，守军在张望空投物资

19 唐一衡　湖南衡阳人
第10军预备第10师第30团1营士兵

战友皆殉国　独战有勇谋

1944年唐一衡29岁，本是衡阳南岳乡下土生土长的农家子弟，因爹妈死得早，为养活弟妹，小小年纪在家操持体力活过重，少年时已略显驼背。

当时唐一衡是带着弟弟唐二岳和妹妹唐三湘一块去报名参军的，后来唐一衡和弟弟唐二岳如愿当了兵，妹妹唐三湘却被劝回了家。

那天报完名，唐一衡与弟弟唐二岳各领到了两套黄军装、一双布鞋、一条绑腿布、一床军用毯、一个军用水壶，和几十元现钞。三兄妹高兴极了，一块还到南岳街上吃了餐饭。饭桌上，妹妹唐三湘虽没当成兵，但还是挺高兴的，坐在那儿不住地笑，她为她的两个哥哥高兴。可现在，她再也见不到她的二哥唐二岳了，她的二哥唐二岳已经死了。

唐一衡忘不了他弟弟死前的样子，那是在他的怀里，弟弟唐二岳肚子里的血一股股地往外冒，唐一衡使劲地想用

手按住，可他全身都被鲜血染红了，也没止住这流淌的鲜血，唐二岳对唐一衡说："哥，别按了，我们说会话吧，我梦见老爷子（父亲）了，他在梦里对我说打啊！使劲打啊！可我老使不上劲。"说完这话，唐二岳死了，死时眼睛还圆睁开着的。唐一衡没来得及找个安静的地方把弟弟埋了，新的战斗又开始了。

为守张家山阵地，一个加强营的官兵几乎都牺牲了。然而唐一衡未死，仍带领着最后几名战士坚守在张家山上。

那天夜里，唐一衡与另几名士兵一道，把阵地上所有的手榴弹全部收集起来，将每3颗手榴弹扎为一束捆在一起，埋在山路上几十处地方，然后，把引线抽了出来，连接到阵地一个隐蔽的地堡里。他们眼前放着一排机关枪和10多根针线，密切注视着阵地下路口的动静。

20分钟以后，又一批日军冲了上来

来，张家山高地两面是陡峭的绝壁，山下有一条小河，只有一条狭窄的道路可接近山顶，是日军要登上张家山阵地的必经之地。

唐一衡在地堡里冷静地看着这群日本兵向阵地上爬行而来，他指挥大家把手榴弹的引线掌握在手中，同时将机关枪的位置调整好，等最后几名日军也进入了埋伏圈后，唐一衡从容地命令大家拉响了引线。敌人尚未摸清火力点的方向，几十处埋藏在不同位置的集束手榴弹先后爆炸，敌人被炸得只剩下了50多人。这50多人有的还负了伤，惊魂未定的四处搜寻目标，唐一衡便扣动机枪狂扫，打掉一个是一个。

接着，唐一衡领着几人又如法炮制，把准备好的手榴弹每3颗一束重新布置一番，回到地堡之中，把引线放在一起，在地堡里卧倒静候。

果然，不久后又有一批日本兵爬了上来，唐一衡一直等到最后一个日军进入伏击圈才拉响了手榴弹，"轰、轰、轰——"日军被炸得丢盔卸甲。

日军每死一批，必定会发起一轮新的炮轰，每次猛烈的炮轰之后，阵地上又是出奇的平静，日军指挥官拿望远镜望扫视一番，认为上边没人了。不单单是日军，整个预备第10师指挥部的官兵也是这么想的。

在日军第五次进攻败退后，阵地再一次遭到毁灭性的轰击，唐一衡的战友全部以身殉国，唐一衡自己也被敌人的一颗炮弹炸翻在泥土里埋了，过了好一阵子，他才爬出来。

出来后他发现地堡已经被炸塌了，手中的机关枪也已经不能使用，似乎里面的机件被沙土卡住了，扳机扳不动。

敌人又来了，唐一衡急了，情急智生，发现不远处有一架重机枪在一具遗体旁。这遗体是刚刚还与他在一块战斗的八班班长，唐一衡轻轻地爬过去把八班长抱起来放倒在一旁，扶起重机枪试了一下，能用，恰好旁边还有大半箱子弹。

唐一衡高兴地用起这把重机枪，他把自己的身体全部埋藏在泥土之中，四周堆了几层尸体。10分钟后，日军士兵从山下又蜂拥而至，这次日军真以为中国士兵已全部阵亡了，却不料快到山顶的时候，一挺重机枪突突地响了，一下子被扫倒一片，剩下的敌人想往回撤，唐一衡当即又拉响了最后10余根手榴弹的引线，那往回撤的日本兵还没弄明白怎么回事就东倒西歪了。这真是个奇迹，当夜幕将天空完全遮蔽之后，山岗在黑夜中是黑漆漆的一片，四周堆集着的一层层尸体，经过白天烈日的暴晒，发出了一阵阵难闻的恶臭。

此时，躺在尸体丛中的唐一衡虽也感

到心口强烈不适，但更受不了的是黑夜中失去亲人的痛苦，这种痛苦在黑夜的孤独中感受是那么强烈，像是抽丝一般，把他的心变了一团思念的情线，被一根根地拽住，在连血带肉地往外拉。

山下的池塘边传来了"哇、哇"的蛙鸣声，让唐一衡找到了一点家的感觉，他想尽力用它来转移自己的注意，他根据蛙声的节奏在跟它唱着"哇、哇、哇"，那是一种很有规律的节奏，只是以前还从不曾知道青蛙的声音里还暗藏着如此美妙的韵律。

夜，像一个深邃的黑洞，将一切都包进了里面，黎明之时，露水带着丝丝寒意，扎进了唐一衡的体内，唐一衡感到背部有些寒气，想转动一下身体，可双脚躺得太久有些麻木，他让双脚直直地平放了一会，侧过身去，刚移动的那一块黄土上透着一股身体的余温。

唐一衡起来想找点吃的，他从尸体上一个个地找了过去，在一个僵硬的尸体上取下了一只水壶，倒进嘴中喝了一口，但止不住胃里的饥饿。他又下到半山腰在一个日军尸体的口袋里摸出半个饭团，唐一衡如获至宝，两口就把它吞进肚里。吃完后，嘴里感到了一股带血的腥味。

衡阳保卫战中奋勇抗战的中国守军

20 黄仁化 湖北人
第10军预备第10师直属工兵连连长
广东陆地测量学校航测学员补训班毕业

遗体二遭炮击　浩然之气长存

7月中旬的衡阳，天气酷热。敌我双方都不知不觉下意识地改在夜间战斗，双方好像约定了一个战斗时间表：每日上午9时许，全线枪声停息，各自吃早饭休息；下午6时许，双方大概都已两碗下肚，相距又不过数十米，于是向对方高喊"我们开始吧"，接着便是激烈枪战，炮声不断，像煮粥一样。

拉锯战造成的伤亡重大，日军兵力却越聚越多，从最初的3万多人增至11万多人，中国援军却迟迟不能进城，防线不得不日渐缩小。第10军军部指挥所开始时设在五桂岭，但最后只能退守在城内中山南路中央银行的地下室里。

河西衡阳城区被重炮和飞机反复轰炸，几无一间有瓦的房屋，处处是颓垣断壁，尸体遍地，无处掩埋，臭气熏天，伤员和尸体一样躺在瓦砾中。

7月12日傍晚，师部派工兵连增援第28团。敦厚义道、平日里寡言少语的工兵连长黄仁化二话不说就冲在前面。

敌我双方形成了拉锯战，你来我往，黄仁化与日军拼上了刺刀。平日里挖战壕、筑工事、修桥梁、埋地雷是他的强项，可拼刺刀却并不拿手，几个回合下来，鬼子一把刺刀明晃晃地捅进了他的左腰，他痛得弯下身去，几个鬼子便趁机围了上来，黄仁化毫不犹豫地顺手滑向后面，"轰——"的一声，他拉响了手榴弹，与鬼子一起血洒泰梓码头，英勇牺牲。

他的部下第二天在城中一院落的废墟中找到一具棺材，大家满怀悲愤，找了些白石灰，将连长全身洗净，换了一身晾干的军装，给他穿戴整齐，由四个人平端着，小心翼翼将其收殓入棺。

时近黄昏，忽闻枪声响起，士兵们来不及给连长出殡，便将棺材存放在河街的小巷中。

不一会儿，日军又开始重炮轰击，

一颗炮弹不偏不倚打在棺材上，浓烟升腾，棺材和遗体四散而去。士兵们那个恨啊，无法表述。一个个咬牙切齿，脸都变了形，恨不得抓个日本鬼子将他生吃了。

他们发疯似的怪叫着在瓦砾里寻找连长的遗骸，用铁铲挖，用双手扒，硬是捡回他的一截尸骨，几个老兵小心翼翼再次用瓦罐装好，封好盖，找一块红布裹着。副连长将瓦罐抱在胸前，士兵们相拥着在小巷里转悠，他们想为连长找一块僻静的地方。

巷口有一处残破的旧宅，半边楼面已被炸得剩下一堆瓦砾，倒是旁边一棵不大不小的樟树密匝匝地遮掩着一个阳台，白天也显得一片阴翳。副连长高举双手，将盛放黄仁化尸骨的瓦罐端端正正地安放在案几上。

老兵点上两根香火，烧了一叠钱纸，全连剩余官兵齐刷刷跪地磕头，老兵们想到连长连个全尸都没留下，悲痛难忍，嘴中念念有词，眼泪刷刷流下，他们告慰连长，发誓报仇。

天空依然又高又蓝，没有一丝云彩，天空的尽头落在了大地上。战友们抑制不住因哀痛而发的抽泣声，凄然地撞击着倒塌的墙垣。

一跪二拜三叩首，庄严的激动啃噬着士兵们的心胸。今天的连长就是明天的自己。面对逝者赴死的勇敢，战士们献上了最大的尊重和感激，为自己所爱的国家去死，为自己所爱的土地献身，连长将微笑升天。

死是有意义的。

第二天拂晓，日军新一轮炮弹倾泻，硝烟火光中，半间破房全毁，案几被掀翻，一块弹片又将瓦罐击中，黄仁化尸骨，一时灰飞烟灭，化为浩气长存。

衡阳保卫战期间，在雨母山支援的援军伤员

只要是活人就是第10军的生力军

7月11日拂晓，在日本飞机轮番轰炸的同时，日军炮兵对衡阳西南阵地猛轰，并施放毒气弹，整整持续一天。黄昏，日军步兵对衡阳发起第二次总攻，作为中国军队核心阵地之一的五桂岭首当其冲，该阵地以东，江西会馆守军全部壮烈牺牲，外新街和五桂岭南端陷入拉锯战。日军攻入外新街南端，守军预备第10师28团第8连与敌周旋，一间房一间房地逐次接战，寸土不让，直打到中午，该连官兵只剩3名战士据守西北一碉堡。

战况异常激烈，臧肖侠所在阵地前面和左右三个方向都发现了日军，后路也被敌人火力封锁，进退皆无可据之凭借。但臧肖侠脸上愈发冷静从容，他命令连里两个号兵不断更换地方吹冲锋号，吹得青筋直爆，腮帮发酸，促使弟兄们的士气硬是没有落下去，人人咬牙瞪眼顶着日军轰炸、冲锋。

正面日军利用河堤做掩护，三四十

臧肖侠像

人冲一次。肉搏是常事，日军拼刺技术很好，但第10军更勇猛。一排长拼刺功夫了得，带着一个班冲出战壕，他一个人就刺倒两个日军，吓得日军直往后退。一排长越杀越兴奋，不仅不适时而退，反而撕开胸襟对着日军阵地骂道："他妈的！你们过来呀！老子不怕你！"那气势，真是威风凛凛。不料，这时候一个手榴弹扔过来，炸了，抬下来时他已经遍体鳞伤、奄奄一息，没来得及抢救就牺牲了。

拼到最后，臧肖侠环视前后，只见班长姜纪水用机枪守在不远处的一座碉堡里；号兵捂着嘴巴在喘气，壕沟里有零星枪声，伤亡无从统计。臧肖侠想，我们已经是增援部队了，不可能再有增援的人了。便爬到姜纪水所在的碉堡去送饭。

死在这个碉堡前的日本兵横七竖八，堆积如山，两人必须用机枪把尸体打碎才看得清前面目标继续射击。一拨又一拨敌人退去了。传令兵刘舒陆冒着敌人的炮火，跑进碉堡，上气不接下气地报告说："报告……连长，团部……有人……补充来了。"

臧肖侠兴奋得连声大叫："好！好！"谁知鱼贯而入碉堡的全是新面孔。一问，清一色的运输兵，没有受过阵地战、狙击战等军事训练，有的连手榴弹也不会扔。班长问："怎么办？"

"是个活人就行！"臧肖侠吼道。他把这20来人拉到阵地被炸毁的原铁路局墙壁后，那里正堆放着10来具日军尸体，臧肖侠即刻指定三个看着顺眼的上等兵升为班长，对新兵们说："你们现在是第10军的生力军！你们拥有机会、尽忠报国。看看你们脚下这些日本鬼子，他们没什么可怕！经不起打！只要你们不怕他们，他们就会怕你！"

臧肖侠胡乱这么一比划还真让新兵们抬起了头。臧肖侠接着吼道："等会儿听到冲锋号，你们就冲出去，我喊一二三，你们就扔手榴弹！"

很快，敌人一个40人的冲锋队又冲了过来，冲锋号也响了起来，新兵们猛地冲上去，这一冲，日本人死了一半，逃回去一半，新兵也伤亡几个。但阵地守住了，新兵们这一下胆子大了起来。

之后，臧肖侠收到营长命令：撤退。

后面被封锁，前面都是敌人，怎么撤？

臧肖侠也打麻木了，横下一条心，决定以攻为退。他把活着的人找齐，下令所有武器猛烈开火，阵地烟雾腾起，大伙背着伤兵往五桂岭冲。70公尺外有一个悬崖可拦住日本人的机枪，但就是这70公尺，又倒下3个兄弟。

臧肖侠命硬，手上的指挥刀挡掉一颗子弹，硬是带着10来个人，赶到枫树山下向营长报到。营长一摸脑袋，对臧肖侠鼓励道："妈的，谁说年轻军官不能打仗？我就不相信！你们打得不错，我已经报了战功。"

臧肖侠看着手下兵士，有些悲愤："我们只剩下这些人了，我只想活着，多打两天！"话还没说完，枫树山上枪声突然密集，营长对臧肖侠手一挥："想活就立即上去支援！"臧肖侠当即带着15个人冲上了山。上去一看，妈的，下面的日本兵像蚂蚁一样往上爬，已经到了半山腰，但上面却一个人都没了。他们赶紧拣起手榴弹往下扔。正是因为早几分钟赶到山顶，先下手为强，阵地守住了。

之后臧肖侠被调到接龙山防守。赶到接龙山，臧肖侠再次遇到无法压制敌人炮火的问题：守军的炮全部坏了，而日军居然堂而皇之地在正前方山头架起两门大炮，直轰我方阵地。一向隐蔽的大炮昂首架在正对面，这让中国军人有一种"被侮辱的感觉"。

7月27日夜晚，臧肖侠找到友邻部队预备第10师28团第1连连长李炳山。臧肖侠说："炳山，对面这两门炮实在欺人太甚！我想把它毁掉。"

李炳山答道："我也想啊！但我们连的老弟兄都牺牲了，补充来的杂役兵经验不够，要不我们两个去干！"

臧肖侠一掌拍在他肩上，说："正合我意！"

拂晓之前，两人带上信号枪，和重机枪连连长约好一打信号枪就掩护他俩撤退。摸到敌炮下方，乘守炮日本巡逻兵转向的间隙，臧肖侠用5颗手榴弹捆在炮架上，一边拉着引信一边一步一步往后退，这几步呀，臧肖侠连呼吸都憋住了。退出约50米后猛一拉，炮架炸了。李炳山带了一把美制战车防御枪，使用钢心弹，这是专打装甲武器的，也同时开枪打掉敌人另一门炮。随后，他俩在机枪掩护下迅速撤离。

战后，臧肖侠与设在衡阳长乐由74军组建的突击第2支队取得了联系，专打游击。在这里，臧肖侠遇上一位后来成为他妻子的衡阳姑娘。那时，姑娘经常给他做掩护，在城内外收集情报，混得熟了，又有共同语言，两人最终结成伉俪。

衡阳老百姓了不起！

臧肖侠觉得打游击也有意思，老百姓配合他们抓住了30多个日本兵，每次都是用麻袋装着带过来。在游击队宿营地，臧肖侠听到最多的一句话是："报告，又抓住一个！"

1945年8月，突然传来消息：抗战胜利了！

臧肖侠站在院子里，望着衡阳方向，长长地吐了一口气。这么多人九死一生，总算有了一个结果。

22 彭忠志　湖南江华人
第10军预备第10师政治部政工干事
湖南娄底文艺中学学生

兄弟齐心　其利断金

彭忠志战前在娄底文艺中学就读，会写会画能歌善舞，鬼子铁蹄踏过来，学校被迫解散。他没有去投靠父亲当官的锡业局混饭吃，却选择投奔胞兄彭忠荣，前往衡阳当了一名新兵。第一个任务就是上街刷标语："整军精武，还我河山""厉兵秣马，驱逐倭寇""打倒日本帝国主义"等等。

6月23日衡阳会战打响，不需要宣传了。参谋长何竹本通知他："你没打过枪，作为一名文艺干事，可以选择回家。"

但彭忠志慨然拒绝了。

在此后的47天里，彭忠志和所有衡阳守军一样，每分每秒奔走在死亡线上。

战斗的惨烈程度是士兵战前难以想象的，战士越来越少，预备第10师29团成立敢死队时居然凑不满一个整数。副团长刘正平命令伤病员一起上前线。

一个伤病员问："我只有一条腿，

彭忠志像

如何冲锋？"

敢死队长（副团长）说："死守阵地，少一只脚没关系。"

一个新兵说："我还不会打枪。"

副团长答："学学彭忠志，三分钟就会。"

再也没人说话了，副官、军需、传

令兵、担架兵、炊事员都被编入了敢死队，跟着敢死队长往前冲。

政工干事彭忠志负责守环城南路附近的阵地。

7月12日，听撤下来的伤员说，敌人的一颗子弹打中哥哥彭忠荣，子弹穿左胸而过，生死不明。彭忠志就在他的附近，双方停火后，他发疯似的爬上山坡寻找哥哥彭忠荣，找到后摸摸还有一口气，立即与哥哥的传令兵一起，把哥哥抬到城内的兵站医院进行救治。

医院里伤兵人满为患，缺医少药，许多伤兵的伤口都长了蛆虫。他们用刺刀把竹条削成竹签，将伤口处的蛆虫一条条挑出来。哥哥彭忠荣在医院抢救过来后，转移到环城路附近的火车南站的一个民房里养伤。彭忠荣身上被打了一个指头大的洞。抬下来只能用黄色的药棉堵住那个洞；换药的时候，直接将药棉扯出来往里头加药。没有麻药，每次加药都痛得死去活来，用过的绷带还要洗了晒干再用。

由于缺医少吃，卫生条件极其恶劣，彭忠志兄弟患上了红白痢疾，拉了一段时间，两人都消瘦异常。

尤其可恶的是，守军弹尽粮绝，日军又向城内目标施放毒气弹，人人喉咙都奇痒刺痛难受，甚至呕吐，全身起泡。

"飞虎队"之前空投过一批防毒面具，由于没有经验，彭忠志直接将面具戴到脸上，结果毒气还是呛进喉咙，摘下来一看，原来没有揭开莲蓬头的铁盖。在哥哥的帮助下，彭忠志才正确戴好面具。

躲过了毒气弹的袭击，却没有躲过炸弹的气浪。

第二天，日军投下集束炸弹形成的气浪，将彭忠志兄弟从马路上掀到附近的防空洞口边，那个防空洞建在一个三层楼高的房子下面，炸弹将楼上的房子震垮了，二人被埋在土中，空袭过后才被人从土堆中扒了出来，兄弟互相检查，哥哥又压断了两根肋骨，口中时常吐血，彭忠志只是擦伤了皮。

为了寻找吃的填肚皮，彭忠志到处搜寻，好不容易找到一处酱园，一股浓烈的死尸味扑鼻而来，仔细一看发现满地是死鼠，揭开盖着竹笠的酱缸，里面也是不堪入目。

酱园的老板逃难去了，酱园里生蛆的腐乳和起霉的油萝卜一度成为大家的食品。

哥哥彭忠荣最终熬过了烂酱菜的煎熬，几天后，他有气无力地微笑着亲吻了彭忠志的面颊，说了声：谢谢。彭忠志却欲哭无泪。

感谢生命的苦难，衡阳保卫战让彭忠志明白，在离死亡最近的时候，什么才是最重要的。

23 劳耀民　广东汕头人
第10军预备第10师第29团1营营长
黄埔军校第16期毕业

八箱手榴弹甩得只剩下五颗

7月14日，日军40多架战斗机、轰炸机联合飞临衡阳上空，开始俯冲轰炸，一架接一架，反复盘旋攻击。一瞬间，乌云之下，全城硝烟滚滚。

午后，十几架日军飞机飞临虎形巢阵地上空，隆隆的机声震耳欲聋，浓密的树林在机翼下东倒西歪，树枝和树叶都在痛苦地挣扎着。守军士兵抬起头来，能够看到飞机上的膏药标志和日军飞行员戴着风镜的面孔。山顶上，守军的机枪响了，声音急促地连成一片。日军飞机丢下了几枚炸弹，村头的一个稻草垛着火了，浓烟滚滚，遮没了半个天空。一头耕牛沿着江边乱跑，一声爆炸响过，耕牛被炸成了几块。

为数不多的几个士兵趴在壕沟里，紧盯着阵地前方，任由日军飞机从头顶上呼啸肆虐。

战斗极其残酷，阵地一天数次易手。2营拼死抵抗，营长李振武阵亡，全

劳耀民像

营伤亡四分之三，阵地失陷三分之二。

第29团团长朱光基急令第1营营长劳耀民率其残部100余人增援2营，并将团直属队和机炮兵连改编成两个步兵连一并交劳营长指挥。

劳耀民不负众望，率领官兵上下齐心，冒死反攻，将攻入阵地上的敌人尽

数击毙。

下午6时，日军再次攻击，双方激战至午夜。有几名日军爬上设在虎形巢制高点上已炸毁坍塌的守军指挥所堡垒顶端，用机枪向四周扫射，对守军阵地形成巨大威胁。

劳耀民率两名士兵跳出沟壕，一个士兵机枪掩护，一个士兵拖着一箱手榴弹紧随营长左滚右爬，从侧面爬到离堡垒大约20米处。

不能再近了，小鬼子的模样都看得真真切切，狗日的也没刮胡子。只见劳营长拧开手榴弹盖，目测了一下，右手一挥，手榴弹顺着弧线准确落在日军的机枪手旁，3名贼寇上阎罗殿刮胡子去了。

劳耀民跟着跃进堡垒，命令两位士兵一个迅速收集手榴弹；一个架起机关枪，牢牢控制住了虎形巢制高点。

日军仍然继续涌来，劳耀民将收集到的手榴弹一颗颗甩出，右手甩没劲了改左手，左手无力了，喘口气再来，8箱手榴弹摔得只剩下5颗。

危难之际，第3师第9团第3营营长孙虎斌率第8连、第9连及时赶来增援反击，双方再度陷入激战。前来增援的孙虎斌营长以及机炮兵连长周云飞、第9连长许健先后阵亡，阵地重新归于寂静，双方尸体横七竖八，弹壳遍地皆是。

劳耀民欲哭无泪，瘫坐在地上几近痴呆，看了看身边的5颗手榴弹，捡起一颗，拧开保险盖，自言自语道："老子还在，阵地还在。"

八个字，朴素，豪气，久久回荡在虎形巢阵地上。

1943年的衡阳城，中间建筑为杜仙庙

24 余奇烈　江西人
第10军预备第10师第29团1营3连士兵

擅长投掷手榴弹的"傻鸟"

余奇烈生性迟钝、笑口常开，有憨态，官兵们亲切地称他为"傻鸟"，他总是嘿嘿一笑，露出一排黄牙。

余奇烈这孩子啊，打小心眼实，遇事不懂得变通，干啥都死脑筋，自小父母就没担心过他会闯祸，因为他从来都是受委屈受欺负的那一个。余奇烈8岁的时候，余奇烈父亲上山挖草药，从悬崖上跌下来，被村民发现抬回家没多久就去世了。余奇烈母亲农忙时侍弄地，农闲的时候四处打短工，就这样，含辛茹苦将余奇烈拉扯大，17岁的余奇烈不愿意让母亲再为他吃苦受累，执意跟着村里的人出外打工。那时的余奇烈不谙世事，乡亲们照顾他只干一些轻活儿，每月挣的钱，除了吃喝等费用，也剩不了多少。

但余奇烈是非常欣喜的，他把余下来的钱用纸一层层包好，藏进贴身的袋里，回家的时候掏出来塞进母亲的手里，母亲握着那些还带着体温的钱是先笑，又哭，又笑。母亲抱住余奇烈说："傻团子啊，这些钱啊，侬妈不要。你自己拿去买点好吃的，想吃啥就买啥，你正长身体呢。"

余奇烈执意不要，母亲只好把钱揣进口袋里，每当余奇烈回来，就去镇上称点肉，余奇烈最喜欢母亲做的红烧肉。

后来打仗了，说是当年的倭寇又来中国了，见人就杀，见屋就烧，城里城外都在征兵。村里的几个青年认为，反正在外打工，当兵不仅有饭吃有衣穿每月有银元，还更加体面，有威风，于是报了名。余奇烈喜欢热闹，跟着村里的好友就去穿了军装。

余奇烈的好热闹惊吓了母亲，老太太硬是从乡下一路打听追到了部队。

"我团子现在做的是什么活啊？"余奇烈母亲问同村的大撸子。

"依妈,余奇烈人老实,我们连长很喜欢他,让他做后勤。"

"后勤是什么?"

"就是给连长端端水、递递茶,帮连长送送信、传个话什么的。"

"这些女孩子做的活啊,当兵的男孩子也做吗?"

"依妈,部队和乡下不一样,不是按力气安排活儿,当官的是看余奇烈老实本分,就喜欢把他留在身边,放心踏实呐。"

"当兵的都脾气大,我怕他在这里受欺负。"

"放心吧依妈,大家都叫他'傻鸟',可连长称他为'宝鸟',他现在神气得很呐。"大撸子似乎有点嫉妒。

余奇烈母亲起身从包袱里拿来一些花生给大撸子,"大撸子,你和团子打小要好,你们俩在一起相互照应着点儿。"

余奇烈母亲忽然猛烈地咳嗽起来,越咳越起劲,直咳得脸上冒出了细细汗珠。余奇烈看着依妈痛苦的样子,立即握着双拳,给她轻轻捶背。

母亲笑了,眼睛望着照进屋里的阳光,阳光被树影摇得一晃一晃的,小时候的余奇烈似乎一跳一跳地向她走来。

余奇烈送走母亲,就投入到紧张的训练中。他没读过书,但勤劳补拙,连里的重活、脏活他抢着干,自从出了福建,进常德到浏阳再入衡阳,一路走来,很受兄弟们器重。别看余奇烈不认几个字,打起枪来还经常脱靶,但力大如牛,是位投掷手榴弹的好手,抡起胳膊,左右都能开弓,投弹快、远、准,为常人所不及。

7月14日,日军对余奇烈所在连队据守的西禅寺阵地进行攻击,炮火猛烈,烟尘弥漫。余奇烈匍匐在山头阵地一角,被震得发昏,随即又被手榴弹爆炸声惊醒。他环顾四周,身边不见一个战友,而在西南面却涌上来一群敌人,余奇烈从尸堆里慢慢爬起来,将预置身旁的成箱手榴弹,一颗接一颗地向敌方投去;敌人被炸得狼狈后撤。余奇烈追踪远投,一口气投出30余颗。其所投手榴弹,有几颗在敌人头顶上空爆炸,炸得日军士兵屁滚尿流。

余奇烈孤身奋战之际,恰好营长劳耀民率领两个连不足100人的队伍赶到虎形巢来增援。余奇烈杀红了眼,一见他们便破口大骂:"敌人攻上来了,你们怕死,放弃阵地逃走;我一个人投手榴弹将敌炸退,你们才敢回来,可耻!可耻!"

来增援的机1连刘连长认得余奇烈,就喊他的诨号:"傻鸟!不要乱骂,你认识我吗?"

"傻鸟"抹了一把汗水,吼道:

"你是刘连长呀！咋不认识？"

"我们前来支援你们。你们3连都死完了。你去看看。"

"傻鸟"跑到四周辨认尸体，仔细一看：副连长死了，双手还握着插在肚子上的三八大盖刺刀；排长没了，脑袋被削去了半边；最好的同班兄弟大撸子死得更惨，肠子流了一地，左腿都不见了。余奇烈目瞪口呆，全身瘫软，一会儿坐地放声大哭，众人劝之不止。

营长劳耀民大为感慨，劝其同回营部休整。"傻鸟"坚决不走，他哽咽着坐在地上嚎道："我不去营部；我要报仇，我要同大撸子死在一起。"

劳营长无法，命令刘连长予以照顾，给3连留粒种子。

并嘱多给点手榴弹，让"傻鸟"防身。

下午6时，日军再一次攻上山来。敌我距离只有四五十公尺，"傻鸟"即开始投弹，瞬间投出10余颗。敌不顾伤亡，缓缓向守军阵地接近。"傻鸟"气不打一处来，一声嚎叫，对着连长喊："我什么也不要了！我战死后，若有可能，请刘连长把我的尸体和大撸子埋在一起！如果不能抢回我的尸体，就让红头苍蝇的子子孙孙吃掉吧！"

说完，他抄起一串手榴弹竟只身冲出阵地，直向日军飞奔而去，跑到敌人冲锋阵营中，同时拉响几个手榴弹，在敌群中轰然爆炸。敌众惊慌失措，不及走避，多被炸死；余奇烈亦被自己的手榴弹炸得血肉横飞而亡。

他兑现了为3连兄弟报仇雪恨的承诺。

江河湖海在他的血管里奔突，
日月星辰在他的心灵中灿烂；
没有什么可以使他屈服，
艰难险阻铸就了他赤诚的肝胆；
没有什么可以使他迷惘，
军营岁月赠予了他钢铁的信念。
余奇烈不是"傻鸟"。

守军战士在投弹

与膏药旗下的恶狼展开最后一搏

李振武与日军霍尔基隆大佐第一次打交道时，因李振武年轻，缺少战场经验，过早地暴露了自己，结果让霍尔基隆钻了空子，其联队从7月11日起向虎形巢发起数次进攻，虽受阻于阵前，遗尸累累，但李振武部署的十个火力点被霍尔基隆联队摧毁了五个。

12日，狂野嚣张的霍尔基隆再次发起攻击，这第二回交道让李振武所据的虎形巢阵地失去了三分之二，人员伤亡四分之三。

营部的储存间还有大米，但炊事兵都上了火线，于是没人有时间做饭。两天的鏖战，瓦缸里的水被几发炮弹炸得一滴不剩，柴火遍地都有但也得找人收拾，一时间还无法把米做成饭。李振武闻之即下令："派人去水塘挑。"

"水塘都搅翻了，泥沙多。"司务长回答。

李振武火了："做饭！有点泥沙也做，我们是野战军，不管是什么东西，只要没有毒都可以吃。别他妈讲清洁讲卫生了。"

的确，几场恶战下来，只要有吃，就是最大的幸福；只要能吃，就是最大的喜悦。

炮声还在轰隆隆地响着，可李振武的手下打到不足五十人。怎么办？先吃饱了再说。

雨又开始下了起来，暮色出现了，低低地笼罩在湘江河面上，笼罩在炸裂树枝上，笼罩在田埂的草丛上。黑沉沉的夜只在地上留下轰隆隆的炮声，把世界上的一切都覆盖起来了。

黑暗一降临，士兵们像田鼠似的从各处战壕里跳出来，开始方便。

黑夜使敌人的子弹变成了瞎子。

李振武好像已拿定了主意，他在阵地上穿插着，一个一个士兵地询问、交谈、部署，一旦离开便命令士兵休息。

士兵们在战壕中忍受着蚊子的袭击，三三两两地挤在一起说着话。雨水从帐篷的缝隙中无声地滴落到他们的身上。谈父亲，谈母亲，谈兄弟，谈故乡的风土人情，谈故乡的山河名胜。

不知是谁在帐篷里唱起了家乡小调，声音嘶哑调子却亢奋，一腔一板地漫过田野流进了战壕里。

断断续续地，唱得激昂，听得却不完整，这种时候的歌，不管是什么样的歌，都是带着一种巨大的哀愁。

日军阵地上，霍尔基隆也正气急败坏地准备再一次进攻，这家伙军校毕业，精于计算，他知道他的补给要从长沙运来，他已经悟出越过"方先觉壕"必须用炮弹，他更清楚无论如何炮弹是有限的；但他同样明白，与大日本军人的性命相比，炮弹就显得微不足道了。

大佐有炮。炮弹至少比对面的中国军队充足。

7月14日凌晨，他命令炮兵第三次进行清理式轰击，狂轰滥炸后，他亲自挥刀冲上了李振武的防守阵地。

硝烟中，他突感异常：平日里不管炮火如何猛烈，偌大的阵地上总会有人还击，但如今冷冷清清的，居然没有一个活动的人影。炸死的中国军人有的抛尸在岩石上，有的丧生坡地中，还有的扑倒在弹坑里。

他环顾四周，心生蹊跷，但来不及了，刚放进刀鞘的指挥刀还没第二次拔出，弹坑里的大部分"死尸"在一阵愤怒的呐喊中突然都翻身而起，他们有的鲜血满身，步履蹒跚；有的头缠绷带，面目全非；也有的健壮无损，迅疾如箭。相同的是，他们身上都捆着手榴弹，手中执着的手榴弹都滋滋地冒着白烟，疯了般一拥而上。

原来李振武营长早已约定几十名伤残官兵，各人身上都捆着手榴弹，手里拿着手榴弹，分散隐藏在尸体堆里。本以为进入无人阵地而放松了警惕的进攻者，一时间不知所措，有的被人抱住了，有的刚想转身逃跑，手榴弹已随烟扔到了跟前。虎形巢阵地剩余的官兵，在营长李振武的率领下，与膏药旗下的恶狼展开了最后一搏。爬不动的，就地拉发引线，顿时整个山头轰轰巨响。

火弹乱钻，红片飞舞。

一阵惊天动地的手榴弹爆炸声后，李振武和他的部下，没有一个活着。

李振武牺牲了，为了他的国家，为了民族正义。

霍尔基隆也死了，为了他天皇的野心，为了他不可一世的武士道。

绝不让鬼子羞辱中国军人

日军步兵重叠攻势之猛，一波接一波，好似惊涛骇浪连续攻击，前所罕见；而守军官兵，不为其气势所动，沉着应战，以死相拼。那来攻之敌也就如惊涛骇浪，登岸后，消灭于无形而仓皇退走。

衡阳城昼夜笼罩在烟尘之下，不见天日。

7月11日拂晓后，日军飞机即开始轮番轰炸，午后，日军炮兵更无休止地向西南主阵地猛轰，与黄昏同时到来的日军步兵漫山遍野地遵循原攻击路线发起第二次全面总攻。第1营据守易赖庙前街，三天之内先后被日军一部数十人不等突入多次，均被守军顽强打退。连长储屋畲在与日军争夺伏地堡时不幸中弹。

连长牺牲后，戴楚威想干的第一件事就是抢回连长的遗体。他原本可以等到天黑后再伺机取回，但戴楚威不能，因为令人诅咒的鬼子在发泄淫威，把连长的遗体当成了靶子，这是在戏弄中国军人，这是在作贱烈士的忠骸，他不能让鬼子如此羞辱中国军人！

戴楚威下令：各排机枪手立即集中来此，由他统一指挥；各排另选一名平日枪法准、有经验的老兵迅速分散包抄，最大限度地接近鬼子的主要机枪阵地，想尽一切办法干掉杀害连长的日军机枪手。

10分钟后，5挺机枪一齐朝着日军猛烈扫射，日军机枪立即开火还击，两边都不示弱，打得双方掩体尘土飞扬。在双方机枪交织互射中，戴楚威带着几个老兵分散隐蔽推进，日军此时误认为守军将全面进攻，一门心思地对付守军正面的机枪阵地，全然没想到在他们的左右两边，甚至右上方已有几支枪口在悄悄地对准了他们。

戴楚威首先鸣枪，"叭——"的一声，随着枪响，一个日军机枪射手左脸喷出一股血浆。"叭、叭"副机枪手背上穿了两个窟窿，鲜血渗了出来，脑袋歪在了一边。一名鬼子大叫起来，大概意识到中国军队派出了狙击手，叽哩哇啦还没喊完，戴楚威第二枪响了，鬼子仰面倒在刚才还发泄淫威的地沟上。"叭、叭、叭"几个擅长射击的老兵已同时开火，分别将几个蹿上来准备接替机枪阵地的日军打倒在地。日军机枪哑了。

趁此机会，戴楚威几乎是飞跑来到壕外，伸手去拉连长的遗体，没想到遗体已被密集的子弹打得差不多碎了，且有丝丝缕缕勾挂在铁丝网上，这一拉，就散架了。戴楚威心一酸，不知如何下手，日军另一处机枪又响起来了，一粒子弹居然穿透右胳膊袖子而没有伤到身体，这一惊，反倒提醒了戴楚威，他迅速将自己的上衣一脱，把储屋畲的遗体一卷，裹好背起就走。

连长遗体抢回来了，却不忍卒目，全身上下没有一个肢体是完整的，悲呛与愤怒激得戴楚威几乎吐血。戴楚威紧紧地抱着连长，耳边回荡着连长的嘱咐：杀，杀下去。戴楚威欲哭无泪。

戴楚威留下一名传令兵维护遗体。传令兵一声不吭，流着泪，将自己背包打开，取出军毯，覆盖在连长遗体之上。戴楚威眼红了，不是泪，是怒火，

无暇思索，用衣袖一擦满脸的血迹，大声叫道："全体听着，连长阵亡，他临终遗言，要我们杀杀杀，现在我们要替连长报仇，杀尽鬼子慰藉忠魂。上刺刀……"

日军溃败，阵地收复，戴楚威继任连长。

传令兵跟着全连拼杀，老连长的尸体就这样静卧在枪林弹雨之中。

第二天，日军飞机照例来袭，城里的房屋，几乎都被掀去了屋顶，只留下断壁残垣，所有的街道都被炸得坑坑洼洼，到处是几米深的大坑，整个城市仿佛一座坟场。戴楚威同几个士兵正在挖战壕，一批燃烧弹忽地从天而降，瞬间，爆炸的浓烟和火龙掩盖了整个阵地。

戴楚威一边下令："隐蔽！灭火！"一边不顾一切地扑到近旁士兵身上，拉扯他的皮带，扑打军服上的火焰，谁知惹火上身，自己的头发、衣服刹那间全部着火。

几个人手足无措，疯狂地相互灭火，撕抓、拉扯、滚爬、扑救，仍然扑不灭硫磺火焰，整个阵地热浪翻滚，大火直烧得戴连长和几个弟兄头皮绽裂，五指脱落，血肉模糊，惨不忍睹。

火势减弱后，戴连长等重伤员被抬下阵地送进野战医院。医院已人满为

患，烧伤药品更是缺乏，仅能以盐水洗涤消毒，然后，以白被单撕碎紧缠患处而已。

越来越多的伤员们栖身于断垣残壁之下，得不到有效的治疗与救护，伤员们身上脓血斑斑，群蝇趋聚，驱之不去。

戴楚威全身用白布条缠裹，头上露出一块未被布包扎的孔隙，该连的轻伤员敷药时，顺道前去探视，竟发现无数盈寸之蛆蠕蠕而动，形状恐怖，令人愤怒而又寒心。

缺医少药，医生拯救无力；战事激烈，战友无能相助，看着连长痛苦万状，气若游丝，众人不由伤心落泪。

戴楚威有气无力，忍痛留下嘱咐："我是……死定了；各位……要继续……杀敌，为我报仇！为储连长报仇……为国效命！哭……没有用。"

几天后，戴楚威与被焚伤的几个兄弟备受痛苦煎熬，先后在防空洞里逝去。

日军施放毒气的化学兵

27 罗文波 广东开平人
第10军直属特务营排长
黄埔军校独山分校第17期毕业

大刀向鬼子们的头上砍去　刀刀见血

罗文波1923年生于澳门，18岁投靠在广东的二姐，一年后报考广西桂林大学，去读书时路过衡阳，在火车站逗留，忽然上来五六个当兵的，说要检查，他们认为罗文波是奸细，关了10天后把他带到县政府。审问罗文波的人是第10军参谋长容有略。容有略是香山湾仔人，香山湾仔就在澳门的对面，算是老乡了。容有略先问了罗文波有关澳门的一些事和个人情况，然后问罗文波：

"出来干什么？"

"去桂林读书。"罗文波如实回答。

"读什么专业？"

"学地理。"

"学地理？"容参谋长"哼"了一声："半个中国都让日本鬼子占领了，读那些闲书有什么用！男子汉要读就去读军校，出来当军官，打日本人。"

罗文波愣了一下，说："好的。我

罗文波像

听你的。"

于是他们就送罗文波到设在贵州独山的黄埔军校独山分校学习。学校约有300多名学员，属第17期，军校训练很苦，罗文波后来回忆：有位名叫彭光烈的四川籍教官，动辄就体罚人，一次顶撞，教官罚罗文波双手高举步枪，站在太阳底下，从上午到下午站8个小时，连撒尿都不允许。

读了11个月的军校，罗文波出来就加入了容有略的190师，在师部直属特务排任排长。

常德会战时，罗排长的屁股被日本机枪打中，两颗子弹二进二出，钻了四个洞。

1944年6月下旬，堂弟罗英瑞来衡阳看罗文波，他没当过兵，正碰上战斗打响，他出不了城也就留了下来，上司发给他一把枪，守在堡垒里，日本人用喷火器喷，堂弟熬不住跑了出去，立即被乱枪打死。

罗文波恨得七窍冒烟。

罗文波含泪告诫兄弟们，枪炮声一响，别在碉堡与壕沟之间乱窜，也不能躲在墙后面，墙一炸就倒，危险。最好是躲在战壕的转弯处，随时调换位置，很难打中。

人若有能耐，脾气准格色。

罗文波原本打仗就很拼命，喜欢光膀子，手里端着枪，肩上还斜背着一把大刀。堂弟死了，他除了率兵坚守阵地之外，天天磨刀，绞尽脑汁琢磨怎样替堂弟报仇。

他决定去黄茶岭一带偷袭日本人。

杂草瑟瑟抖动，随着深夜的到来，肃杀之气也越发加重。乘着日本兵睡大觉，罗文波手持大刀带着敢死队趁着夜色摸了出去。

黑暗的世界让人感到丝丝不安。由于担心暴露目标，罗文波禁止队员携带任何照明用品，野炊也不行。肚饿就啃饼干，黑暗中不停地响着啃咬压缩饼干的"嘎巴嘎巴"声。没有人说话，也听不见河水流动的声音，偶尔有步哨在草地上走动的脚步声轻轻地爬向耳边。完全是一个沉寂黑暗的世界。

天很黑，不容易分清敌我，敢死队员们学着罗文波，都脱光衣服，剩下个裤衩，一路爬行，跌跌撞撞了一个半钟，队员们悄无声息地围住了一栋营房。

罗文波命令手下向鬼子营房中部扔了两颗手榴弹，然后提着大刀守在营房门口，日本兵惊惶失措慌不择路地逃出，中国士兵分两路悄悄迎击，兄弟们摸到穿衣服的就砍，或者用刺刀捅。罗文波从后面杀，他刀术异常精湛，一格一挡，刀锋就奔向了鬼子的脖子，一刀一个。罗文波感觉好痛快！

夜幕被太阳吞噬，天空渐渐泛出鱼肚白，天亮了，世界苏醒过来，罗文波摇摇晃晃地回到阵地，全身浴血，只有眼睛是白色的，第一件事就是让其他兄弟往身上泼水，洗个干净。

正在阻击日军的衡阳守军机枪手

围困在衡阳的47天里，罗文波感觉死过好几回。

一天凌晨，罗文波抓到了一个日本哨兵。太阳升起来时，罗文波发现这个日本兵的胸前口袋里放着一张"千针符"，是用针绣的，也许是想保佑平安，上面密密麻麻还缝着几排字，估计是他家人的名字，看了那名字罗文波就来了气："娘的，你日本人也信菩萨却打到中国来了，你想保平安却在中国滥杀无辜。今天老子不杀你，明天你就会要杀我。"

正逢日本飞机过来轰炸，罗文波吩咐手下把日本兵绑在街道上，心想：让你家狗日的飞机炸死你算了，老子子弹还不够呢。

罗文波随手找来一截电线，将小鬼子绑在只剩半截的电线杆上，扬长而去。随即，日本兵叽哩哇啦的喊叫声消失在日军飞机扔下的隆隆炸弹声中。

朱中平　湖南慈利人
第10军预备第10师第28团7连连长
黄埔军校第15期毕业

恋人的手帕捂在士兵的鼻子上

朱中平是湖南慈利县议长朱岳峙的第四个弟弟，平时不善言语，却极有个性，办事干脆利落。原在军校15期一总队任上尉，毕业后分配在重庆军需学校，那年，他28岁，女朋友刘莉25岁。女朋友已经筹办了一年的婚嫁用品，几番与他商量准备择日完婚，可朱中平总觉自己还缺少一样什么东西，而无心确定黄道吉日。

每天上课前，朱中平都会穿戴整齐，看着自己一身戎装就会顿生一丝遗憾，抗战几年了，作为军人，他还没有上过战场，还没立过军功。学习军事练本领在学校，毕业了仍分配在教育单位，无杀敌之机。

他要拿枪，他要参战，他必须要成为一个真正的军人才能结婚成家，这个愿望一直盘踞在他的脑海里。

刘莉说很害怕打仗。朱中平说好男儿志在四方，为了理想就得吃苦。树了

理想的朱中平开始为打仗做准备，每天一大早就在学校跑步，从学校跑向田野，再从田野跑向山林。重庆的路坡多弯多，朱中平天天跑得汗流浃背。

刘莉不但不恼，反而更觉得朱中平像个男子汉。

朱中平与第10军预备第10师第28团曾京团长曾经有过很好的交往，1944年春节一过，他便写信给曾京主动请缨，要求来第10军第28团。曾京求贤若渴，即回信协助办理调动手续。

朱中平拿到了调令。刘莉想送件礼物给朱中平，手巧的刘莉想到了手帕。棉质手帕比丝绢好，能吸汗容易洗又不容易破。刘莉买来白布面料和彩色丝线，一针一线地在手帕上绣了一大一小两个红辣椒。

朱中平出发时，刘莉约他去学校后的树林散步，羞涩地送上绣有红辣椒图案的手帕，并告知刺绣时扎破了手指，

自己干脆将血抹在了辣椒上："你看那辣椒，红得闪亮呢。"朱中平将手帕叠好放进上衣口袋，一把捧起刘莉受伤的手指"啧啧"地吮吸。

朱中平到职不到三个月，便参加衡阳保卫战。

预备第10师的第28团是师预备队，大战之初全团全副武装在营房里候着，听着两天震耳欲聋的枪炮声，士兵们一个个牙根咬得痒痒的。在日军总攻开始的第三天，团长曾京憋不住了，他向葛先才请战："师长，打到第三天了！那两个团伤亡不小，第28团还没上！要是这仗打完了，还是没轮到我们上阵地，有失颜面啊！"

"行啊，会让你啃骨头的。明天一早就换防。"葛先才爽快地答应道。

第28团派上去了，朱中平率第7连驻守五桂岭南端阵地。

战斗打得异常激烈。

6月30日下午4时开始，五桂岭南端阵地除有金属撞击的声音外，还夹杂着"呜呜呜""呜呜呜"的吹瓷瓶又似吹口笛的声音，借着风势，一种辛辣腐烂的气味刺激着每个人的嗅觉，转瞬间，7连士兵们便开始流泪、咳嗽、口吐白沫、呼吸急促，全身骚动起来。士兵们开始恐慌，有的抓挠，有的抽搐，拼命挣扎，却浑身乏力。

曾当过军需学校老师的朱中平立即反应过来：鬼子使用了毒气弹。

他疾声高呼："用毛巾遮住鼻孔、嘴巴！没有毛巾用军装！用水沾湿！"

高地上，无水可湿毛巾。

毒气是黄色的，那情形，就如同天上下了黄沙一般，弥漫着飘落过来，让人视线模糊，咳嗽难忍。守军大多是农家子弟，受一个月军训就上战场了，防毒知识缺乏，一下子就晕倒一大片。中毒的战士身上长出大大的黄色水泡，奇痒无比又不能抠，非常痛苦，痛得脸部扭曲、变形……

但没有人后退，到处找毛巾、被单、布条，重重叠叠，到沟渠里找水，到山下去找水，浸湿后捆在脸上，剪两个孔，露出眼睛，继续战斗。日本人的狠毒，加剧了守城士兵的仇恨，抱定必死的决心，血拼到底。

通信员拿着军用水壶跑过来，他要保护连长，还没近身便双腿发软栽在地上。朱中平踉踉跄跄地站起，伸长胳膊搀扶通讯员，突然想起什么，立即解开衣扣，从内衣口袋里掏出那绣有两个红辣椒图案的白手帕，顺手堵了通信员的鼻孔上。白手帕上的辣椒特别耀眼，更加鲜红。朱中平突然流泪了：对不起了，刘莉，我没能留住你的手帕。

渐渐地，朱中平自己也感到呼吸急

促，全身瘙痒，两腿抽筋，他坚持把通信员背进碉堡，还没来得及放下，自己便被通信员压得趴在地上，再也没有起来。

被毒气感染致死的人，皮肤在生命逝去的那一刻会陡然变色，鲜活的肌肤一瞬间变成土黄色，尸体匍匐于地，宛如一抔黄土，硝烟还未散尽，尸身便消融于废墟中。

当天傍晚，五桂岭南端守军第7连除了不在阵地的司务长和4名炊事员外，朱中平连长与85名战士全部中毒死亡。

坚如磐石的中国守军阵地久攻不下，万恶不赦的日军竟公然违反国际法，使用了毒气弹。自此，日军开始大规模使用毒气。凡攻不下的守军阵地，日军就用毒气开路。

方先觉把全军的毒气面具都集中起来送到前线，但只能配备到班长一级，官兵只能以毛巾重叠，在水中浸湿后捆于面部，有的甚至用上了衡阳百姓弃于院内的柑橘皮。

湿毛巾对高浓度的毒气弹也没有有效的防御作用，守城官兵中毒者均类似灼伤，长出的水泡，大如银元，肿高半寸，内为黄水，较小的水泡则为绿色。中毒者两腿不能直行。

事后报经邀请美空军化学战情报军官汤普生上尉研究，黄色水泡系芥子气所致，绿色水泡则系路易氏剂所致。此种毒气由7.5厘米炮弹装载运作所散布。

日本人的狠毒，反而加剧守城官兵的痛恨，全军官兵抱定了必死的决心，轻伤官兵均自动重返第一线。

日军第58师团的士兵森金千秋曾在自己后来的回忆录中这样写道："不能说日本军就一定是勇武的，因为在很多地方，一旦进攻受挫，就动用化学战。这样的话，即使占领了阵地，完成了既定任务，也已经输掉了作为军人应固有的武德。"

千刀万剐的侵略者，从他们踏进中国的那一天起，他们哪里还有什么"德"！

带上防毒面具的衡阳守军士兵

29 石永固　河南永城人
第10军参谋处作战地图绘制员
黄埔军校第18期7总队4大队毕业

伤疤非耻辱　军长当援兵

石永固个子适中，长得眉清目秀，军长喜欢他，主要是因他绘图精准。他头脑反应敏捷，做事手脚麻利。只要是他绘制出来的作战地图，不仅仅是山川、河流、桥梁、道路、村镇、民居，他还能根据地形地貌、风土民俗讲出好多故事与见解。

石永固第一次陪军长方先觉到野战医院的时候，紧随左右，半步都不敢离开。

医院里的场景惨不忍睹，伤兵一天天在增多，而敌人飞机专找伤兵医院做目标。医疗器材及药品原本储备就不多，现在更不堪设想了。隔三差五的飞机轰炸、天天炮火袭击，医务人员东躲西藏，伤残人员的伤口日益扩大，甚至有伤员发现有蛆虫在溃烂的创口处蠕动。伤病号的饭菜本应特殊，可吃的菜肴最初几天还有肉，现在只有盐巴了。痢疾与疟疾侵袭着每个人。

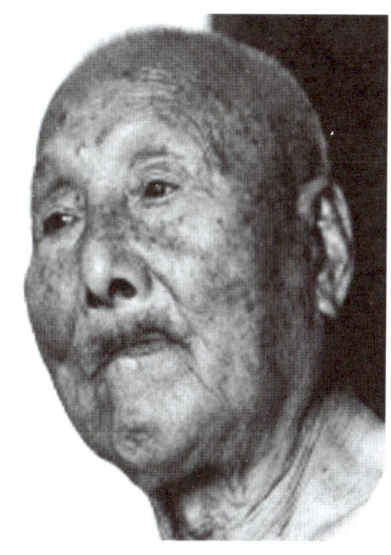

石永固像

阵地上，双方都有尸体发出奇臭，无暇掩埋。负伤的官兵倒卧在脓血与蛆虫里，溃烂在侵蚀他们的生命。别说找特效药，连清水都不易找了。

一位士兵受伤，打坏了左臂；再上前线，又断了腿，头皮也擦掉一块。在医院见到军长，他伸出右手抓住军长的衣角摇晃："报告军长，我还能动，右手可扣扳机，请您信任我，派个人背我到阵地上去。我是机枪手，给我一挺机关枪，只要我不咽气，决不让敌人进城。"他惨白的脸上挂着两行热泪，脸绷得紧紧的。方先觉连连点头，居然无言以对。

担架前，方先觉俯身探视，一位伤员抱着军长附着军长的耳根有气无力地要求速死，方先觉悲从心起："忍一忍，重庆马上会空投药品，一定会治好你。"

伤员仍不松手，有气无力的干嚎："让我死吧，别影响兄弟们，我是多余的呵……。"

方先觉抱住他，激动得大声喊道："我们第10军的士兵，没有一个是多余的。"

是的，没有一个人是多余的。

每个人的生命都是有价值的，每个人都要活得有价值死得有尊严。

方先觉离开的时候，在场许多人流下了眼泪。

7月中旬，军长方先觉冒着炮火，赶到一线阵地了解战况，激励士气。

战壕里，日军炮弹呼啸而来，一块弹片将方先觉的右脸颊划破，血流如注。警卫与石永固苦劝他躲避，他却纹丝不动，一直坚持到将日军此轮攻击打退下去。

战斗结束，石永固再一次陪军长方先觉赶到医院，简单包扎后他转身就走，给他敷药的军医劝他："您必须安坐半日，否则奔波运动，伤口难以愈合。"

方先觉边走边说："谢谢，心领了。"

"再次流血，恐怕会留下疤痕。"军医喊道。

"军人脸上有伤疤不是耻辱，丢了衡阳城才是最大的耻辱。"方先觉自言自语，头也没回。

一路疾行，消失在夜色中。

8月初，第3师师长周庆祥在阵地来电告急，要求军部调兵支援。方先觉神色坚定，语气干脆："挺住！援兵半小时之内赶到。"

半小时后，方先觉提着手枪带着两名警卫赶到阵地。

方先觉和他的两个警卫成了衡阳城当天的一支援兵。

30 萧　民　安徽合肥人
第10军直属搜索营第1连上士班长

夜泅渡过湘江　摧毁鬼子炮群

军部命令臧肖侠带领直属搜索营第1连火速增援预备第10师第28团8连，臧肖侠率连队到达阵地后即刻展开反击，一直打到第二天早上，将突入的百余名日军全部消灭，肃清了外新街。

不久，臧肖侠连和占住江西会馆的日军一个大队较上了劲。臧肖侠的阵地是湘桂铁路老铁桥口靠城区方向的一个高地。江对岸有日军6门火炮不断支援步兵进攻，阵地上几十棵橘子树被炮火打得只剩下树干了。

6门火炮成了小鬼子耀武扬威的看家宝了，于是，臧肖侠开始筹划炸炮。

毁了他的炮，日军的气焰必定灭掉一大半。臧肖侠选出连里表现最为勇敢的两个战士——萧民、王有为。萧民身材中等，聪明机智；王有为体形瘦长却反应迅速，二人参军前都在长江边长大，捕鱼为生，长于泅水。

尤其是萧民，他的绰号叫"泥

萧民像

鳅"，细细长长的的个子，在水里像鱼儿一样敏捷。家乡的聚八仙（又名蝴蝶花）花开，他就偷偷下河游泳。聚八仙花谢，他在河里从早泡到晚。嘴唇发紫，手脚肿胀，他还不肯上岸，母亲拿着长竹竿来催打，他一个猛子又潜游到河对岸去了。母亲气得直跺脚，连着喊"冤孽"。可母亲也有欢喜的时候。他下河常常带一个脸盆，出水时就是满脸盆的螺蛳、河蚌，有时候还有河虾和河蟹。家里兄弟多，他很早辍了学。除了偶尔去地头，他几乎都在河上。家里有一只带篷船，他整天划着船，在河道里上上下下。用网兜鱼，下河摸螺蛳，打捞河上漂浮的菜叶，参军前，他全部的生活内容就是这些。

臧肖侠估摸着告知二人日军炮兵阵地的大概位置，并嘱咐两人往返泅渡从已破坏的湘江铁桥桥墩北侧下水，以免流入下游。

夜黑如墨，鬼影幢幢。

7月16日晚8时，萧、王二人各携带刺刀一把，手榴弹6枚，木棒一条（助渡水之用）由外新街出发，绕过日军警戒线，二人猫着腰，用刺刀轻轻拨开树枝和灌木，向河堤摸去。

打了二十几天了，后勤补给也成了问题，出发前，连长让他俩多吃点东西，夜渡湘江没体力不行。俩人虽然没有空着肚子，但脏兮兮的锅里那摊菜粥一点也勾不起两人的食欲。凑巧，下河堤时发现一块地里有花生，两人就把带着青酸味的生花生撂进了嘴里，勉强填饱了肚子。这些饥饿、疲劳等，一切都被"炸炮"的命令击得粉碎，必须咬紧

牙关，奔赴战场！

杨柳的枝叶在秋风中悠然摇曳。天空没有一丝云彩。清澈的碧空！清纯的、无边无际的深邃苍天！无限辽阔、覆盖大地的天空！两人一面从这个纯粹的世界上采摘能使血液充满活力的新鲜的食物，一面摸索前进，又碰到了被破坏的河堤，停留了约一个小时，二人光着上身，头顶装备，滑入湘江，向敌岸泅去。

渡过了200多米宽的湘江。不一会儿俩人看见了一个河堤断口。多么执拗的断口！就像日军执拗地断开河堤一样，我们执拗地要割断他们的血管。日军给予我们的痛苦，今晚要连本带息地予以偿还。

午夜12时左右，忽闻对岸两声轰然巨响。

成功了！河岸这边欢呼雀跃但随即归于平静。

约10分钟后，对岸火光闪闪，传来一阵阵机枪声，不久，星火全无，四周重归一片沉寂。臧肖侠与全连官兵人人都捏着一把汗，两个兄弟性命如何？大家怀着吉凶难测之心情，等待奇迹出现。

第二天凌晨4时左右，萧、王二人全身湿透、跟跟跄跄爬回阵地，萧民身体擦伤数处，王有为完好无损。二人精疲力竭、疲惫不堪地倒在兄弟们的怀里，只有

出的气、没有进的气。而全连官兵莫不手舞足蹈，相拥相庆。萧民伸出两个指头，上气不接下气地叙述道："对不起，连……长，只炸毁了……2门炮。"

原来，对岸日军6门火炮，排列间隔较宽，二人摸索上去，黑灯瞎火且时间紧迫，穿过一条河堤断口进入敌军腹地，二人也高度紧张，商量着速战速决，便各自选择其离岸较近的一门火炮，各将6枚手榴弹绑扎捆好分两次塞入炮口，拉火后予以破坏。

日军警戒人少疏忽，炮炸后惊慌失措，不知所为，待醒过神来以机枪盲目射击时，萧、王二人已离岸潜入湘江，奋力返回。

游上岸时，二人还各带回一枚炮口帽。臧连长尤其兴奋，他将钢盔往地上一甩，抱起萧民说道："好兄弟，老子给你们二人请功。"

天刚放亮，臧肖侠便提着二个炮口帽兴冲冲地向第28团团部走去。

这次神不知鬼不觉的泅渡炸炮，给了不可一世的日军强烈的震撼，开了两栖侦察敌后爆破之先河。

中国守军

让官兵吃饱肚子 想办法改善生活

第10军的给养越来越差，20多天来都是以盐开水佐食烧焦米粒做成之糊饭，官兵无不面有菜色。战线后方房前屋后水塘里的鱼虾及浮萍，早已被士兵捞上来食用一空。

古人云：兵马未动，粮草先行。吃不饱肚子，实在是无法扛枪打仗。

少数士兵竟冒着敌火，公然跳入敌我阵地之间的池塘捉鱼来改善生活。一日战况沉寂，一个士兵脱光衣服站在鱼塘边向日军高喊："我们没带武器下池捉鱼，你们不可以开枪，要打就按规矩下午6点开始。你们胆敢开枪，我就过来搞死你们！"

这种"示意"居然有效，而敌我阵地，犬牙交错，相距不过50至100米。这次日军没有开枪。

但这种"默契"绝不会天天发生。

每到要吃饭的时候，怎么做？做什么？各炊事班炊事员都得费尽心思。

炊事员钟月宝，脸上满是刀削般的皱纹，使人看上去感觉比他的实际年验大了许多，才40岁出头，却长着一脸黑白相间的浓密胡茬。

钟月宝曾是酒楼的主厨，上无老下无小，抗战爆发后，别着菜刀、锅勺参了军，因有炒菜的特长，被安排到了营部炊事班。钟月宝望着眼前这一锅未煮已先黄的糙米，在一旁连抽了三袋烟，也没想出什么好招。

"班长，得架锅煮饭了。"炊事班士兵在一旁焦急了。

这话对钟月宝来说就像一道战鼓，他狠狠地将烟锅在一块硬石上敲了敲，像下了很大决心似的大声说道："生火。"

钟月宝将米用水泡软后，熬成粥饭，加入些盐水，就算做成了一餐官兵聊以充饥的食物。

稀粥送到战壕里，一些士兵早已饿

得麻木了，端碗就吃，像完成任务一样。

钟月宝看士兵端碗盛那黄糊糊稀粥时的表情，心里难受极了。

得弄点新鲜的东西给战士们尝尝。

现在唯一能够去想的，只有阵地前沿附近剩下的那些鱼塘了，钟月宝想着想着，水塘边有菜地，有菜地就可能有瓜仔，钟月宝决意冒险去试一试。

7月17日中午，钟月宝手中挽着一个大菜篮，独自一人向阵地前沿的那片水塘走去，突然听见有人说话，他猫腰仔细一看，才发觉是自己人。

这里刚刚结束了一场战斗，饿极了的士兵，竟不顾远处日军阵地的鬼子兵，抢在钟月宝之前下到池塘里去捕捞鱼虾。

钟月宝跟他们打了招呼后，赶紧朝池塘上面的菜地走去，菜地已长出了高高的杂草，与四周的山野融在了一块。

钟月宝小心地将杂草一层层拨开，杂草中的刺藤将他的手扎出了多处血痕，他连看一眼的功夫都没有，抓紧着往前找。

终于找到了冬瓜，有三个。他起身又四处瞧了瞧，就在他转身的刹那，发现身后约一百多米的山丘上有两头水牛在吃草，钟月宝的眼睛瞬间亮了，有牛不更好吗。主意还没拿定，那两个爬到塘埂上的士兵也在向他打招呼，用手指了指悠闲摇尾的水牛，他们似乎也有这意思。

山丘的正对面相距不远是日军阵地，也许对方也盯上了这两头牛。

钟月宝立即在草丛中蹲了下来，慢慢地摸过去，趴在牛身后的坡下，等待机会。

黄昏时分，两头牛沿着青草地边吃边走，钟月宝把衣袖一卷，弯着腰敏捷地靠在牛身体的后面，一把抓住了离他最近处那头牛的鼻子，使劲地往身后一带，牛顺从地跟他走了过来。

两名士兵从鱼塘对岸跑过来协助赶牛，一个叫张大海，一个叫刘顺，三个人都是捉牛的有功人士，牵回自家都有点开不了口，牛交到了第190师师部。

三个冬瓜给了一营。

第190师容师长也挺会做，特地送了一条牛后腿给方军长，爱兵如子的方先觉让炊事班将牛腿煮成一大锅，给司令部官兵每人分一份。那可真是佳肴美味，他们已经很久没有尝到如此鲜美的食物了。

无独有偶。

在战斗尚不太激烈的城北（主战场集中在城西南），第10军第3师第9团3营8连的三名士兵，渡河出城。一开始传言他们是逃兵，逮到后要就地正法。

当晚得知，他们三人潜入了北岸的一个乡镇。身上带着40多封连里战士的家书和一些钱款，跑到镇上的邮电所去

111

给家里人寄信和汇款。那些信，都是"希望你们节哀。""我要为国家民族而死！""父母大人多多保重！"等遗书。

激动的小镇居民知道是衡阳城里打鬼子的第10军战士后，纷纷送来牛肉、蔬菜等。于是，那三名战士又带着食物返回了部队。

面对这种"擅离部队10小时"的做法，连长不知道该如何处置，便决定先把带回的牛肉拿出来交给团长，由团部发落。结果团长萧圭田也不敢动牛肉，把牛肉又交给了第3师师长周庆祥，周庆祥随即又把牛肉送给了军长方先觉。

一贯强调军纪严明的方先觉也一时陷入了思索之中：

这三个士兵，没有报告，擅自离队，结伙去寄家书和汇款，身上带着那么多钱，明明已经脱离战场，却没有去逃命，而是又带着食物和完成兄弟们的托付跑回来了，回来继续守城，回来与衡阳共存亡。

怎么罚？

就当给他们放了10小时假吧。下不为例！

战斗期间，衡阳民工挑水送前线

112

32 姜纪水 浙江江山人
第10军直属搜索营1连班长

只要我不死 碉堡不会丢

姜纪水30出头，木讷不善言词，体形高大，孔武有力，射击技术优良；对机枪射击及故障排除特具专长。在衡阳下新街，姜纪水持一挺轻机枪，独守北端高地右侧一碉堡，一夫当关，万夫莫开。

其所守之堡，遭敌人数次围攻，姜纪水却十分沉着勇敢，以优秀的射击技术和绝佳地形，将来犯之敌大部歼灭，故而在他的碉堡前，敌尸累累，几乎遮住视线。

姜纪水似乎若无其事，既不得意忘形，也不焦虑，更不叫苦，只知道抱着一挺机枪"嗒嗒嗒、嗒嗒嗒"地间歇性扫射，日军多次向碉堡发起进攻，均被姜纪水准确而猛烈的射击打退。日军两个迫击炮兵也试图将炮推至前沿进行目测直射，但被姜纪水及时发现，予以击毙。

碉堡侧山而倚，矮而前伏，进攻者难以发现，更难以用火力压制，它射击视野阔，又正在谷口，日军屡次进犯无

姜纪水像

法得逞，遗下的尸体几乎遮住碉堡往外的视线。只要敌人进攻，姜纪水的机枪便霹雳般奏响，啥时打退鬼子进攻啥时停下歇息。

7月19日，盘踞于江西会馆一个中队的日军又向该连猛攻，炮火猛烈。守军工事大部分被毁，伤亡惨重；而该堡独存。

连长臧肖侠为确保此唯一的支撑点，从阵地指挥所冒着弹雨爬进碉堡给他送饭。凝神一看，碉堡内的弹壳已快堆积到身上了，连长先帮他清理完弹壳，又从阵地找来一挺机枪与姜纪水一并射击。

姜纪水这下不干了，他坚决要连长立即出碉堡，言语虽显笨拙，却非常干脆："连长，这里很危险，连队要你指挥，我一个人留在这里就行了。"

"我在这里最安全，你表现得很好，你打你的仗，不要管我……"

"连长……这里只要有我在，鬼子兵……别想过来。"

臧肖侠故意岔开话题："你小子好赌，开战前你还不忘在壕沟里赌两把，我曾踢过你的屁股，你不会怪我吧？"

"我从小就没爹没娘，习惯了改不

了，你别生气，以后不赌了，再赌你就将我的屁股一枪打穿。" 姜纪水回答。

一句话，让臧肖侠心头发酸，他抱住姜纪水，泪水突然涌至眼眶。姜纪水看到连长突然流下眼泪，还当是连长不放心自己，赶紧表态："连长你放心，只要我不死，碉堡不会丢。"

连长拍拍他的肩膀。此时，传令兵带一队运输兵前来支援，臧连长迅速带队离开。

日军显然对这个碉堡恨之入骨，集结一个小队费尽力气将一门美式山炮推至机枪射程以外，连续3发直射，碉堡不见了，姜纪水被埋在灰土之中只露出半边脑袋，被战友扒了出来，救回一条命。

也就从那一天起，连长臧肖侠在其之后的军旅生涯中，再也没有动过部属一根手指头。

抗日战争时期的碉堡

33 刘树生　福建龙岩人
第10军第3师第9团5连连长

全军官兵平等分享一批烟叶

爱吸香烟的官兵，在战前自然每个人都有所准备，但谁也未曾料到战斗拖延这么久。十几日后，官兵香烟告罄，除了等待飞机空投香烟，衡阳空城缺货。

衡阳城内原有两家烟店，储存有大量烟叶。

战前，军地联席会议上，方先觉军长决定"衡阳空城"。军队人员协助地方政府组织几十万民众撤退，两家烟店的店主各自携带家眷细软疏散他方，但储存在家的烟叶、烟丝等半成品却来不及处理运走。

这秘密只有天知地知店主知，店主本人是绝不会张扬四处宣传打广告的。

战斗打响时，烟叶存放的库房安然无恙。

7月19日，战斗已打到第27天，由于日军飞机的狂轰滥炸，城区房屋无一幸免，烟店老板家的房屋也全部坍塌，一堆堆烟叶暴露出来，部分已着火开始慢慢燃烧。一会儿，存烟处围满官兵，有人去找水灭火，恐白白烧掉太可惜；有人已动手往行囊里硬塞烟丝。

突然，一声枪响，第3师第9团5连连长刘树生举着驳壳枪吼道："谁也不准动，赶快灭火。擅取民物，军纪不容！"

第10军在战前的确有一条严令：擅取民物者杀。

为了维护民众财产，军部将城内外划分成四个区域，由军直属部队及三个师各分派一个区域负责维护。各区域又划分给团、营负责。如该区域民房内有丝毫损失，由其主管赔偿，并严惩擅自破门取物者。事关军队纪律，一再严令告诫。

刘树生拿枪指着通信员说："你还看啥？跑步去向萧团长报告，发现有大量烟叶，问如何处置？"

存烟处围满人墙，没人再敢强取，眼巴巴望烟叶而兴叹。

很快，消息传到军部。

军长方先觉本人就嗜好抽烟，一天要消耗二三包。战斗开始时，他还常把自己的香烟当犒劳品奖赏下属，之后便不行了，存货越来越少，只得慢慢紧缩，一个人抽，有时甚至把一支烟分作两次吸。

这几天，没烟抽了。全靠聪明的卫兵有心，将军长以前抽过的烟蒂收集在一起，去掉烟纸，将烟丝取出，送给军长过瘾。

6月28日，空军陈祥荣分队长跳机脱险后，一直跟着他，协助守军接收空投物资。一次，陈祥荣的战友空投时专门给他丢了一个通信袋，袋里夹杂了一条烟，陈祥荣转送给方军长5包，方先觉眉开眼笑，那感觉犹如发了一笔洋财。

如今，衡阳城里发现一库烟叶，这不是旱地掘宝、雪中送炭吗！

方先觉一下来了神，他大喊一声："好！空投的物资有限，城里却发现了宝贝。"转而问道："有多少？"

"没有称，估计有两千多斤。"来人报告。

"好！能顶上个把星期了"方先觉兴奋地搓着手。

很多官兵需要吸烟，但擅取民物军纪律不容。这仗一打响，烟就是后勤军需品，权衡轻重，现在一切为前线，一切为胜利，就算是老百姓的奖赏吧！方先觉决计将这批烟叶取出，平均分配。

方先觉兴奋异常，立即找来军需处处长下令：军部派员将该批烟叶重量称好，分成三份，军直属部队和190师一份，第3师、预备第10师各一份，新编54师师部酌给。等衡阳之战结束后，店主归来，由军部按市价付款。

那些眷念烟草的汉子们，拿到烟叶仿效广东人的手法，以纸卷搓碎烟末吸之，皆津津有味，怡然自得，一个个像打了针强心剂。

1944年6月间的衡阳湘江渡口

34 童纪统　浙江龙游人
第10军预备第10师第28团卫生队干事

笔重千钧　鏖战见证

"三丁抽一，五丁抽二，人不分老幼，兵不分南北，长期抗战，最后胜利。"在一片"抽壮丁"的口号下，童纪统44岁的父亲被抽中做"壮丁"。

童纪统的父亲午夜回到家，当即把三个儿女叫到跟前，先交代渡头甸的5亩稻田，要想着拔草，否则，一旦野草起来了，稻穗就瘪了；后山有十几棵板栗树，今年再加几担猪屎，来年就要结果了。接着，又说到前年涨洪水，借了人家一袋米二担红薯，要记得还人家。接下来，童纪统的父亲类似于刘备托孤似的，又叫老大去把正在睡梦中的大伯叫起来，拜托他顺便照顾好一家老小，快满16岁的女儿将来一定要嫁个好婆家……

说完这一切，童纪统的父亲才告诉大家，说他要去当兵了。

父亲的话一出口，坐在旁边一直在碾磨辣椒的童纪统，"腾"的一下站起来冲着父亲没好气地说："你交代这么

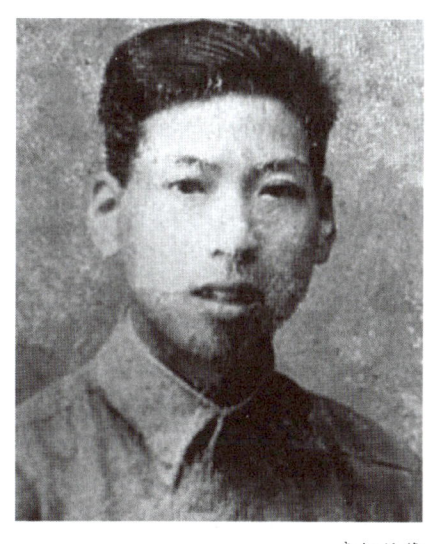

童纪统像

多事，谁能记在心上，还是你自己在家料理吧。当兵的事，我去！"

童纪统身材矮小，但性格刚烈。他的这一表态让父亲一愣，说："不行。老二，你坐下。"

童纪统可好，头一拧，摔下手中碾盘，转身就走，临出门时，问父亲：

"保长与穿黄皮的人现在在哪？我这就去找他们换衣服。"

那时间去当兵，就是拿性命去与日本人拼。但是，在童纪统与父亲争着谁去当兵时，童纪统仍然把话说得很轻松。好像此番谁去就拣了个天大的便宜似的。

童纪统不由分说，顶替他的父亲当兵去了。

这件事，在童氏家族中，一直传为美谈。尤其是后期，父亲年岁大了、膝下有了儿孙，喝点烈酒，说到当年家族中童纪统当兵的事，总是赞不绝口。

那叫一个血性！

其实，童纪统是不想父亲到部队受罪，便替父从军，参加了第10军预备第10师卫生队。因为有点文化，读过八册书，童纪统参加抗战便做的是"前方救急伤员，后方休养病兵"的工作。

1944年6月，上峰命令死守衡阳城。

童纪统在卫生队救死扶伤，病床上、过道里、操场中、掩体内到处都挤满了伤病员，鲜血淋漓、撕心裂肺的惨烈程度刻骨铭心：有的"眉毛挂起来，半张脸被弹片削平了"；有的被毒气投中，"用手擦眼睛，眼睛马上看不见了"；成百上千名伤病很快导致医疗器械告荒，伤员的伤口在无药医治时，仅仅只以盐水清洗，而长官们的被服基本征用，被套煮过后代替纱布，棉絮煮过后当作药棉使用，……伙夫、马夫、民工全都上了前线。

就补给医疗而言，历次大型战役都是兵马未动粮草先行，备战物资丰饶，还可就地征补，更有全国慰劳品源源而来，人员军品补充、伤患后送，畅通无阻，打什么有什么，伤一人补一人。而此番衡阳保卫战，则为物资缺乏，一个中等城市战前又来了个空室清野，孤城喋血，四顾无援，补给中断；打一弹少一弹，伤一人少一人；有医无药，伤未死而蛆已生，尸未埋而骨已白。

童纪统一直珍藏着两件东西：一件是参加长沙第三次会战的纪念章，背面标有"10998"号码；还有一件是衡阳会战前买的一支墨绿色钢笔。他将纪念章和两个钥匙串在一起挂在胸前，钢笔揣在口袋里，走到哪儿都带着，连晚上睡觉都不离身。

童纪统笃信，这支笔就是命。不识字的背枪，识字的拿笔。

衡阳会战时，童纪统25岁，如果背枪，也许早已战死沙场，而这支笔对于从事卫生工作的童纪统来说压力更大。这支笔在衡阳保卫战中象征着权力，重伤进院治疗，轻伤不下火线，那时全凭这只笔说了算。

几十年后，有人想出2000元买笔，童纪统告诉来人："这支笔不能卖。这是我的命，是战友的命，是几十条命换来的。"

118

35 徐声先　四川郫县人
第10军预备第10师第30团2营营长
中央军校第13期毕业

书剑恩仇　豪气干云的儒雅中校

一身戎装的徐声先更像是一位儒雅温和的谦谦君子，待人接物十分妥帖，极少见他发怒。

他曾在师范学校上学，是一位坐在书斋之中手不释卷的读书人。他常与朋友谈论到天亮，谈论历史，臧否人物，指点江山，述说志向，学习圣贤修身治国的道理。可是乱世之中需要的不是"四书五经"而是枪炮和兵刃。徐声先目睹了国家的各种乱象和惨状，大好山河处于列强环伺之中，任人宰割，国家的命运让徐声先痛惜愤慨，原本风流倜傥的青年才俊弃笔从戎，走向了战场。

徐声先从军后，依然雅兴不减，经常给报社文艺副刊投稿，那些稿件都是用毛笔写在黄纸上，一笔一划，恭谨有加。

固守衡阳，战前需做动员，他也引用孟子的话："天将降大任于斯人也，必先苦其心志，劳其筋骨……"估计有些士兵听不懂，他就一句话一句话地解释。

徐声先说："放眼世界，你无法找到哪一个国家，像日本这样，它一旦强大就要侵略扩张，一旦弱小就会卑躬屈膝。一位西方的历史学家曾说，岛国人都具有宽广的胸怀，但日本除外。自唐宋以降，中国沿海地区就屡屡遭受日本的侵扰，远的如倭寇犯边，近的如抗日战争……"

他告诉士兵们，衡阳是一座文化古城。论历史，有3000多年古书记载；论文化，唐代书院17座，衡阳占其五；宋代书院21所，衡阳有9所。清代曾国藩曰："天下书院楚为盛，楚之书院衡为盛。"高等学府衡阳最多，高等论坛经常在衡阳召开。如朱熹讲学、船山讲学等。如今，为了抗击日寇，两个炮兵阵地一个设在石鼓书院的石鼓桥头，一个架在了船山书院紧傍的雁峰山顶。全是让鬼子逼的呀！

徐声先说着说着，眼泪便流了下来。

7月17日，日军再度向徐声先所守的阵地发起攻击，但正如日军自己的战史日记所记载："再度发起总攻之后，除和上次一样，仅夺取极小部阵地外，依然无所进展，而伤亡却更惨重。两个师团之原任大队长已所剩无几；大部分之步兵队已变成由士官代理大队长，勉强支撑战斗之惨局。第二次总攻，又有联队长一名、大队长六名相继阵亡；而攻击之前途却仍不乐观。于是攻击再度停止。"

约2000余具日军尸体，堆积在徐声先营的阵地前。

徐声先的朋友陆金城，在第10军军部任上尉参谋。6月30日，他托传令兵顺便给徐声先写了一封短信表示慰问。信中告知徐声先，师部已有几位将校因功报请勋章，徐声先亦列名其中；望其继续杀敌，争取更高荣誉。

徐声先就在骨岳血渊的阵地上，草草复书数语："我不是为勋章而战，我倒是要在此枪林弹雨之中，'衡'量一下日本这个将落的太'阳'！"

他将信工整仔细地折好，站起来，放在上衣的口袋里，高高的个子，被一袭黄色军装衬得更显形销骨立，看似弱不禁风，骨子里却透出逼人的书生意气。

战斗空隙之余，徐声先曾手写一本《衡阳有我》。可惜毁于炮火，小鬼子不想让其发表。

7月17日那一天的战斗，日军先是飞机轰炸，再是火炮轰击，接着步兵冲锋，最后打成了肉搏战，彼此刺刀见红，刀刀带血。中校营长徐声先在坚守衡阳市民医院后的那块无名高地被炸弹击中，壮烈殉国，由萧维接任营长；中午12点，萧维身负重伤，丧失指挥能力，由甘握接替顶上。

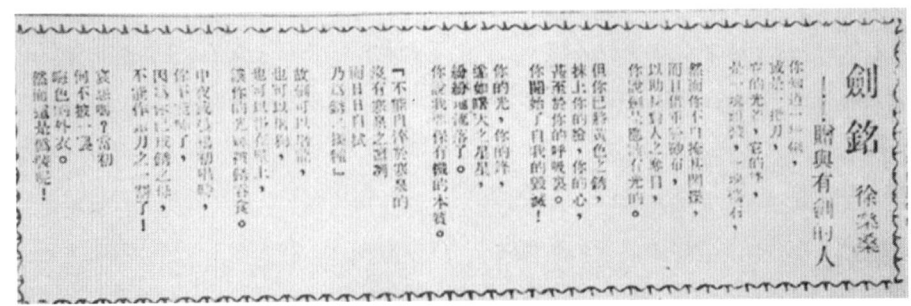

徐声先发表诗作的影印件

徐声先爱好文学，1942年，徐声先在《东南日报》的《笔垒》文艺副刊上发表了三首诗。录章节如下：

赏《乌鸦诗抄》

"据说有光的街，

是都市的河床。

这儿摇起了千万只步桨

高跟的

平底的

尖来像箭头般的

哟！如果是鱼

一师人可不领副食费啦

然而，谁来捕捉呢

战争的网

还漏下这一个城厢。

《剑铭——赠与有剑的人》

……

你说剑是应该有光的。

但是你已将黄色之锈，

抹上你的脸，你的心，

甚至于你的呼吸里。

你开始了自我的毁灭！

你的光，你的锋，

遂如曙天之星星，

纷纷地流落了。

……

徐声先的妻子胡窈兰在衡阳保卫战战前随家属转移，在独山生下遗腹女——徐湘衡（为纪念衡阳保卫战而命名）。

除了几首诗歌，徐声先什么也没给女儿留下来。

衡阳街头张贴抗日宣传标语

神枪叫阵 每一颗子弹消灭一个敌人

韩在友——葛先才师长之贴身卫士出身，性粗犷，善笑谑，射击奇准，号称神枪手。

韩在友小时候就喜欢掏麻雀。农闲时，他常常出去逮麻雀卖了贴补家用。韩在友逮麻雀的功夫真是了得，他用树枝丫做的皮筋弹弓弹麻雀，杀伤力非常厉害，一弹一个准，弹无虚发。他用竹篾簸箕罩麻雀，设计得也很巧妙，支一根短棍，短棍上拴一根细绳拽在手里，竹篾簸箕下撒些秕谷逗引麻雀。麻雀来了，他躲在一旁只消一拉细绳，便能扣住几只贪吃的麻雀。常常一个晌午就能逮二十来只。到了晚上，韩在友在竹林里更是身手不凡。那时村里家家都有大小不一的楠竹林园。韩在友携一根韧性挺足的竹竿和一柄小钢叉，在小竹丛边，看准目标找准时机用力抡几下，那竹丛里栖息的麻雀，便被他抡得晕头转向，跌扑在地，他一只只捡了放进竹篓里。那时乡下草垛屋多，那些愚笨的麻雀睡觉时把头钻在草垛或草屋顶里。韩在友用一柄小钢叉只轻轻一叉，便是一只麻雀。

十四五岁时，韩在友又拜了个师傅学打猎，跟着师傅在山里打兔子、打山鸡、打豺狗、打果子狸。

跟随师傅打猎的时间长了，韩在友慢慢悟出了一个理论：拿枪射击的速度取决于角度，眼力取决于定力，枪法取决于打法。每当发现猎物，他便竭力克制躁动的情绪，动作敏捷、神情专注地端起猎枪瞄准目标的要害部位。师傅也发觉田韩在友不再像以前那样心浮气躁，枪法有了很大进步，便对他说："你出师了，自谋生路去吧。"

正逢抗战招兵，韩在友二话没说就报了名。参军前就会舞刀弄枪，让当年还是团长的葛先才"特别关照"，让韩在友当了他的贴身卫士。

常德战役时，葛先才胸口中枪，韩在友一时找不到担架，硬是找来一个士兵，左右一边一人架起葛先才就走。葛先才尽管伤口痛得直冒冷汗，但那条命总算捡回来了。

韩在友天不怕地不怕，是预备第10师鼎鼎有名的人物，为人义气，忠心耿耿。在葛先才负伤前后的短暂时间中，因日军于近距离猛攻，他那支颇有准头的驳壳枪，不知击倒了多少敌人。而他若无其事，有如儿戏一般，根本就不计生死，好像天生就是来收拾日本鬼子的，与敌拼杀，不到战死不罢休。

7月下旬，第10军艰苦卓绝地顶住日军第一、第二次总攻后，部队伤亡已达80%，人力无以为继。葛师长命参谋主任吴成彩上校，将手枪排一律换枪，装备缴获日军的三八式步枪，每人配三颗手榴弹，整装出发增援苏仙井南端高地，归第30团团长陈德坒上校指挥。

韩在友临走时向葛师长告别，葛先才盯着这位视如兄弟的卫士百感交集，问道："都准备好了？"

"准备好了。"韩在友挺起胸脯。

"弹药不多，省着点。"葛先才嘱咐道。

"您不是说，以子之矛攻子之盾嘛，弹药不够找敌尸身上搜集去。"韩在友满不在乎。

的确，阵地前遍地敌尸，有的甚至堆积如丘，而守军的军需跟不上，且枪弹越打越少。一有机会，守军士兵便潜出阵地，在已腐烂的敌尸身上摸子弹，找手雷，卸步枪，只是那一股股恶臭，让他们憋不过气来。

葛师长笑了起来，"不错，还是学了点东西。怕不怕上战场？"

韩在有大声答道："又不是大姑娘坐轿头一回。大不了战死沙场，有什么可怕的！"

葛先才深情地拍了拍他的肩膀："好样的。去吧，多杀鬼子。"

韩在友一进入苏仙井南端阵地（今岳屏广场北面高地），便将大约20个弟兄部署在约150米的正面上，与敌相距约200米。

日军在第二次总攻失败后，双方处于相持阶段。每天，韩在友一入战壕便在阵前向敌人叫骂说："狗日的鬼子！来吧！看老子怎么收拾你！"

"什么狗屁皇军，是狗屎！"

骂完了，敌人没动静。敌人也听不懂啊！

于是，他又稀奇古怪地想办法引诱敌人来攻击。

比如，他弄来根树枝，在敌人尸体上剥了一件白村衣，然后用鬼子的血在白村衣涂了一个烧饼状，绑在树上，还挺像一面太阳旗。对面的日军看到了：咦——，是投降吗？投降应该举白旗呀。白旗中有个不圆不扁的圈，哇——，这是羞辱我大日本啊！于是，蠢蠢欲动。但只要有人敢爬出掩蔽物，就听"啪——啾！"一声，探头的日军士兵应声而倒。有不服气的再上，"啪——啾！"那索命的声音又响了，第二个士兵又栽倒了，用的还是日军士兵的标配——三八大盖。

韩在友非常得意，"让你们这些龟儿子瞧瞧，老子就用你们的枪来收拾你们，让你们躺着回老家。"

此招用完，第二回，韩在友又把自制的太阳旗扔在壕沟边，自己带头跃上堑壕，对着鬼子阵地拉开裤子，朝着太阳旗撒了一泡热气腾腾的尿。属下的士兵见排长如此血性，人人手舞足蹈，都模仿他们排长去浇了一遍膏药旗。日军士兵看得真切，气得崩牙，歪把子机枪"哒哒哒"地扫了过来，韩在友闻声就地趴下，端起早已上膛的三八大盖，"啪——啾！"子弹朝对面枪眼里飞去。

五天之后，陈团长向葛师长报告："韩排长阵亡。师长，你不要难过。他是被敌人狙击手打死的。但他没有白死，敌人做他枪下之鬼的足足有好几十人。只因他胆子太大，在阵地上天天和敌人开玩笑，一点不在乎敌人的狙击；如果他稍微小心一点，也不至于现在就阵亡了。"

葛师长接完电话，潸然泪下，乃嘱陈团长将其忠骸深埋，待战役结束之后再行盛殓。

抗日战争时期的衡阳城

37 蒋鸿熙 江苏宿迁人
第10军预备第10师第30团3营营长
黄埔军校第15期毕业

衡阳有我　我卫衡阳

蒋鸿熙手瘦有劲，红唇皓齿，眼眸明亮，下巴还留着一绺山羊胡，浸了油似的乌黑锃亮，开口说话，声音从胸腔里出来，带有一种共鸣，远近都好听，这要是弃武从文去唱歌，是一个极具魅力的男中音。

蒋鸿熙在衡阳保卫战中三次负伤。

第一次是6月28日在五桂岭阵地，右额角与右肩被机枪子弹擦伤两处，没有下火线。那时，他还是第2营5连连长。

第二次是7月5日，火线提拔为营长才两天的蒋鸿熙从张家山指挥所里带传令兵冲到一线交通壕边，一路嗷叫，边打边喊，一枚炮弹在身边爆炸，全身伤了8处，被送到第69兵站医院。

军医清理了伤口创面，又小心翼翼地从他的右上臂、胸前、咽喉三处关键伤口取出碎片，强令住院。两个星期的治疗中，蒋鸿熙转了第69兵站医院，第99伤运站，第一、第二、第三野战医院

蒋鸿熙像

五个单位。

7月19日，第30团一营长重伤，二营长阵亡，两名少校团附被抬下山岗，全团中下级干部伤亡殆尽，陈团长孤掌难鸣。葛师长电话打到第三野战医院："鸿熙吗？"

"报告师长，我是蒋鸿熙。"蒋鸿熙笔直杵在电话机前。

"你们团里的状况，你知道吗？"葛先才问。

"知道大概。"蒋鸿熙人在医院，心在战场。战场缺"帅"。

"你现在怎么样？能上来帮帮你的团长吗？"

"可以。报告师长，我马上就去。"蒋鸿熙挺起胸脯，眉头又陡然紧蹙，左手下意识地捂住胸口，伤口仍在隐痛。

"伤没痊愈，要慎重，不要冲动。"

"没事，虽未痊愈，也不妨碍行动。"蒋鸿熙答道。

"那就即刻报到。"

黄昏，蒋鸿熙裹着膏药绷带带着传令兵上了天马山。

天马山，衡阳西郊的最后一个据点，过了这儿，就是市区。蒋鸿熙得到命令：死守天马山。

此时，守天马山的是七拼八凑的部队，指挥紊乱——共有四个团部，十一个以上的营部，由预备第10师张副师长统筹指挥。

天天都有飞机轰炸。

天天都是血战。

蒋鸿熙所在营部利用两个小防空洞做临时指挥所，一颗炮弹下来，5个阵亡，3个负伤。经过四天五夜的拉锯肉搏，蒋鸿熙所在营剩下1个连长、2个排长、24个士兵。

日军第二次总攻溃败了，蒋鸿熙带着这27名官兵深挖战壕，掘散兵坑，修障碍物。

8月3日，日军第三次总攻疯狂拉开，蒋鸿熙刚打完一个弹匣，50米外一阵密集的枪弹扫射过来，蒋鸿熙眼前一黑，腿一软，不自觉地倒在地上，右腿被打断，血流如注。晚上10点，双方暂且熄火，四周黑咕隆咚，战斗间隙的又一次平静，蒋鸿熙往痛处塞了一个药包，用绑腿带扎紧了右腿根部，心中默叨：就死在这儿算了，反正已捡回两次命了，还怕它第三次？再弄死个把鬼子，老子就赚大了。谁知团长摸过来命令道："将蒋营长抬下去！"不由分说，蒋鸿熙被放到了担架上，团长在他身上盖了一条污浊稀烂的军毯，又塞给他两盒针药，说："你可是我们的秀才，不能随便丢了性命。"蒋鸿熙咬着牙，忍着泪，一句话也没说出来，他扫视着同生共死的官兵们一张张坚毅而又憔悴的面庞，怅然去了医院。

月亮却似乎比往常黯淡多了。那一天晚上的月亮给了蒋鸿熙刻骨铭心的记忆。

在医院里,蒋鸿熙再一次提起笔来,将锥心泣血经历,一一记录下来,并细心地放进挎包,日日背在胸前。

因为第二次住院时还有两位军官,衡阳保卫战一开始,他们就着手写书,甚至连书名都取好了,一本叫《衡阳有我》,作者是他的前任营长徐声先,7月14日在湘桂铁路机修厂阵地被炮火吞噬,手稿胎死腹中;一本叫《衡阳五十日》,作者是徐营长的老友,叫李春华,他本是友军的一位参谋,请假路过衡阳却不知何故以朋友关系来本营协助作战,冲锋冒险,指挥调度,清扫战场,什么都干,可战争无情,出院后战死沙场,他的纪实作品也杳无音讯。

8月7日,衡阳城破,一群日本兵冲进地处杨林庙的兵站医院,见人就杀,不管是无行动能力的重伤兵或是手无寸铁的民众。医院里有1000多重伤兵,手无寸铁,步履艰难。惨无人道的日军或者开枪,或者刺挑,躺在蒋鸿熙前院的伤兵们毫无反抗之力全被肆意宰杀。惨叫之声,响彻全城。蒋鸿熙满怀悲愤、紧闭双眼等待着为国牺牲的时刻……

谁知那伙疲惫不堪的日本兵走到蒋鸿熙面前,大概连举枪的力气和兴趣都没有了,竟然莫名其妙地暂时停止了射击,没有踏进屋来……

大难不死的蒋鸿熙之后拖着伤腿辗转逃亡,倍受艰辛。伤腿历经426天痊愈后,人已残废。他辗转河南一个偏僻村庄里安家,两个女儿都没有继承蒋姓。在全部卢姓的村庄里,外姓人死后不能埋进卢家家族墓地。蒋鸿熙想,我死后,是否仍与我的第10军兄弟去衡阳那片郊野荒坡为伍。

"身既死兮神以灵,于魂魄兮为鬼雄"。

那是一段无愧无悔的岁月,

那是一曲同生共死的和弦,

那是一种不是血缘的血缘!

衡山南岳僧人踊跃参加抗日队伍

彭忠荣 湖南江华人
第10军预备第10师第29团迫击炮连连长
黄埔军校第14期炮科毕业

用湿布袋给迫击炮降温

彭忠荣的连队有八门82迫击炮，交战期间共发射了4000多发炮弹，炮管打得通红，他们居然想出将麻袋浸湿后捆绑在炮管上降温。

张家山是衡阳的制高点，交战双方在这里展开了激烈的争夺战。日军的火炮是守军的几倍。日军发炮时守军经常抬不起头来，只好想办法打溜炮。

所谓溜炮，就是打一发躲一发，往掩体内躲。掩体非常坚固，防空洞很大，内有床铺桌椅板凳，一个防空洞可容纳一个排，上方有铁轨沙包，每根铁轨12米长，炸弹炮弹都顶得住。日军久攻不下，居然也采用心理战术，架起大喇叭喊话劝降，用飞机抛撒攻心传单：什么你们已经对得起国家民族了，赶快投降了；什么援军都被皇军各个击破，衡阳城指日可下了，等等。

彭忠荣每天上观测所都得戴上防毒面具，以防日军施放毒气，但面具有

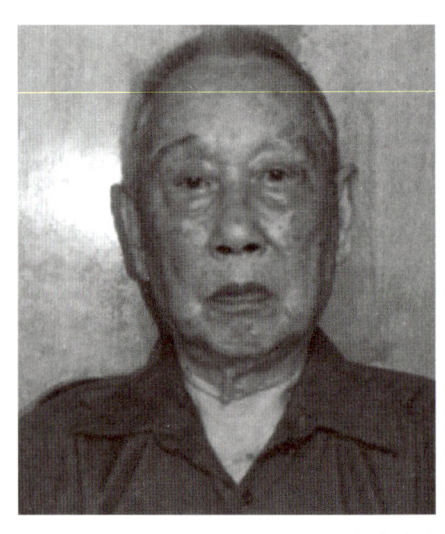

彭忠荣像

限，士兵们只能用橘子皮塞鼻子。

没有一个人出去投降。有的重伤员伤口生蛆，有的伤员因剧痛难忍最后投江自尽；还有些伤兵，由于没有治疗，活生生痛死。彭忠荣从观测镜里看到两个担架兵用竹床抬一个伤员下山，被机枪击中，三个人死在一堆。连续的战斗导致双方都无法处理尸体，天气炎热，

奇臭无比。

7月27日，日军猛攻迫击炮连所在的虎形巢阵地，守军的炮弹打光了，炮兵成了步兵。老兵杨子琴爬出战壕找弹药被机枪击中，肠子洒满一地，鲜血直流，他声嘶力竭地喊："彭连长救命呀！"但此时，整个阵地枪林弹雨，爆炸声、喧嚣声绞成一团，彭忠荣在战壕里被压得土头灰脸，眼睁睁地看他咽尽最后一口气。

真正是血冲脑门啊！

趴在壕沟里憋了一肚子气，炮浪过后，日军步兵开始进攻，彭忠荣"倏"地跃起大喊"冲啊——"，率全体炮兵持枪迎敌。"叭"的一声，他被日军三八式步枪击中，子弹由左胸上方贯穿前后，他栽在地上喊人求救，但人人都在与鬼子肉搏，谁顾得上谁？

彭忠荣昏了过去。弟弟彭忠志从死尸堆里找到了他，摸摸还有一口气，将他送进了野战医院。手术后，彭忠荣脱离了危险。不过，醒来后听到的第一个消息却让他放声痛哭："我的两个排长都死了。我这个连118人，就剩13人了。日本鬼子，我和你誓不两立啊！"

使用迫击炮攻击敌人的衡阳守军

挖壕布阵古今结合　中国工兵神奇扬威

攻下虎形巢后，日军决定由第3大队来代替133联队，133联队撤下换防，133联队残部卷铺盖回营的画面在第3大队官兵眼里像是梦游，更像伤残人的运动会闭幕式后离场。吊胳膊、挂拐杖、纱布裹脸蒙眼睡担架，一个个麻木痴呆，一支原本精锐的队伍，在攻打衡阳的二十来天里，元气消耗殆尽，竟然如此狼狈不堪。

日军第3大队咬牙复仇，开始进攻。

守阵地的是陆伯皋的工兵营。工兵营原本主要任务是修路架桥、挖战壕，埋地雷，但由于人员不够而被派出来防守苏仙井阵地。工兵营也有工兵营的优势，他们发挥工兵特长，在建筑外壕上下了功夫。将阵地对面的230米的平地，挖成宽15米到20米，深到12米到15米，下部尖底，用有刺的铁丝平面架设于壕沟的两壁之间，如铺开一张罗网。并在这张网的两面悄悄地埋伏两拨人马等待日军到来。

陆伯皋像

7月27日深夜，第一拨日军悄悄到了阵地外围，刚一集结，工兵营从两翼突然开火，阵地平面了无遮拦，日军纷纷跳进壕中准备抵抗，谁知满壕尽是铁刺、倒钩，顿时铁刺穿肉，倒钩入骨，拔抽之间，痛得哭爹喊娘。有骨头硬的，拔出一只脚，前面又都是同样的铁刺，更深更惨，你就是钢打铁铸的汉子，也

在这颤悠悠摇晃晃铁刺暗伏的罗网上张皇失措，上下不得，有如飞蛾扑入蜘蛛网，举步维艰。

日军后续部队看到前面的自家人进入外壕，立即加快速度增援。到了壕边，两翼守军机枪一响，日军急迫之间，顾不上多看多考虑，自然都把已有自己人跳进去的战壕当成避难所，与首轮进攻士兵一样，他们做梦也没想到这是下得去却上不来的陷阱。

如此三拨人马，全被赶下深壕，不少日军士兵强忍皮肉之痛，靠近壕壁，以刺刀挖出踏脚之阶，企图爬出。谁知刚一探头，平地两翼伏兵即以机枪扫射，还未探出身子，早已血溅深壕。

一计求生不能，其他日军士兵挣扎着凿穿铁丝网进入壕底，他们刀砍枪击凿成一个窟窿，跳入壕底，等待天明有奇迹发生，谁知天亮之时，就是他们死亡之时。

7月28日天刚透出肚白，陆伯皋亲率10名机枪手，将机枪架于壕上，居高临下，对准几乎无法反抗的日军狂扫猛射，壕底一片惨叫，半个小时后，寂然无声，敌人遗尸不下600余具。天气正值酷夏炎热，尸臭腐败，群蝇蜂至，蛆虫无数，极尽人间之惨状。

陆伯皋吐了口吐沫，拍了拍发麻的双手说："当年诸葛亮火烧藤甲兵，自认大折阳寿，我又何尝忍心于此？只是国仇家恨，不得不如此耳！"

战前第10军士兵加紧备战

1000元法币回购一枚手榴弹

朱光宇，第10军军部军需处现金出纳，是方先觉的同乡。主要负责发放官兵的薪饷和慰劳金。

衡阳面积只有26平方公里。从6月28日至7月2日，日军对衡阳守军发动了第一次总攻，历时5天，付出了1.6万人的代价。平日里，日军自河南郑州、许昌、南阳、武汉、长沙一路攻城略地、势如破竹的风头就此止步，骄横跋扈的气焰被强行遏制。摆在眼前的事实是：他们连城外的外围阵地都攻不下来，壕壕相连、沟沟相通的"方先觉壕"让他们死伤惨重。平日缓陡的小山坡都让第10军士兵挖掉了半边，削成为"绝壁工事"让他们正面进攻毫无胜算。即便架起梯子也是找死，因为迎接他们的，是第10军三个一束、五个一捆、漫天飞雨一般的"集束手榴弹"。

头破血流，遭到惨败的日军第68师团和第116师团各步兵中队平均残存仅

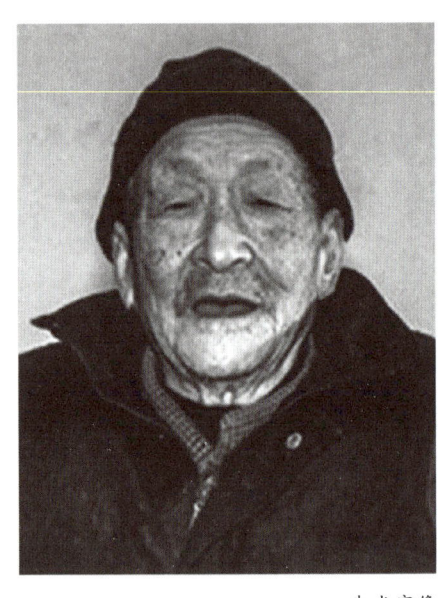

朱光宇像

20余人，黑濑平一联队3000余人只剩250个活口，各中队长伤亡殆尽，被打得彻底趴了下来，只得暂时停止全面进攻。

日军根据第68师团和第116师团粮、弹不足，后方补给仍远在长沙、湘潭的

情况，只得命令暂时停止全面进攻。其间对中国守军仍不断进行牵制性作战，派出飞机对城区轰炸，使城区变成一片焦土。

到了夜间，日军也想出一招"草船借箭"的把戏：在漆黑如墨的湘江河面赶入许多抢来的牛、猪等动物，拖动插着蜡烛的木板，伪装成进攻部队的样式，向对岸划去，故意惊动守军，以消耗中国军队的弹药。

中国守军的弹药的确即将告罄。

第10军没有足够的大炮与炮弹，没有足够的飞机支援，重机枪等武器装备也不充足，打到中期，使用火炮还需军部督战官蔡汝霖批准。但有一样东西他们毫不吝啬：手榴弹。手榴弹在衡阳保卫战中发挥巨大作用，战后曾有日本士兵心有余悸地回忆："衡阳一战，中国守军是拿手榴弹当刺刀用的。"

在衡阳西南门外的张家山阵地，面对总攻的两次失败，日军完全一筹莫展。第10军阻击日军的办法，依旧是他们的拿手好戏：绝壁工事+集束手榴弹攻击。面对蜂拥而至的日军攻到崖边，他们就用手榴弹"一炸一片"，三五个绑在一起威力更大更爽。

日军围城恶攻月余之久，弹药无法补给。"飞虎队"空投的弹药又近半落到日军阵地。战至7月底，手榴弹消耗达

库存的85%。剩下的15%也全部分发在活着的士兵身上（连同伤兵在内），大部分士兵都暗藏着最后一颗手榴弹，全都是预备万一城破，好用手榴弹与鬼子同归于尽，以免被俘的屈辱，死了，也拖几个敌人来垫背。

战斗还在继续。

与敌人同归于尽的机会也不是说有就有。

但军需库是一颗手榴弹也没有了。

军长决定，以每枚手榴弹1000法币的价格收买集中，用于反击。

朱光宇到各阵地去联系，但收效甚微，一位排长骂道："老子命都不想要了，收你1000法币管屌用！"

仗打到如此境地，城外水泄不通，城内一片狼藉，钱能干什么用？

方先觉军长只好再次下令：强制搜缴，藏匿不交者以汉奸论处。

军令如山。

朱光宇与后勤人员背着钱袋，一手交钱一手交货，好不容易收到100多颗手榴弹，被紧急送到张家山第30团3营阵地。

未见援军影子　原路血腥杀回

7月20日午后，遥闻西北郊外2500米处有隐约的枪炮声，大家以为是援兵到了。经与第62军电台取得联络，确认是第62军的部队，已攻至铜钱渡。

方军长请黄涛的部队迅速进城。

第62军军长黄涛立即复电："日军阻击猛烈，攻不进城。"

方军长再电："我派队攻破敌包围圈来迎。"

黄涛电报里应允。

晚9时，第10军特务营在仙姬巷东集合。曹华亭营长宣布，奉军长之命全营挑选150名精兵组成五个突击排，每排配两挺机关枪，今夜突围寻找外围援军并取得联系。接着鼓励战士要有信心完成任务，最后讲些夜间战斗注意事项。

他们由五桂岭东侧树林中小路（今万花园）南行，冒险冲出重围。绕过日军驻地，再向西北行。

他们钻过铁丝网的缺口，向西北方向摸去，穿过稻田，绕过鱼塘，默默地警觉地走着，刺刀尖泛着白光，只有笨重的靴子声"吧嚓吧嚓"在寂静的山间里回响。

走过一段山坡，居然看到有不少日军尸体横卧在那里，大概鬼子还来不及拖去自行焚烧。他们从尸体旁绕过，又登上第二个土坡，山峦绵延起伏。再走一段山路已经完全消失在黑暗里。

漆黑的夜幕在他们的脚下无限地伸展着，夜空中闪烁着无数的星星，月牙儿像鬼王似的放射出暗淡的光。爬了不少山头，走了三四个小时，连一个人影也没有，更别说驻扎着一支军队，也没发生什么异常，酷热的地表隐没在暗黑里，地上的静谧包围着他们。怎么办？时不时传来野狗在遥远的黑暗里嗥叫。

凌晨5时，曹华亭率突击部队抵达城西五里亭。

五里亭，在三里亭西二里，距小西

门五里，北临蒸水，西面接近铜钱渡。

曹华亭到达第62军先头部队驻扎的防区时，用规定信号联络，即发射两红一绿和两绿一红的信号弹。结果毫无回应，连一个穿军服的士兵也没有见到。

曹华亭不甘心，找到一位农民打听，才知道前天是见过有中国军队在此逗留，但已于昨日中午全部开拔撤走了。

"撤往何处了？"曹华亭焦急地问道。

"这，我哪里晓得。"那农民脑袋摇得像拨浪鼓。

为保险起见，曹华亭决定再看看，再等等。

衡阳城太需要援军了。

曹华亭带着队伍在五里亭周围的村落里搜寻了一天，仍一无所获。曹华亭不死心，他命令在特务营任突击第1排排长的王光生上尉："带人以此为中心，扩大到3公里范围搜索，打听有无援军来过。"

王光生即刻组织队伍。曹华亭特别叮嘱："提高警惕，注意观察友军会不会伪装鬼子，只要发现友军，赶紧回来向我报告。不见不散。"

才走出半个小时左右，王光生遇到了一个中队的日军。王光生急得下令队伍四散隐蔽，他跳进田埂的草丛中，但来不及了，几十个人的队伍，响声太

冒着炮火前进的中国守军

135

大，日军发现了他们，刚刚伏下身子，日军的子弹已呼啸而至。王光生的突击排被日军强大的火力压制在一片垄的四周。

激烈的枪声撕破了黑夜的宁静，曹华亭见状一刻也不敢怠慢，即指挥四个排的士兵迎着枪声冲了上去，那片垄是块开阔地带，掩蔽物虽不多，但垄里的沟沟坎坎还较为便于隐蔽和架枪，日军也没想到螳螂捕蝉黄雀在后，刚刚"围剿"一个排，如今反而被包抄。曹华亭指挥队伍一个冲锋打将去，才把王光生的一个排从垄里解救出来，清点人数，30个人的突击排，18人阵亡，3人负伤。王光生胸口、腹部均被机枪子弹射中，躺在曹华亭怀里只是圆睁着双目，没讲出一句话便死去了。日军没有反击，只是偶尔放了几下冷枪。

曹华亭也不敢多留，他的任务是接援军，而不是搞夜袭。想援军，盼援军，等援军，全军上下，无不翘首以待，可出来快两天了，没看到援军影子，撞上的却尽是日军！

怎么办？

只有杀回去！

他急，特务营也急，全军官兵也急，方军长更急。

曹华亭当即对属下训话："两天了，我们没看见援兵。没有援兵，我们就只能战死；杀回城去，就是找死。我们已身在城外，想活命，现在是好机会，走就是。但我本人决定回城，与军长和第10军的全体兄弟共生死。大家兄弟一场，不愿与我走的，曹华亭绝不怪你。"

一番话说得大家热血沸腾。

"营长，听你的。特务营没有孬种。"

"生是第10军的人，死是第10军的鬼。"

"杀回去，我愿意杀回去！"

曹华亭脸色严峻的把枪插进套里，双手抱拳道："谢谢兄弟们，谢谢兄弟们。现在我决定，找不到援军，我们就是援军。从城外再杀进城内，能杀多少敌人就杀多少，能打多久就打多久，无论官位高低，打光为止。走——！回城！"

100多名兄弟，眼圈红了；

100多名将士，同仇敌忾。

曹华亭率队于22日夜又经原路向南、向东、向北返回。正如他所料，归途又遭遇日军多股部队阻击，霎时间，红了眼的曹华亭令特务营十挺机关枪一齐喷火；手榴弹连珠落盘似的在日军阵地爆炸，特务营士兵高昂的喊杀声，敌我双方激烈的枪弹声，混成一般强劲的气流直冲九霄，天摇地动，悲壮惨烈。

特务营士兵一鼓作气，越杀越勇，风壮声威，一骨碌，皆以最快速度冲入日军队伍而无暇射击；机关枪随之向前移动位置，将日军压迫至500米以外，日军弃尸累累，举目可见。曹华亭下令停止冲锋，即刻清点人数。

五个突击排伤亡已经过半，曹营长本人左臂被枪弹洞穿。

他们继续摸索前进，又不幸触雷。响声惊动围城日军，再遭猛烈阻击。好不容易杀将进来，黑暗中守军又不辨敌我。况且突围为秘密行动，不会通知友邻部队，结果，友军误认是日军进攻，即刻还击。特务营遭敌我夹击，被压缩在两路口隘路附近，自相践踏。最后仅剩二十几人，于凌晨4点多钟，回到仙姬巷。

挽着左臂、满身是血的曹华亭被士兵搀扶着走进军部，话没开口，眼泪却夺眶而出。

方先觉紧紧地抱住曹华亭："什么也不用说了，回来就好。"

方先觉怒火中烧，浮想联翩：

为什么曹华亭率150余人的突击部队，都能突出日军重围，来往自如，而郊外友军就是不能突袭日军阻击进城援助？

为什么几支生力友军真敢驻足衡阳城外静观战事，偶尔派遣少量士兵作佯攻姿态以应付重庆军委会，而毫无援助之决心？

为什么苦战将近一月，曹华亭有枪有人又身处城外安然无恙，却反而又冒死打回城内誓与衡阳共存亡？

是信念！是血性！

这个信念是为国家而战。这个血性是为民族牺牲。

在生死面前，胆怯者、谋私者、损人利己、苟且偷生之流是没有这份勇气和担当的。

曹华亭是自己真正的生死兄弟！

第10军伤员

42 侯树德 安徽太和人
第10军第3师第7团2营营长
黄埔军校第15期1总队毕业

腰悬兄弟骨灰　带手足落叶归根

侯树德与第3营营长王金鼎，既是同乡，又是黄埔军校同学，交情胜过手足。两人各带着一个营在演武坪防守阵地上，互相支援，配合默契，联手击退了日军数次进攻。

8月7日拂晓，日军500多人向青山街突袭，王金鼎高度警觉，一见此情，深感责任重大，这要是让鬼子突破从我的防地进了城，咋能对得起黄埔军校这块牌子，也没脸跟侯营长称兄道弟了。人可以损失自由和钱，也损失得了，负担得起，有机会还可以弥补和找回来，但名望一旦受损，人生将一败涂地。

"名望输不起。"王营长嘴里念叨着，从架子上拿过一挺机关枪就率兵上了第一道防线，正待他拿起望远镜观察阵地时，只见右边阵地约300米处，手下两名士兵徒手冲出阵地，向前狂奔，跑到敌人尸体旁，翻出敌人一挺轻机

枪，回头扛起又向自己的阵地飞跑，另一士兵大概也翻出一袋手榴弹什么的随之回奔。只听到自己的阵地上有人在大叫，因敌我枪声太密，听不清叫些什么，突然间拖背袋的兵身子向前一扑，倒地不起。

王营长身旁有人哎呀一声："那弟兄糟了。"

王营长略一思忖道："大概不要紧，若是中弹倒地，在这斜坡地面上，再加上其前冲之力，倒下时必定会打几个翻滚。而他是同时出臂出膝仆下不动，是在装死，看看他想做些什么？"

语音未毕，只见那趴在地上的士兵，一个虎跃，回头向敌尸附近跑去，一手拖着背袋，一手提一个敌人的轻机枪子弹箱，向本阵地跑回，连滚带爬跃入战壕。日军疯狂追射，火力猛烈，居然都未能击中他两人。

过了一会，战壕内伸出半个头及一

双手，向左右摆动，嘴巴也在大声喊叫，好像是在说谢谢，老子有子弹了什么的。

王金鼎被这一幕感染了，他想起军长方先觉战前曾来到二营提出几个问题让官兵作答：

"我们几次长沙会战和常德解围之役，是不是有了美援装备才打赢的？"

大家齐声回应："不是！"

"第10军到处打胜仗，是不是凭手中现有的武器打赢的？"

大家都答："是的！"

"以往没有美援装备，能够打败日本鬼子；今天同样没有，还能打败鬼子吗？

官兵齐声高呼："一定打胜仗！一定消灭日本鬼子！

简短的问答，鼓舞了全军必胜的信心。

今天还真是应验了：动如脱兔，静若处子。没枪弹了，就拿敌人的武器干敌人。

王金鼎当即下令：搞清楚这俩小子是哪个班的，给他们记功。

日军开始行动了，骨岳血渊之中，枪炮齐发，弹落如雨。

连续击退了日军3次进攻，王金鼎还没来得及喘一口气，突然被一颗流弹击中脑袋，脑浆四喷，当场牺牲在战壕边。这时，全营官兵仅存12人。

12名属下围着王金鼎营长遗体失声痛哭。

侯树德得知，当晚将王金鼎营长抬回自己的营地，架起木材，淋上汽油，将遗体火化。

火化后，侯树德含着热泪细心将王金鼎的骨灰用布袋包好，上下系了根绳子，悬挂在自己的腰间，他双手护着布袋，跪下来，默默发誓：兄弟，我一定带你返回家乡！一定替你报仇雪恨！然后又继续组织队伍与日军死战……

第二天，衡阳陷落。

侯树德营长与军部参谋长王炎少校带领自己的残部奋力向南面突围，最后只有15人成功地突出了日军的包围圈。突围后，他们没有放下枪杆，而是在衡阳城周边村镇寻找、召集打散的散兵游勇及陆陆续续逃出来的士兵，对日军开展游击战，袭击日军小股人马和补给车队。

很快，这支游击队由10多人发展到超过1000人。

没人再叫侯树德为营长，而被民众称之为：手枪大队侯大队长。他的随身物品里，始终携带着王金鼎的骨灰，直至1945年8月15日抗战胜利。

王金鼎落叶归根。

报仇雪恨　用标枪对阵武士刀

杜有才，行伍出身，由二等兵升至中尉排长，作战经验丰富，有胆识、有方法、讲信用、重义气。

6月24日，暂编54师阵地之一部为日军突破，同时占领了原国民革命军第6空军总站所在的飞机场，战况至为紧急。第10军直属搜索营第1连奉命驰援，于晚间8时左右，至飞机场西北端接近耒河口的高地前，与日军前哨部队接触，1连官兵一鼓作气一阵猛攻击退日军，恢复了该高地，并立即各就各位，加强防守。

子夜时分，日军派数名士兵趁黑前来摸哨，居然用武士刀殴杀了两名守军士兵。

排长杜有才赶过去，见两名兄弟一死一伤，气得一跺脚："狗日的，来暗的，此仇不报非君子也！"当即潜至山脚民房内找得梭标标枪数支，选派精壮士兵5名各持标枪一支、手榴弹数枚，向日军仓库摸去。

约一小时后，敌营一阵大乱，呐喊声、尖叫声、枪声、手榴弹爆炸声搅成一团，接着又是一片沉寂，约30分钟后，杜排长等6人均安然返回，每人军服湿透，满身淤泥。

杜有才兴奋地将标枪插在地上，枪杆摇摆不停，他兴奋地向臧肖侠报告说："报告连长，我们给鬼子也摸了个哨，连刺带炸，少说也杀死了他五六个。"

臧肖侠当胸给了他一拳，说："好样的，辛苦了。我马上将你们的战功呈报军部请奖。"

末了，连长与他们一一握手，以示鼓励。

7月15日下午，一股日军向下新街及江西会馆（今湘江南路云沙诗意段）方向逃窜。搜索营第1连乘机以火力断敌退路，并乘机向前推进至铁路北侧，准备越过铁路向下新街攻击。此时第3师第

8团1连,亦沿着已经烧成灰烬的上新街推进至此。

臧肖侠亲自前往联络,其连长原来既是军校同学又是徐州同乡的吴兰生,战场相逢又并肩作战,真是有难以形容的亲热激动。各自抓住对方的肩膀,几乎同时说出:"好小子!原来是你啊!"惊奇、拥抱、拍打,又僵持数秒钟说不出话来,最后还是臧肖侠先开口说:"兰生兄,我马上要攻下新街,能掩护我们一下吗?"

吴连长说:"那还用你说,这正是发扬黄埔'亲爱精诚'精神的时候,我当以全连的火力掩护你。"

战况紧急,分秒必争,无暇多谈,臧肖侠即跑回本连,时已近黄昏,正是发起冲锋之好时机。他速将各排妥善部署,因地形较为狭窄,决定采取三线纵深队形,逐时向下新街北端高地(今沿江北路市五中段)的日军发起冲锋。他挥枪正要率第一排冲向敌阵,杜有才一把将臧肖侠拉住说:"报告连长,第一波冲锋太危险,你要指挥全连作战,你不能先去攻,让我先冲。"

说完之后不等连长回答,即率领第一排在冲锋号响起之瞬间,高喊杀声冲入敌阵。

臧肖侠亦紧接率领第二排冲了过去。

杜有才冲锋在前,即与两名敌兵拼起了刺刀,杜有才身体灵活,拼刺技术精湛,对付两名敌兵毫无惧色,左挑右挡,前突后防,飞身闪跳,怒发冲冠,兵铁交鸣之声不绝于耳。三人格斗数分钟,两名敌兵均被刺伤,在跟跟跄跄逃回敌阵时,被守军士兵射杀。

杜排长腿部亦被敌军刺伤,血流不止。此时该高地后半部已由该连收复;而杜有才仍端枪直立,意犹未尽,准备再与第三个日军士兵搏斗。谁知一诈死在地的日军士兵突然摸出一颗手榴弹朝他扔来,有人喊他卧倒;他居然毫无反应,被手榴弹炸伤倒地。

战友赶上,一枪托击歪诈死的日军脑袋,迅速将杜有才抬回急救,但排长已遍体鳞伤,呼吸急促,抬起右手指向敌方,欲言无语。

臧肖侠令急送医救,可惜杜有才没能挺过来,在途中死亡,时年25岁。

臧肖侠真想大哭一场,以发泄胸中感伤,但大敌当前,战况紧急,只有强忍着泪水,晓谕全连弟兄说:"大家不要悲伤,要多杀几个敌人,为杜排长报仇。"

已经不用下令,全连士兵自动发出如狮吼般的杀声,夹着枪弹轰击声及冲锋号声,凝成精神与武器的统合战力,冲向敌阵,有如秋风扫落叶一般,将日军赶下高地。

是役，日军死伤枕藉，遗尸累累，缴获武器甚多，呈缴上级，该连亦伤亡甚重，尚余官兵50人。臧肖侠乘敌人攻击停顿之际，重新调整兵力配备，加强工事构筑及阵地周围之阻绝，并严防日军夜袭。

重庆军事委员会曾于当日发布战讯："……敌突入新街，一时战况颇危，我官兵一致用命，以手榴弹、白刃争先向敌搏杀，经惨烈之战斗，卒将突入新街之敌消灭，恢复原阵地，全局转危为安矣……"

杜排长的影子仍萦绕在士兵们的心头。二排排长说："报告连长，今天之所以能打死这么多鬼子，夺回高地，一定是杜排长的英灵暗中相助。"

一个老兵附和道："连长！放心吧！有杜排长保佑，我们一定会逢凶化吉，遇难呈祥。"

士兵们的话，与当天作战实况对照，的确有如神助。臧肖侠感叹：杜有才不死。抗战精神不死。精神与物质合而为一，而精神力量实居其九，物质力量仅居其一。此千古不灭的哲理，当为我中华民族精神建设的根本。

战前衡阳外新街

44 刘野舟　河北人
第10军第190师第568团运输连连长
广东光汉中医专门学校

治病救人巡逻打仗一肩挑

护城战斗打响才三天，运输连连长刘野舟就接到了新任命：去卫生队工作。为什么？全师官兵均严阵以待，火炮上位，弹药备齐投入攻防战，装备运输任务暂且告一段落，而卫生队的救死扶伤任务却日益加重，人手越来越不够。

刘野舟二话没说，打起背包就去了卫生队，前后不到一小时。

这位燕赵汉子是个乐天派，一路走还一路哼着小曲，抱着必胜的信念，以十二万分的兴奋，投入到了白衣天使的队伍中。

随着战事的延续，刘野舟才意识到，自己就是有三头六臂，也难以对付源源不断撤下来的伤病员。且士兵每天都有一种忧虑：不怕战死，只怕负伤。

7月初的衡阳，炎暑逼人，热气腾腾如蒸笼，伴随着伤兵们的哀嚎，宛如灼热的地狱。

刘野舟像

房间里横七竖八、东倒西歪地挤满了轻重伤员，有一种刺鼻的像尸臭一样的怪味扑面而来，几个断胳膊断腿的重伤员在高一声低一声地痛苦呻吟，尚未来得及包扎的伤口鲜红鲜红地敞开着。时不时落下一层"嗡嗡"作响的苍蝇，有护士路过会拼命驱赶苍蝇，但这些讨厌的飞虫并不会离开很久，一会儿又飞回来了。天气热，一部分轻伤员在弥漫怪味的屋里叽叽歪歪地挨着身子，他们几乎都因为伤痛而无法入睡。伤患的皮肤毫无血色，大部分身子瘦得皮包骨，他们或坐或靠或躺，表情迟钝，目光游移不定。染上鲜血的绷带变得紫黑，上面也落下了很多苍蝇，治疗若有延误，很快便会孳生出蛆虫。

全城只有4个野战医院，每院住有负伤官兵数百名，若到各院去视察或慰问，一片沉痛的呻吟与剧烈的呼号，使人痛彻心扉。日军飞机每夜必到城市上空轮番轰炸，全城昼夜都笼罩在火光中，受伤者即便不被炸死烧死，也有墙壁坍塌被压死的危险。

没有药还在其次，重伤者甚至连一次开水冲洗伤口也无法获得。没有药棉，军部下令集中全城的棉絮，用滚水消毒，暂时代替药棉。

方军长急得没有办法，只有把野战医院、卫生队负责人召来骂一顿，商量对策。但院长、队长又能有什么办法，只好用眼泪答复军长的愤怒。

刘野舟率全体卫生队员昼夜医治、服侍着轻重伤员。

第190师568团卫生队作战前驻接龙山以北仙姬巷，每日均遭受敌人数次毒气袭击。官兵除流眼泪、打喷嚏外，还呛咳不止。

为了重伤者安全，当过运输连连长的刘野舟忽想起天马山防空洞能容下100多人，建议赶快把重伤官兵都迁到洞里去。

然而防空洞里还藏有弹药与食品。

弹药、食品若随便取出而无处存放，无处管理，岂不有更多的战斗人员挨饿、负伤？孰重孰轻，难以决策。

军部连续发电文要求派飞机输送药品，结果送来的是大批的八卦丹、万金油，与伤兵无关痛痒。有伤兵抓住一把八卦丹摔了在地上说："老子不咳嗽，要它何用！"

卫生队先是从接龙山以北的仙姬巷移驻易赖街，7月中旬，卫生队又移驻县政府。

战斗惨烈，兵源匮乏。外围的援军打不进来，城里的战斗人员则日益减少。

怎么办？

卫生兵、炊事兵、运输兵、警卫兵，只要是男人，统统武装上前线。

此时，团部分拨来杂勤士兵10余人，编成一个战斗班，连同该卫生队原有的担架兵两个班，组成一个排。排长名叫王金山，全排负责南自铁炉门，中经潇湘门，北迄石鼓嘴的江岸守备任务，防线长达1000余米。

30余个非武装人员正式端起了枪，一个个居然毫无一丝杂念。十几天来，他们耳闻目睹血雨腥风，呵护伤员无微

144

不至，那一个个痛心撕肺的场景，让他们抱定了与衡阳共存亡的决心。此刻，刘野舟将他们分成两班，昼眠夜作，尽管有时被东岸日军的佯动与炮击弄得紧张不已，但依然精神抖擞地监视着江面的一举一动。

刘野舟仍奉令每日上午赴本团防区各处搜寻检查受伤官兵，找到一个，带回一个，重伤者一律带回队部治疗，不让一人遗弃。若遇轻伤而能行动者，也一律登记在册，简单包扎后，则听其自回火线，继续作战。

每日夜间，刘野舟必巡视江岸防区2至3次，鼓励士兵提高警觉。

刘野舟太疲倦了，累得连一句话都不想说。但他心里明白：作为军人他必须护国杀敌，作为卫生队队员他必须救人。面对昼夜不息的炮火，他别无选择。他坐靠在墙墩边，想再唱支小曲：蒹葭苍苍，白露为霜，忠魂何日……

词曲在脑海里萦绕着，眼皮子却有点睁不开了。

抗战初期，救助伤兵的临时陆军医院

45 卢庆贻 湖南湘潭人
第10军直属通讯营无线电班报务员
湘潭新群小学 第10军无线电报技术人员培训班结业

抗战中中国有几个方先觉？

根据部署，重庆军委会估计最多一两个星期就能结束战事，所以，第10军全军只备了两个星期的粮食和弹药。

6月30日，日军出动60架飞机投掷燃烧弹，从南至北全城火光冲天。城中乱作一团，有的躲避，有的救火，伤者喊爹叫娘。

方先觉军长却从地堡里跑了出来，冷静地站在中央银行门口指挥，命特务营迅速制止乱跑的人群；同时派出两队士兵向南北两面警戒，以防日军乘机突入；当即指示警卫班长动员组织非战斗人员灭火，重点是军事要塞和商铺。

突然，一颗炮弹从庆福成的店门前那块魁星浮雕上落了下来，说时迟那时快，一个卫兵冲上前去扑倒军长，奇怪的是，这颗炮弹居然没有爆炸，在场的官兵无不为之庆幸。

是日军的炮兵倒霉？还是军长命大？卫兵们来不及细想，架起军长移步

卢庆贻像

防空洞。

此事瞬间传遍了军部，卢庆贻当时就在想，跟着这样的军长也许不会成为英雄，但此生注定不会平庸。

7月2日，日军第一轮攻击过后，衡阳城在10天的枪林弹雨笼罩下，已基本

146

上没有安全的房子，天空丢下来的是燃烧弹、毒气弹，地面横贯的是火炮炸弹，人没地方躲，伤兵没地方养。

第10军发报站随军部移到了衡阳城内中正路原中央银行金库所在地。

中央银行由水泥钢筋砌成，前面是营业厅，门面较深，后面是6平方米的金库，顶棚与四周都是钢板，就算炮弹落在上面，也不会伤人，第10军通讯电台就安放在里面，可以说万无一失。在中央银行楼顶竖出一截3米高、T字型的天线接收信号。电台只有15瓦的电力，发报都要通过芷江空军电台中转才能到达重庆。

发报站一个站长，四个报务员，每6小时一个班，24小时轮流值班。

衡阳会战打响之初，电台还需要与在城外的友军取得联系。之后由于电台功率较小，与重庆方面的联络也不顺畅，最后便只能通过芷江空军基地中转与重庆的联系，每天定时四次，主要是汇报每天的战事、伤亡情况以及所需要

的军备物资等，但具体电报内容，发报员是无法了解的。

8月7日下午3点，参谋长孙鸣玉拿着电文到金库交代说："你把这个电报发出去以后，就把电台破坏掉。"

电文都是密码，报务员不知道这就是衡阳城的"最后一电"。这封电报发出去后，报务员们却私下商量：留下电台，听一听还会不会有援军的消息。第10军官兵们已顽强地打了46天，46天！比委员长的要求天数整整多了3倍！天天都在死人，成百上千的人血洒衡阳，如果有援军，何至于让鬼子狂妄猖獗？何至于去砸电台啊！

那时，所有的武装士兵都已经派出去了，方军长身边一个兵都没有。他与日本人达成了不杀俘虏、救治伤兵的停战协议，几千伤病员的命就是方先觉的那个协议里捡出来的，卢庆贻就是其中之一。

他后来对访问他的记者说，抗战中中国有几个方先觉？

与敌人展开肉搏的中国士兵

临战有勇武　归田不计功

吴耀仁参军后，在衡阳驻军第1野战医院"伤病给养社"任炊事员。千万别小看炊事员，在血肉纷飞的47天里，第10军各连的炊事兵，一个个都是"三项全能"，都是指哪打哪的全才！

日军第一轮总攻过后，吃饭便成了问题，最主要的是配菜不够，只有食盐。然而，每天仅以食盐过活实在让人难以忍受。中国士兵绝大多数是农民出身，原本打草种菜就是他们的专行，他们不惜冒险从附近田地中采来白薯的叶子和藤蔓，用盐水做成汤料拌饭吃。

炊事员的第一"能"就是在城内四处寻找食物，让士兵们吃饱肚子能打仗。衡阳城外周边鱼塘甚多，但已无鱼可捞，地都被炮弹、炸弹炸翻了，鱼塘也在劫难逃，一些漂浮在水塘中已经腐烂的战死士兵尸体发出的臭气令人作呕。烈日暴晒之下，人的尸体要不了多久就会晒成黑紫色并肿胀起来。更为恶

心的是，蛆虫会从尸体的嘴巴、鼻子、眼睛、耳朵、伤口处黑黢黢地冒出来，恶臭到极点。你说，那鱼塘、那周边的东西还敢吃吗？

为了筹办食物，吴耀仁几乎每天天刚发白就穿梭在城区的大街小巷。衡阳民众撤离逃亡前，在家中的前庭后院地窖屋檐，都掩埋或深藏着坛坛罐罐与白铁皮桶装盛的各种咸菜和不易霉坏的腊制食品。如今，城区被炸得满目疮痍，许多地方都被掀了个底朝天，正方便他来去自如地寻找食物。

给养社里每天还弥漫着浓郁的药味，每天都有伤病员从前线送下来。吴耀仁除了找食物、做饭菜，还经常帮着医务人员抬担架，炊事员的第二"能"是照料本连伤兵，以炊事兵之身，兼任护理工作。

他们为伤兵铺上较柔软之物，能使伤者略为舒适。室外搭盖遮阳挡雨棚

架，按时送饮食，阵地上官兵吃什么，伤者照样每人一份，还要照顾重伤病员，给伤员擦洗身子，剪指甲，剃头发，按摩捏脚，端屎端尿，见事做事，什么都干，任劳任怨，毫无怨言。各连伤者不在少数，炊事兵皆一一伺候妥帖周到。吴耀仁说："他们和我差不多大年纪，有的年纪比我还小，却为国家在战场上受了伤，我能照顾他们，是我的福气，还有什么说的呢？"

战争的激烈程度，远远超过了吴耀仁的想象。炮弹燃起的烈火染红了半个天空，身边不时有弹片飞过。伤病给养社随时要跟着阵地转移、调整驻地。战事最激烈的时候，敌人的喊杀声就在耳边响起，甚至能看清楚对面日本兵的表情。

炊事兵挑送阵地上官兵的饮食时，若是遇到敌人攻击，尚能轮流吃一餐盐水泡饭。如果敌我双方正在激战中，不能只顾吃饭而不御敌呀！炊事兵则将盐水桶及饭筐放置在战壕内，接过战斗士兵的武器说："你去吃饭，我来杀敌。"

代替本连战斗兵作战，乃是炊事员的第三"能"。

这样轮流着将饭吃完，他们才挑着食具离去，炊事兵都是些身经百战老兵，什么武器都会使用。

近40天的艰难坚守，死伤无数，各

吴耀仁、吴跃义兄弟像

部之间的通信联络电话线也被日军飞机、重炮炸断。这时，轻伤员、马夫、炊事员全部上了火线。

吴耀仁也不例外。

吴耀仁记得自己第一次拿起枪射击，班长一声命令："开火！"他用枪托抵住肩胛没稳住，一扣扳机枪管就往上跳，竟然把子弹射向半空，吓了一跳。还没转过神来，又听"啪——"的一声，身边一个刚才还在谈笑风生的战友，旋即栽在地上，怎么喊也没醒过来。

这让吴耀仁一瞬间冷静下来。死了，什么都不知道；活着，就还会有机会。

他缓了缓气，继续跟着班长投入到水深火热的战斗之中。

第二天面对日军的冲锋，吴耀仁跟随战友，击倒了3名日本兵。冲锋号一响，他还冲出战壕，与冲上来的日本兵拼刺刀。

吴耀仁说："枪管都打红了，像锅底烧红了一样，灼脸。

"我正在用水冷却的时候，日军又冲了上来，我只好拿起散发着水蒸气的枪，继续射击。"

衡阳保卫战结束，吴耀仁侥幸活了下来，没有加官晋级，没有勋章荣誉，他脱下军装，回到永州的乡下，重新拿起锄头，耕耘在绿色的田野中。

衡阳保卫战战前，妇女为将士们缝制布鞋

47 陈德坒　四川人
第10军预备第10师第30团团长
陆军军官学校第10期毕业

大战13回合　重创日军133联队

张家山即今之衡阳气象台所在地，现名胜利山，原名碧云峰，半山有碧云寺。张家山由三个不大的小高地聚合而成，主高地的东南面是227.7高地，西面是221高地，两地中间相距约50米，是步、机枪交叉火力网最有效的距离。张家山略高，在两个小高地的东北约150米的地方。三座山略成一个倒"品"字形，在军事上可以互为犄角，互相支援，互相掩护，是一个难攻易守的阵地。

预备第10师第30团防守张家山的阵地，是核心阵地。

受命进攻张家山阵地的为日军第116师团最强悍的第133联队，指挥者叫黑濑平一。该联队在湖南的前几次作战中未曾失败过，因此十分骄狂。

第133联队接受任务后，黑濑平一亲自率作战人员侦察地形，研究联队的进攻方向，并与第122联队队长大岛卓协商，

陈德坒像

请求其协助攻击湘桂铁路一线及附近各据点，以保其迅速拿下张家山。

在6月28日、29日两天中，中国守军在中美空军的支持下，黑濑平一联队的轮番猛攻均未奏效。

6月30日，鉴于中美空军在白天的优势，日军决定在日落后采取行动。

黑濑平一联队发起猛烈冲击，夺取了张家山前面的两个高地。此时，防守张家山的第2营官兵伤亡70%，营长徐先声负伤后牺牲，由团附甘握继任营长接着指挥作战。全营置之死地而后生，浴血搏斗，终于夺回阵地，双方拉锯战第1回合结束。

夜半时分，阴雨纷飞。黑濑平一气都不喘一口，下令再次猛攻，日军突入两个高地，两军混战一起。因为天黑，伸手不见五指，敌我双方无法辨认。逼得双方均保持寂静，以免暴露自己。守军只能以手轻触对方衣服进行识别，摸到粗布衣者为自己人，摸到光滑衣者为日军，发现日军即以刺刀猛捅。黑夜之中，枪支碰撞声和喊叫声，时起时落。少顷，黑夜笼罩的山头重归死一般的寂静。第2回合双方胜负难分。

晨曦微露时，双方援军都不约而同到达张家山，陈德坒团长令第1营长营长肖维率预备队和团直属队组成的两个连仅仅只比日军早到几分钟，抢占了有利地形，居高临下，一阵手榴弹狂扔后将狂妄的敌军第3次轰下了山。

7月1日清晨，黑濑平一久攻不下，恼羞成怒，将全联队的22挺机枪和十数门火炮一起集中，配备给第1大队，在不到400米宽的张家山正面阵地发起极为猛烈的第4次冲锋。

各炮一齐开火，为中国军队堡垒一一"点名"，顿时拂晓的静寂变成钢铁的风暴。由于目标清楚，又是近距离射击，有的第一炮就击中堡垒的枪眼，张家山高地烟尘弥漫，木片飞散，炮火持续席卷了将近一小时，高地上的堡垒无一幸免地遭日本军炮兵射击，到处可见守军沿着交通壕后退的情景。

日军乘机发出支援冲锋射击的信号弹，三个大队的轻重机枪都参加了压制射击，枪声极为猛烈，大大激发了鬼子冲锋的情绪。日军第4中队冲入中国守军的悬崖下，遭到密集投来的手榴弹攻击。爆炸停止，白烟扩散，第4中队静伏崖底不动，生死不明。第4回合，第10军军旗屹立不倒。

张家山阵地上的堡垒均遭破坏。第133联队第1大队大队长，第5次指挥日军士兵用竹梯向守军阵地攀登，被守军一顿猛袭，全部垮了下来。

下午2时，日军步兵炮、速射炮、掷弹筒一起开火，黑濑平一对张家山第6次组织冲锋，第2中队逼近中国守军阵地，黑川中队长手提战刀冲在前面，突然两颗手榴弹爆炸，中队长黑川归天。树倒猢狲散，其他士兵又一次被手榴弹阻挡，拖枪逃回。至此，日军已向张家山发射2万余发炮弹，张家山标高被削低1米，寸草不剩。

盛夏的烈日渐渐西去，张家山消失在黑夜里，有热气的微风使人感到可怕。日军第1大队第7次组织夜袭，由于无线电发生故障，寂静无声的战场让黑濑平一焦灼不安。晚上11时传来激烈的枪械交火声和手榴弹的爆炸声，黑濑平一命令日军第2大队上去支援。不久与第2大队取得联系：第1、第2大队夺取山顶。但中国守军冲出来反扑，夜间挤在又深又窄的交通壕里的日军第1大队大队长大须贺大尉、山下芳信少尉、鹫野升少尉等战死；第2大队大队长足立大尉、石松三男少尉、高山成雄少尉等负伤。

这一场夜袭，黑濑联队在短短3小时内，就阵亡了8名大、中、小队长。

7月2日拂晓，日军无视国际公约，对中国守军阵地发射芥子气和路易氏剂混合毒气弹。毒气是黄色的，那情形，就如同天上下了黄沙一般，让人视线模糊，咳嗽难忍。守军大多是农家子弟，有的受一个月军训就上战场了，防毒知识缺乏，一下子就晕倒一大片。中毒的战士身上长出大大的黄色水泡，奇痒无比又不能抠，非常痛苦，痛得脸部扭曲、变形……。但没有人后退，到处找毛巾、被单、布条，重重叠叠，浸湿后捆在脸上，剪两个孔，露出眼睛，继续战斗。日本人的狠毒，加剧了守城士兵的仇恨，抱定必死的决心，血拼到底。

上午10时40分，日军第3大队开始第8回合进攻，第一次的兵力在200人以上，同时突入221高地及227.7高地。萧维营长指挥士兵反复冲杀，也未能将阵地恢复。陈德埜团长命令项世英团附至阵地鼓励士气，勉其拼死等待援兵。萧维营长与项世英团附还互相交换原籍通信地址，并且约定：二人中假若有一人牺牲了，另一生者应负责通知死难者之

1944年侵华日军步113联队本部将校合影

家属。

日军第12中队攀上山崖，第9次冲入守军阵地，这帮家伙刚想松一口气，一直隐藏在山顶的中国守军戴着面具，更多的是嘴巴蒙着被服、毛巾，露出双眼站起来从两侧猛投手榴弹，在被炮火严重摧毁的阵地里进行抵抗，后面的守军扛着成箱的手榴弹也陆续上山增援，令日军士兵不寒而栗。黑濑平一急切命令炮兵开炮，10余名中国军人消失在火光硝烟中。第30团逐次投入的9个步兵连全部打残，最多的还有30来人，少的编不成1个班。

黑濑平一联队3000余人则只剩250个活口，死了一个大队长，伤了一个大队长，12个中队长只有一人幸存，其余的大小军官全部被中国守军毙杀。该联队被打得彻底趴了下来，只得暂时停止全面进攻。

但日军不甘心失败，不断增派兵力，谋划新一轮进攻。

7月6日，日军约有1200辆汽车从新市开往长沙。紧急抢修简易公路，但不时遭到守军反击破坏。

7月9日，日军独立榴弹炮第4联队、独立野战炮第2联队及76吨弹药，8门105毫米加农炮，3门150毫米榴弹炮，15门75毫米山炮，10门迫击炮抵达衡阳。之后每天送达30吨弹药。

中国派遣军化学部队负责支援步兵133联队15日发起进攻，野炮第122联队配合作战。

7月11日，新任第64师师团长提三树男中将到任。日军航空部队亦准备妥当。

晨7时，日军野炮兵第122联队、独立野战炮第2炮兵联队开始第10次火力轰击张家山阵地。

黑濑平一联队在炮兵与空军掩护下，以步兵百余人为波队，一波接着一波地向张家山据点冲击。预备第10师第30团已无力再行反击。一个连长点名，下面答"到"的只有一名上士和一名列兵。

此时陈德垒团长下属的预备队也残存无几，正在为难之际，预备第10师葛先才师长亲率参谋与卫兵数人进入萧家山第30团指挥所。萧家山距张家山仅700米。葛先才闻知两个高地均被日军突入，一个翠绿的山冈已成了鲜红的沙场。张家山的守兵被打光了，葛先才师长请求增援，方军长接了电话说："是不是要我来？"

葛师长立即挂了电话，立即亲自指派工兵连与搜索连向张家山展开逆袭。同时要求炮兵集中火力，攻击日军后续部队。一时冲锋号声大作，守军官兵壮志如云，奋起喊杀，以排山倒海之势冲上221高地及227.7两高地，与敌鏖战40多

154

分钟，将突入的日军全部歼灭。萧维营长及赵毓松副营长负伤。2连连长刘铎铮、3连连长应志成阵亡，排长则剩存一人。工兵连连长黄仁化负伤不退，拉响一颗手榴弹与敌人同归于尽。搜索连中尉排长王振亚在部队的前面带头冲锋，飞身擒住一个敌人，就地翻滚，被远处飞来的手榴弹炸中，与敌皆亡。日军第10次被赶下山去。

7月12日，葛先才将第30团直属机关兵员编成一个连，加上工兵连与搜索连，这勉强凑成的三个连交由副团长阮成指挥，将残余的伤病官兵换下火线休息。

日军立即反扑，双方进行第11回合较量，敌我在纵横交错的尸体之间作你来我往的拉锯战，夜间常被死伤者绊倒。一名卧地呻吟之受伤者拉响其最后一颗手榴弹，与地面之敌同归于尽。

7月13日午后2时，日军再向张家山前两个高地进攻，守军全部殉国，阵地又陷于敌手。黄昏时，日军开始围攻张家山高地，形势岌岌可危。此时，军长方先觉令第3师第8团第1营营长李恒彰率两个连跑步前来归葛先才指挥，作第12次反击，将山顶的膏药旗扯掉，丢出沟外焚烧。

日军继续大量增援；守军则援兵已尽。

第13回合厮杀，至7月14日拂晓，张家山阵地失而复得。守军干粮没了，子弹没了，扛枪的兵没了，没有任何接济了。炊事员、通信兵都上来了，衣衫褴褛，身上血啊，汗啊，尘啊汇成一道道污浊，人，都没有人样了。

鉴于221及227.7两高地未能恢复，张家山主高地受其钳制，左翼修机厂也在危殆之中，势难久守。于是，陈德坒报准方先觉军长，将主高地及修机厂及其西侧高地，同时于天明前自动放弃，退守萧家山、打线坪一带预备阵地。

之后，在张家山阵地随手抓把土，可以数出七八块残余弹片，一面军旗仅存一丝布条。到了夜间，泥土都是热烘烘的，这个城郊外的小山头，已经被鲜血浸透。

此战，陈团长获得忠勇勋章一枚，葛师长获得了青天白日勋章一枚。

日本在战后的军事教科书设置了一个案例：张家山为什么打不下来？并用电脑进行模拟。

遗憾的是，电脑往往只能模拟常识性的东西，它永远也模拟不出一个民族重新觉醒时所能迸发出的力量。

把粽子和黄砂糖留给伤病员

7月9日和10日，日军飞机不断轰炸，投下大量燃烧弹。衡阳成了一片焦土，甚至已经没有房屋可以燃烧。牛角巷内的野战医院被炸，所收容的伤患官兵被炸得血肉横飞，其状惨不忍睹。

对幸存的伤患者，军部下令设法即刻分散城内各地，或在破壁断墙之下、或在炸弹坑中、或在破防空洞中、或在临时性掩蔽部里隐蔽存身。因无卫生材料，医药用品奇缺，医务人员不能对伤患者按时换药，只能用盐水洗涤伤口后，再用破布、废纸敷盖。本来就不够卫生，加上天气炎热、苍蝇很多，伤口因感染而发炎、化脓、溃烂以至生蛆者不可胜数。重伤者无法手术和医治，只得等待死神的降临，极少幸存者。

冯时品时年18岁，从外表上看是个像模像样的人物，长得不差，很聪明。他不多的言语与他的行动也基本一致，是个能吃苦耐劳的人，没有豪言壮语。

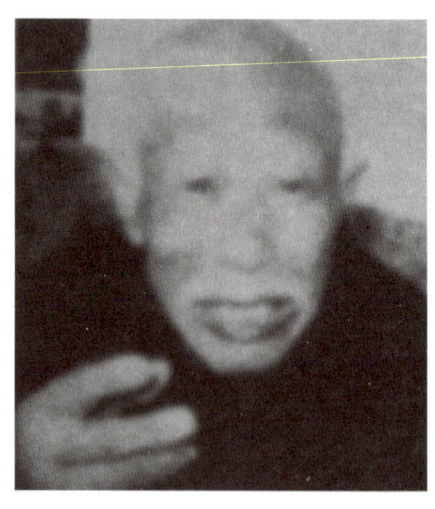

冯时品像

这个尝几口红薯就觉得撑饱了肚子的大男人，自参军以来一直是专事后方卫生勤务的，衡阳保卫战是他第一次打仗，第一次直接参与伤员救护工作。

士兵王德胜左手炸断住院。每天拉肚便血，痛苦不堪。他脸色苍白，瘦得就像在没太阳的地方长出的草茎。

冯时品每天坚持抽空给他熬粥煲

汤，有时找到点面粉，就架起铁锅，给王德生煮起了面糊。煮熟了，面糊微微发出甜香，冯时品端过去一勺一勺地喂他，那王德胜像小狗吮吸母狗的奶一样，急急地品尝起来。不管是面糊，或是粥与汤，只要是冯时品端来的食品，王德胜都会闪着泪花说，它很香很香，好吃得不得了。

对王德胜来说，那是神仙食品。

几天工夫，王德胜肚子不拉了，血止住了，空肚子搅得难受，开始什么都吃了。

那段时间里，医生、护士都很难找到一点甜点心，甚至连一支香烟也没有的时候，而冯时品往往会从怀里拿出很小的黄砂糖条，掰成一个个小碎块，放在苦涩的药里，细心地喂养伤病员。

每天过度的疲劳和虚弱的身了要求身体补充糖分。

这是端午节里冯时品的父亲冯鹤松专程送到野战医院的，粽子当天就吃了四个，剩下的四个熬了粥，四个咸鸭蛋和一包黄砂糖条，他留了下来。他最大的优点就是爱惜东西。他的爱惜类似收藏古董，不是出于对使用之时的担心，而是对自己所有的东西加以珍视而已。他越长大越明白，父母养他不容易。

日军飞机连续轰炸时，冯时品正在参加抢救工作，他用自己的身体扑在了伤员的身上，伤员无恙，而他却未能幸免，背部布满弹片，双腿无法动弹，完全失去了知觉。

幸存者疏散时，冯时品脸朝黄土背朝天，趴在瓦砾中是死是活居然无人验证。其堂姐冯时石目睹医院被炸，活者转移，于慌乱之中突然发现不见了堂弟，立马托人告诉在西渡的伯父冯鹤松。

冯鹤松立即步行几十里赶往衡阳市区，在医院废墟中翻寻自己的儿子，空气里弥漫着刺鼻的汽油味和人肉被炙烤的焦糊味，到处能看到飞散的肢体。在一座倒塌的房屋下，透过熏黑的房梁和瓦砾，终于找到左脚炸断右腿负伤尚有呼吸的冯时品。

在尸体环绕和临时搭建的血迹斑斑的手术台上，冯时品由外科医生做了手术处理，包扎后，父亲与一个乡亲连夜用竹竿绑靠椅将他抬回西渡乡下，捡回了一条命。

冯时品左脚残废，终生未娶。解放后，一辈子自食其力，间或亲属资助，仅在县民政局每月领取5元钱抚恤费。有人曾问过："飞机来了怎么不躲？为什么还要扑上去？"冯时品痴痴地望着天空，半晌才说出四个字："为了国家。"

脸上异常平静。

决不突围　喋血孤城

横山勇毕业于日本士官学校，从时间上来算，应该是中国著名军事理论家蒋百里的师弟，横山勇求学期间，与日军侵略战略的理论家石原莞尔、日军南方总参谋长饭村穰齐名，当时，他们三人被称为陆士21期的"三羽乌"。

日军对华全面战争开始后，横山勇来到了东北，任日军第一师团师团长。第一师团是日军最早的六个师团之一。这六个师团和以后的近卫师团，统称为日本第一等师团。横山勇能够担任第一师团师团长，可见天皇对他的重视。

衡阳保卫战开始前，横山勇已是第11军司令官。

横山勇真的是发疯了。

衡阳久攻不下，引起了日本陆军参谋本部的震动。为了攻下衡阳，横山勇亲临衡阳第一线，把第13师团、第58师团和第40师团都调了过来，全部投入衡阳的攻城战——用5个师团超过11万人的

兵力，去进攻一座已经残破不堪的城市，以及一支已经几乎失去战斗力的中国军队。

面对潮水一般扑来的日军，已经精疲力尽的第10军战士，还是迎了上去：所有的马夫、伙夫以及之前的轻伤员全部拿起了武器，投入到了各个阵地中去。营长一级已经基本伤亡殆尽，团长开始带头上阵地，第10军预备第10师长葛先才，也带着司令部30多个勤杂人员冲上去支援第28团的阵地……

至战斗末期，中国守军赖以维生的"米"告罄。军部粮秣科所有储粮，已全部散出。各单位尚能保存多少，无从查悉，只是听说已有甲单位向乙单位借米，非战斗单位向战斗单位借米，因战斗单位伤亡者众，消耗量少，故尚有余粮。大家同舟共济，彼此不分，没有一个匿米而自饱的单位。

令人痛心的是，第10军在夜以继

日、日以继夜，死伤累累、声嘶力竭地打着漫长的护城战时，当人人都已知道死守的最后只有是死，但是在日军日益猛烈的炮火之下，他们每个人还在细心分辨区别于日军的枪炮声，希望能够从中听出有援军迫近的消息！

"我们宁愿死在友军无差别轰炸的的炮弹下。来吧，你们来啊！让我们知道你们来了衡阳就解围了，我们死也瞑目啊！"

但是，他们终都未能听到援军的枪炮声。

事到如此地步，方先觉将军于8月5日下午召集了各师师长开会，第3师师长周庆祥建议马上组织突围，当时的衡阳守军仍有突围的能力，是完全有可能成功的。

但方先觉思忖良久，还是否决了突围的建议，其理由是：倘若我们走了，剩下这些伤员民夫怎么办？难道任他们被日寇强盗处置？如果是这样，那今后还有哪个愿意做你们的部下？！

最后，方先觉郑重做出了"决不突围，一定死守"的决定。并严令各师长，"每个师长只准留卫士4人，其余一概到前方作战，如查出多过一人，按公说就算违抗命令，按私说你们对不起兄弟啊。此后，即使剩一兵一弹，也绝不准再说突围的活，我方先觉绝不私自逃走。必要时，大家都到军部来，我们死

在一处。如要杀身成仁，我先动手！"

也就是在这一天，日军在城西北一带突破了守军的部分防御阵地。但日军第68师团仍被守军堵在西南城外阵地前，无法动弹。

8月6日中午时分，在五桂岭高地北端的第8团迫击炮连连长刘和生观察到市民医院附近有日军指挥官正指挥一群士兵冲杀，即刻命令将全连留作最后决战的8发炮弹一起射出，炮弹正中目标，其中一发炮弹弹片贯穿那位指挥官的腹部，瞬间使其灵魂出窍，一命呜呼。

战后根据日方消息，才得知这个遭中国炮弹贯穿腹部的指挥官是日军第68师团第5旅团长志摩源吉少将。

据后来的日军战史称：8月6日，志摩源吉亲临第一线，集中全力进攻岳屏山和花药寺。志摩源吉高吼"大东亚圣战"和"为天皇陛下献身"等口号激励士兵，在现场示范士兵如何将中国军队投来的手榴弹反投回去时，兴致一来，当即上身跃出战壕，不料被突如其来的迫击炮炮弹贯穿而命丧黄泉。死后志摩源吉被追认为日军陆军中将。

英勇的第10军被誉为"泰山军"。

他们坚守衡阳城，始终像泰山一般威武雄壮，屹立不倒。

他们确实做到了把血肉之躯与衡阳融为一体，活着就为衡阳拼，血洒衡阳，死了则埋骨于衡阳。

率先垂范拉起一支"锉磨"炮弹的队伍

第10军炮弹及迫击炮弹已消耗殆尽，除留少数火炮及最后决死的几发炮弹外，其余火炮悉数埋入地下。步机弹已耗去85%。大部人枪俱毁，无法得到补充。

由于第10军军属各步兵团的迫击炮口径不一，有81厘米的，也有82厘米的。

至7月下旬，八一炮弹已颗粒无存，而八二炮弹库存尚有数百发。参谋长孙鸣玉将军为求平衡第一线火力，特发动第10军司令部全体人员，将半数的八二口径炮弹"弹带"部位，以青砖石打磨掉直径1厘米，使其能适合八一迫击炮发射，以作最后决死之战用。

"这样行吗？"这有点像天方夜谭，大家将信将疑。

"行！我已经试过了。"孙鸣玉挽起袖子说，"大家跟我干！只要功夫深，铁杵都能磨成针。"

孙鸣玉像

参谋长带了头，司令部上下凡能停下手中工作的，全都加入了"磨"炮弹弹带的队伍，许多人都磨得双手起泡，手臂发酸，有的表皮磨破之后在流血，有的磨完几颗炮弹弹带，吃饭时居然玩不转筷子。

方军长安慰大家说："部队官兵每

160

一秒钟都在流血，每一分钟都有死亡；诸君为国效命，此其时也！"

此情此景，撼天动地。

磨炮弹，有的找锉子，有的找青石，人人磨，轮流锉。

一天一夜功夫，一个人可以磨成8发到10发。但用起来还是有麻烦，大一点会炸毁炮膛，小一点则击不中目标。

陈德埒团长给大家打气说："不管它，总比没有好。只要下了功夫，差不多就行，实在打不中目标，吓吓小鬼子也是好的。只是尽量磨小点，别炸了炮膛，伤了自己。"

有些空投降落的炮弹，由于当时降落伞没有张开，导致炮弹落地时撞击地面硬石而变形，稍有变形，炮弹口径则不适，无法装填进弹道。若在平时，肯定淘汰。可眼前的衡阳战役，根本不允许浪费一枪一弹。反正都是磨，对这些口径有些许变形的炮弹，孙鸣玉也下令：或磨或锉，不得遗弃。

炮弹感觉很灵敏，引信稍不注意撞碰了，就会炸响，磨得太急，弹壳高热，也会引爆火药。

那天下午，军部传令兵姚子云在磨一颗变形的美式山炮炮弹时，方军长出来表扬他说："小姚，累不累？累就歇一会儿。"

衡山南岳大庙惨遭日军轰炸

161

"不累。军长，早点磨好它，让它早点去前线立功。"

"不错，年轻肯卖力气就好，好好磨，到时我给你先记功。"

姚子云一听，大受鼓舞，更加拼命地磨了起来。晚饭都没按时去吃，战友催他，他挥汗如雨，说："磨完这颗就去，这是第三颗嘞。"

没想到三磨两磨，不知怎么竟把炮弹磨响了，姚子云被当场炸死。幸亏小姚是单独在一处磨，没有引爆别的炮弹，也没有炸到其他任何人。

方军长闻讯跑了出来，抱着姚子云残缺不全的遗体，顿足后悔："是我害了小姚。是我害了小姚。"

孙鸣玉泪如雨下，这是他最好的兵，平日里聪明机灵，办事利索，从不言苦，如今却因为执行他的命令而魂归西天。他悲愤难抑，下令军务处经管磨炮弹之事，专人监管，分散磨弹，务必小心从事。

从此，军务处里"嚓嚓嚓"，"沙沙沙"，一片摩擦声，此起彼伏，连成一片。

"叮叮当当"，一天到晚捶修挫，方军长感慨道：军务处变成了修造厂。

挫修和青石磨出来的炮弹，只要能装进炮膛，全部送往炮兵阵地。

孙玉鸣心潮起伏，望着眼前的一切，眼泪再次夺眶而出。土法上马，血拼到底，既是自信也是出于无奈，如果援军能及时赶到，又如果空投效果无误，再如果备战储备再丰富少许，那会是怎样的舒心啊？

但冷硬的现实摆在眼前，哪有什么"如果"，只有血拼！

孙玉鸣咬咬牙，又走进了磨弹的队伍……

51 许牧民　湖南湘阴人
第10军侍从处书记员
少时读过5年私塾

至死也不知晓箱子装着啥秘密

在那血与火的47天中，许牧民亲眼见过无数的战友和同胞在枪弹和毒气中死于非命。军长方先觉率各位师长联名发给总裁的"最后一电"，更令许牧民永世难忘：

"……职等誓以一死报党国，勉尽军人天职，决不负钧座平生作育之至意。此电恐为最后一电，来生再见。"

那时许牧民正在第10军侍从处任中尉书记员，对方军长运筹帷幄、英明果决的雄才大略，深为感佩。残酷地浴血奋战，从6月下旬坚持到8月上旬。司令部的人员一天比一天少，但方军长始终镇定自若。

8月7号凌晨，方军长将许牧民等5名侍从人员找到身边，神色凝重地举起他那只随身携带的黄色藤制公文箱，对他们说道："敌人已从北门破城，你们赶快化装后，混在老百姓中从南门出去，赶往冷水滩，一定要将这个箱子交给第

许牧民像

9兵站龙静渊处长，哪怕是剩下最后一个人也要完成任务。"

时任侍从处代理处长的罗复庆肃然立正敬礼后，双手接过公文箱大声回答："请军座放心，人在箱在，箱毁人亡！"

趁着天还未亮，许牧民等5人在混乱中突出重围，还在城边，又遭遇到日军飞机的狂轰乱炸和机枪扫射，他们不约而同地卧倒或隐蔽，罗复庆毫不犹豫将身子扑在公文箱上。等敌机飞走后，3名战友已血肉模糊，停止了呼吸。

罗复庆和许牧民为了那天大的职责，连战友的遗体也顾不及掩埋，便又轮番提着公文箱拼命向前奔跑，下午搭上一辆便车，当天黄昏赶到了冷水滩。

四处打听，得知原目的地第9兵站已转移到江西去了。

此时，许牧民俩人精疲力竭，又饿又渴。罗复庆跳车时还崴了一下脚。

第二天，俩人在冷水滩郊外的一个农家休整了一天。

第三天继续顶着烈日向江西方向追赶。中途听到了衡阳失守、方军长被俘的消息，二人悲愤难抑，不禁失声痛哭。同时也更加感觉到方军长托付的这只公文箱沉甸甸的分量。

二人第四天下午到达江西遂川，在第9兵站总监部房内见到了龙静渊处长。龙处长正对着发报机愁眉紧锁，面色阴沉，一见许牧民两人进来，特别是接过那只公文箱时，神情显得格外激动，眼里闪动着泪光大声说道："好啊，好啊！你俩是党国的功臣，人民不会忘记你们！"

罗复庆回答："一起出来的还有3位兄弟，突围的路上被鬼子飞机打死了。"

许牧民鼻子一酸："可怜他们曝尸荒丘，我们来不及掩埋啊。"

龙静渊处长拍着他俩的肩膀安慰说："他们是为国家和民族存亡而死，现在无法收殓他们的遗体，但我向你俩保证，可以为他们的亡魂开一个追悼会。"

三天后，一个简朴而庄重的追悼会在村里一个晒谷场举行，上千军民聆听了龙处长激动人心的讲话。那追悼会场悬挂的挽联让许牧民记了一辈子。

"人亡楚地，魂赴吴山，最堪怜壮志难酬，一死竟成千古恨；

血染旌旗，耳闻桴鼓，正痛念倭奴未灭，三君何抱九泉杯？"

这三名壮士的名字是：柳如成、廖必清、古和平。

那只公文箱里装的是什么？许牧民至死也没有去打听。

《血壮山河》蒋二芒画

52 鞠震寰 辽宁营口人
第10军第3师第7团代理团长
中央军校第10期毕业

两根竹竿抬着指挥杀贼

7月30日，东方破晓，炮击在晨雾中又开始了。鞠震寰率部到杨林庙、杜仙庙、易赖庙前街集结。

易赖庙前街有一户有钱人家，房屋豪华气派。宽敞的庭院里原本估计有一片整洁漂亮的草坪，草坪旁绿树成行，如今却一片狼藉，后院里有一眼泉水，润滑的石头上长满了青苔。庭院的小径旁边安放着一尊古朴经坛。琉璃瓦屋顶，朱红色圆柱，相映生辉。漂亮的室内装饰很有一些文化气息。天花板上画着春夏秋冬、花鸟风景，地板上还铺着地毯，士兵们穿着沾满泥浆的皮鞋十分怜惜地在上面走动。右边屋子的玻璃书柜里，有一两幅很珍贵的古籍和轴画。左边屋子的玻璃柜里，还摆放着几件陶器，这些陶器外表裹着真丝并逐个标着编号，上面印有"长沙窑""乾隆年"等的字样，还有石鼓书院朱陵洞的书法拓片。衡阳原本就是一座文化古城，看

来这家户主是来不及撤走这些坛坛罐罐了。

对文物鉴赏尚有一定眼力的鞠震寰见了心中默念道："有些珍品老子还从未见过，它的价值恐怕不是一个小数字。"他随即下令：屋里东西未经批准谁也不准挪动，违令者军法处置。

其实，这些陶器、字画，众目睽睽之下，谁也不敢把东西塞进自己的背包。大家东瞅西望，权当是看一次免费的展览。

这幢房子外，凡是带不走的物品无一完好，统统被日军炸得稀巴烂。

日军炮兵射击时，睡在房里的士兵抱着枪杆找掩蔽物；睡在院子外警卫的士兵则乱作一团，忽然有人"哇"地叫了一声，一个士兵的右脚被弹片撕开一条口子，骨头显露出来，血染红了裤腿。

"命挺大的，去医院吧，子弹飞不进医院的。"班长说，"找根棍子撑着

去，打完鬼子再回来吧！"

他一瘸一拐地跟大家告别，伤势不轻。

炮击一直持续到下午2时。步兵开始发起进攻。鞠震寰率团部转移到了另一栋洋房。这洋房的院墙是水泥结构，院门口有值班室，他们必须通过这个一间宽的院门到路对面的沟里，闯过凹地攻击高地上的敌人。数人集中火力封锁了大门。

子弹打在门柱上向四处飞窜。若想通过这个大门，就得冒着雨点般的子弹穿过去。他们贴着墙向前移动，趁敌人子弹间歇时冲了出去。在猛烈的火力封锁中，他们凭着高度集中的注意力和极端谨慎的判断，一闪而过冲出了大门，无一伤亡，奇迹般地穿过这生死关。他们到了凹坑，卧伏在草丛中。

8月4日午后，日军重点进攻鞠震寰团所在辖区，中日两军逐屋逐堡反复争夺，战斗异常激烈。

鞠震寰命第3营营长王金鼎率残部100余人和战车防御炮连40多人，对敌进行反突袭，于午夜之时尽歼敌众，转危为安。

8月5日，日军在炮兵、空军支援下猛攻，守军工事大部被毁。

鞠震寰率领全团官兵已连续作战几日，睡眠严重不足，士兵们饿了往嘴里塞干粮，渴了往口里灌凉水，拼死奋战，疲惫不堪。其时，杨林庙、五桂岭、天马山等每一处阵地均有两次以上的争夺战。

日军攻击很猛，像潮水一样涌过来，三八大盖上的刺刀长长的，亮光闪闪。日军的炮弹从头顶上飞过去，落在不远处的背后，掀起的气浪能把帽子吹掉。

第10军的轻机枪压不住日军的重机枪，重机枪的子弹像雨点一样落在阵地上，刚才还在打枪的战士，突然没有了动静，鞠震寰回头一看，战士的脸已成了一个血葫芦。

一位连长挥舞着驳壳枪嘶声叫喊着："人在阵地在，杀一个够本，打狗日的呀！"

手榴弹扔光了，子弹打光了，但是没有一个人后退半步。鞠震寰看到日军越来越近，瘸着腿跳进一个坑沟里，拉过身边的几具死尸，盖在自己身上。日军来到了坑沟边，用刺刀捅着一具具死尸。鞠震寰听到几米远的地方，传来了呻吟声，接着是刺刀捅进肉体的声音，呻吟声没有了。

等到外面没有了动静，鞠震寰才搬开盖在身上的死尸，抹掉脸上的血迹。双手撑着坑沟边沿站起来，看到满街横七竖八的死尸，一会儿，街角拐弯处出现了6个人，手无寸铁，他们和鞠震寰一样，是这场战斗的幸存者。

140人，现在只剩下了7个人。

鞠震寰指挥7个人在街巷各自寻找枪械、子弹，又聚集在一起。

8月6日凌晨3时，日军一部突入小西门。

易赖街在石鼓区，南起船山路北至蒸水河畔，长1380米。原来是菜农与城市居民混居地，以易姓、赖姓居多。青山街被一拨200多人的日军突破，已负重伤的王金鼎营长苦战中被流弹击中脑袋，光荣殉国。

鞠震寰左腿骨早被子弹打碎，无法行走，鞠震寰派人找来了两根2米长的竹竿，横夹在腋下，让两名士兵抬着前行，陆陆续续，又聚拢了一些打散的士兵。

8月7日拂晓，日军突破演武坪、青山街阵地，鞠震寰全团大部阵亡，终究势单力薄，日军像蝗虫一样向城区渗透。

青山街两营残部，加起来不过二十几个人，已经无法抵御日军的进攻。团长鞠震寰还是让人抬着他亲率暂编54师所组成的第3连残部前往援助，打到上午9点，兵员所剩无几。鞠震寰本是倚坐在司前街一处断墙下指挥，见日军潮水般冲上来，他怀着必死的念头，左手一撑地，"刷"地站起，右手手枪连连击发，就近的日军应声而倒，日军恨他枪法奇准，伤人太多，想活捉后再来狠狠地折磨他，但鞠震寰背靠断墙，单腿独立，凭手中一支枪，日军竟无法靠近。日军大队长恼羞成怒，亲自端起一挺歪把子轻机枪，瞄准鞠震寰恨恨地骂道："八格牙路，死啦死啦的。"

鞠震寰头部被两粒机枪子弹击中，一粒擦过头顶，子弹在其头顶犁出了一道槽沟；一粒从左耳贯进，从鼻腔中拐出。血和汗一起混和杂凝，在脸上身上横一缕竖一道地纵横交错，面目恐怖狰狞，鲜血四溅。

鞠震寰壮烈地倒在了司前街一堵断墙下。

带伤指挥 力战殉国

李副团长为人和蔼可亲,处事刚毅果断,作战身先士卒。

日军自演武坪突袭得手后,即大量涌入,在其优势炮火掩护之下,向守军568团3营(营长鹿精忠)阵地猛扑。该营伤亡惨重,情势岌岌可危,副团长李适率军械官墨德修及团部杂勤士兵20余人前往增援。

日军的火力点设在一条臭水渠对面的竹林里,机关枪正在猛烈地向守军射击,严重地威胁士兵集结,没有任何东西可以掩蔽身子,守军只能爬房屋或附近的土坡、小山脊及稍高处卧倒。这样处理实在得当。因为日军子弹从低处向这里射来,而他们却卧倒在山脊,恰好躲在射击的死角。

演武坪这一块还有一个个馒头式的坟堆,他们正好加以利用,各自找机会向前推进。重机枪从后方猛烈射击,掩护他们。

李适像

出击之际,要首先击退左后方竹林里的敌人,于是,炮兵向竹林里发射了几枚迫击炮弹,把敌人的机枪打哑了。这时,正面敌人的机枪疯狂地向他们扫射。每隔几秒钟,子弹就像一阵风向他们飞来。他们在坟堆后面隐蔽向前接近

168

敌人。子弹射在地上震耳欲聋。

"畜生!"李适只感到怒火在胸中燃烧。此时此刻,他好像神灵附体一般。然而,并非丧失理智,盲目行动。他的大脑极度冷静,且不乏敏锐,在这种极度的亢奋中,淹没了其他所有的感情,冷静的大脑只保持着敏锐的观察和大胆的判断。重机枪子弹犹如飞沙走石,在日军头上撒下。但是日军丝毫不买账,继续疯狂地向他们扫射。还不是出击的时候。日军的子弹射在坟堆上,零零星星的坟堆一个接一个地成了射击的目标。士兵们利用敌人转移目标和装子弹的空隙,不断向日军逼近。

"李副团长,再发射迫击炮怎么样?"不知是谁建议。

"好!喂!射击手!先打两发看看!"李适回答。一会儿,射击手在隐蔽处打了两发。炮弹的爆炸声很大,听起来让人以为是榴弹炮。仅仅是两发迫击炮弹就使日军丧魂落魄,日军的机枪顿时成了哑巴。见此状,李适一跃而出,大家心领神会,无须吹冲锋号,也不用下命令,都知道冲锋的时刻到了!大家不约而同地手握闪闪发光的刺刀步枪,一鼓作气向敌人冲去。七十米!六十米!五十米!跑得气喘吁吁。

这时,一颗子弹射进了小肚,李适倒下了。其他几个也"扑通""扑通"

接二连三地中弹倒下了。

"他们是活?还是死?"闪电般地在李适的脑海里明灭。他们一边"哇!哇!"喊着,一边冲进了日军阵地。军械官扔出一颗木柄手榴弹,可是没有响。在这生死关头,手榴弹不爆炸简直是要命,日军趁他们逼近的同时,丢下阵地,逃之夭夭。第一次突袭结束。

太阳已经挂在珠晖塔的塔顶上,几棵未炸掉的树木上飘零着带血的绿叶,日军盘踞的竹林里,架机枪的地点落满了弹壳,还有几百发子弹在弹药箱里原封不动。竹林里的房子已成废墟,院墙和屋墙上开有可以通过人的大洞。

太阳从塔的顶端逐渐下降,战斗淹没在宁静的夜幕中。李适一边包扎,一

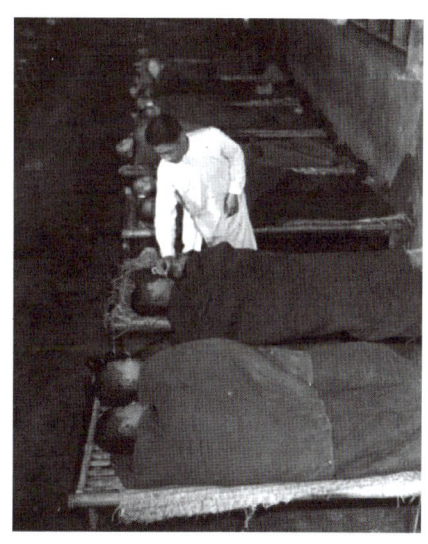

衡阳保卫战后寺庙为饥民儿童提供住宿的场景

边紧急命令："火速做饭！"到处燃起了篝火，士兵们在黑暗里像鬼怪一样浮现出来，忙成一团。

刚吃完饭，就闻到一股呛人的气味，日军又开始大量施放毒气。狗日的鬼子每逢进攻必放毒气，第10军各部官兵在毒气攻击下死的死，残的残，腐烂的腐烂，但是未曾死的，未曾残的，仍然冲过毒气，与敌相拼，死守阵地。

日军冲锋过来，涌到山脚下，青天白日旗又突然竖起，赤臂带伤的中国男儿再次从坟堆中、炮弹坑里跳起，前仆后继，用生命血肉挡住敌人。

见敌我短兵相接，战况混乱，李适捂住刚刚包扎好的腹腔大呼："弟兄们，不要怕，杀啊！"由于用力过猛，

喊叫中再次倒地，绷带上渗出片片血迹。

军械官劝李适回指挥所裹伤，李适忍痛喊道："不能退，在此情况之下，我不能退。我的生死事小，战斗关系重大。是我带你们来的，我退下去，你们怎么办？第3营弟兄们怎么办？"乃以手掩伤口，勉强立起，继续指挥作战，鲜血汩汩外流，衣裤染成红色。在场官兵无不深受感动，在军械官的带领下，一鼓作气，把敌人驱逐出阵地，使战况暂时稳定。

李适被抬到一临时掩体里休息，但由于流血过多，壮烈成仁。

他的部属不相信，也不甘心，他们围着李适捶胸顿足，但任凭战友如何呼唤，李适再也没有睁开眼睛。

第10军士兵阻击日军

54 翟玉岗 湖南湘潭人
第10军预备第10师第28团3营代理营长
黄埔军校第15期毕业

门门劈开倭寇天灵盖

在岳屏山的高处，郁郁葱葱的丛林中鸟儿的叫声此起彼伏，不绝于耳。有七律《衡阳八景》为证："花药春溪龙现爪，岳屏雪岭鸟喧哗。"大树的枝杈中建有一处花药寺，游人们常聚集在这里。低处徘徊的雾气让他们感受到阵阵凉意。长满苔藓的树干被枝叶和雾气笼罩得严严实实。持续的滴水声围绕在寺外的四面八方，偶尔的蛙鸣和某个小动物的叫声融汇在一起，共同构成了悦耳的乐章——这就是在雨林中像鸟儿一样生活的感觉。

一夜之间，岳屏山虫鸟绝迹。

岳屏山、接龙山阵地为第10军预备第10师第28团驻守。

岳屏山工事极为坚固，在数日空、炮轰击之下，地面工事及又宽又深的外壕已大部分毁坏，但壕沟边缘内侧的木栅又发挥了阻敌的巨大功能。日军一次次的冲锋，接踵而来，都被第10军官兵木栅外扔出的一枚枚手榴弹炸倒，外壕内堆满了日军士兵尸体，血流遍地，残存之敌不得不退下。

接龙山阵地防守设施在日军数次攻击中，已被飞机、火炮轰击全毁。防守接龙山的连队官兵至8月2日基本无存。形势危急之中，军部调第3师工兵连补充上来，死缠烂打，终究没让膏药旗插上山顶。

第28团伤亡严重，超过在册人数达三分之一。第3营代理营长翟玉岗右足被炸断，第2营营长余龙右股被敌弹射穿，二人都坚持不下火线。

翟玉岗痛晕过来后，挥起手掌对包扎严实的右腿拍了几下，骂道："狗日的，没炸死老子，老子就要你付出更大的代价。"

翟玉岗出生于湖南湘潭一个农村知识分子家庭，自小熟读有关岳飞、文天祥等人的故事，有强烈的民族意识与深重的个人义气。读完高中就报考了黄埔军校，是黄埔军校的十五期生，在营长

171

阵营中是最年轻的，当时第10军中的营长们，一部分是十三期毕业生。他对团长曾京、师长葛先才颇有千里马逢遇伯乐之感，决意在战场上表现一下自己的才能，以报答师长、团长的知遇之恩。

可现在，战斗未结束自己倒挂彩了。

不行，得挺住！还有两只手一只脚，还能端枪，除非报销了，否则，不能让团长看见我被活着抬下去。

他用步枪将自己撑起趴伏在壕沟边，将剩余的手榴弹一字儿摆放在眼前，想了想，又拿起一颗手榴弹插在裤腰间。他早将生死置之度外，战前，他就把妻子和孩子送回湘潭老家，临别时还说了一句："等着领我的抚恤金吧。"气得妻子一个劲地捶他，哀求他一定要活着回来，他硬是义无反顾地转身回了营房。

8月5日黄昏，接龙山阵地再次告急，预10师师长葛先才闻讯，在已无后备兵源的情况下，亲率卫士一班及师司令部勤杂兵30余人前来增援，进行逆袭。翟玉岗、余龙与幸存士兵大为感动，不顾自己身上的伤痛，一齐出击。士气大增的官兵再次用手榴弹加刺刀将突袭的200余日军赶下山去，恢复了阵地。回头点数，两个阵地仅剩70余人，且大都带有轻伤。

8月6日，日军从南面攻入了市民医院（今余德堂），城中巷战惨烈。

身处仙姬巷阵地的翟玉刚因腿负重伤，不能起立，他被二个士兵抬着，转移隐伏在一处破屋中。他拔枪命令士兵迅速离开他去找队伍，士兵不从。他拔出手枪，厉声喝道："快走！再不走我就一枪先打死你。"

手枪里已没有一颗子弹，可士兵不知道，只得含泪撤离。

翟玉刚安静下来，望着板墙发呆。也不知过了多久，他听到街上有叽哩哇啦的说话声，偏耳倾听，没有一句听得懂，是鬼子。他将手枪丢在一旁，挣扎着，虚掩上门，拉一桌子靠拢，大概离门边一米左右，又艰难地举起一张椅子摆到桌子上。

翟玉刚费尽力气爬到椅上坐着，手执门闩，屏声静气。一个日军士兵推门探头进来，翟营长凝聚平生之力，手起闩落，正敲在日军士兵头上，脑浆迸裂，翟营长用力过猛也随即跌倒在地。

尾随的日军闻声闯进，翟营长势单力薄，又负重伤，被日军士兵刺刀逼住。他高举双手，慢慢坐了起来，突然，跃身向前，双手攥住刺刀，往自己胸口一拉，"嗤"的一股鲜血喷得对方一头一脸，日军士兵惊吓得扣动扳机，翟营长松开手倒下，再也没有起来。

他感觉自己像岳屏雨林中的鸟儿，要飞回去了。

55 赵国民　山东人
第10军预备第10师第28团1营营长
黄埔军校第17期毕业

在浩荡的悲凉中寻找归宿

赵国民行伍出身，身材颀长，孔武有力，投手榴弹远达70余米。衡阳保卫战中，他率部据守枫树山东侧高地。

日军第一次总攻击为6月28日，枫树山阵地（今市16中附近）被突破两次，赵国民身先士卒，负伤不退，依然指挥全营击退优势之敌。

日军第二次总攻击为7月11日，赵国民率全营将士虽然战果累累，歼敌愈千；但全营官兵伤亡亦达80%，不得已，于7月中旬退守花药山（今岳屏公园西面动物园）。

日军第三次总攻自8月4日开始，该营岳屏山西北面阵地被日军炮火集中射击，所有工事基本被日军摧毁。炮弹交错乱飞，酷似瀑布流淌的声音。带有木柄的手榴弹犹如蝗虫般从赵国民的阵地飞落到进攻的日军阵营，中美空军也在盘旋助战，投掷炸弹。

日军士兵尸横遍野，有的被手榴弹炸中，上半身被撕成两半；有的丧身在燃烧弹中，被烧得黢黑蜷缩在地上，奄奄一息，微弱短促的呼吸中，嘴里居然喷出青色的火焰。

赵国民没有一丝欣喜的情绪，他掏出一块怀表对着火光看了看，10点还差5分。他已摸准了一条规律：日军的夜袭一般在夜里9点和凌晨3点。夜里9点的袭击已经结束了，还得等待凌晨3点的。于是，他提醒大家，不可松懈，抓紧时间修补工事，在厚厚的墙土上再开枪眼，架好枪支严阵以待。做完这些，轮流休息。

过了约一个小时，后方似乎也传来日军的嘈杂声。他们异常紧张起来，但日军并没有照直过来。他们的神经因为敌人即将再次进行的袭击而绷得紧紧的。

黑暗的寂静中包含着某些殊死的决心，漫长的静谧在持续，偶尔有草虫鸣叫出一两声令人可怜的声音，那是些没被军靴踩死的虫子似乎也在躲避这场杀戮。对于赵国民等官兵们来说，耳朵现在是唯一可以依靠的东西。他们不发出一点声响，也不放过任何一点声音。他们的命运由他们的耳朵掌握着。

果然，凌晨3点左右，机枪声突然打破了死一样的寂静。死一般的黑夜苏醒了，再次成了死一般争斗的世界。一犬吠百犬应，轻重机枪一个接一个地吼叫起来，好像某处的连队受到了日军袭击。日军没朝他们这边过来。30分钟后，又回到了令人窒息的寂静的黑暗中。但是，日军夜袭，瘾犹未足。他们就像对夜袭很感兴趣似的，又像用许多棋子反复进攻被逼进角落的老将一样，约4点，日军又卷土重来了。

赵国民左大腿不幸中枪，他斜躺在一处碉堡的废墟上，身边没有活人，趴下的都已为国捐躯。天太黑，也分辨不清活着的兄弟具体位置，他只能忍着剧痛，自己将裤筒撕成布条艰难地缓缓包扎。

他忽然发现花药山碉堡旁的缝隙里居然长出了一些杂草，那杂草好像比山下的还要茂盛，可惜都被炮弹掀翻了。他想，这或许是风带出来的。他想让身体和灵魂都在风里安静下来。

战前，他曾被湘南一片广阔的田野上搭建起来的茅草屋感动着，茅草屋屋顶上烟雾袅袅，农家人随着鸡鸣狗吠在田里忙着耕作，那是湘江两岸乡村里最朴素的民居，在风的世界里安静虔诚地生活着。可惜，仅仅在一个月以来的时间里，它们接受了一场残酷的炮火洗礼，留下坑坑洼洼，一片狼藉。

有几个人影向这边摸索过来，看清了，是日军个个手里端着三八大盖，近了，走近了，有一个还叽哩哇啦地喊什么，大概是准备活捉这位少校军官，但他们谁也不曾想到那堆血染的布条下还遮藏着一把手枪。

赵国民左手缓缓举起，似乎在示意投降，右手却以迅雷不及掩耳之势抽出手枪连连击发，连毙三名日军；日军恼羞成怒，数枪齐放，赵国民少校血溅废墟，应声倒下。

一阵山风吹来，赵国民没有闭眼，在风的温情目光和浩荡的悲凉中，他在寻找一处温暖的归宿。

其旧部钱顺生（上海闸北人）、何登亮（浙江松阳南人），两位预备第10师师部参谋闻之，前往花药山含泪掘土，将其安葬。

174

56 黄学云　浙江上虞人
第10军第190师第568团5连1排排长
黄埔军校第17期毕业

义薄云天　掩护全排仅存的9名残兵撤退

　　站在雁峰山或石鼓嘴眺望江东，全是一望无际的水稻田，6月初还是满眼青苗，7月已是金黄一片。其中村庄星布，却看不见人烟活动，令人忐忑不安，浮想联翩。

　　日军围城久攻不下，陈尸累累，曝于阵地，隔三五日他们又自行焚烧一次，臭气熏天，令人作呕。

　　守卫演武坪阵地5连连长罗夫是个豪爽汉子，最大的特点是怜惜部下，爱兵如子，宁愿自己断腿断脚，也不忍看士兵负伤流血。该连阵地处在衡阳城护城河的一段外壕边，这段外壕宽约10米，深约2米多，水深泥厚，是一段天然屏障。日军多次进攻都被阻于壕前，来到壕堑边就成了射击目标，既无时间架桥，更不敢下壕涉水攀登。

　　仗打了一个多月，5连的阵地右后方，便建一个临时聚集、转运伤员的场所。医护人员都上了前线，于是，凡有能力行走的几百名轻伤病兵，就担负起照顾重伤患者的工作。治病、手术虽不够资格，但煮汤喂药、洗漱擦身、负责一日三餐是可以胜任的。城内早已无食可觅，这些轻伤员就冒着生命危险，经常潜伏到对岸去搜取粮食、野菜。为了过那条护城河，他们用竹竿和门板搭了个便桥在壕上，回来时就将便桥撤回。罗夫连长明知这样做有危险，但他太可怜伤病员的处境，次次只是提醒加强掩护，并未加以指责，彻底杜绝。

　　日军也发现了中国军人隔三差五地有人挑箩背袋从壕上越过，怪就怪在他们并没有派兵伏击，甚至近几天还停止了对这个地段的攻击。

　　5连官兵越打越少，也就疏于了防守。这天天刚黑下来，几个或提筐或背篓、相互扶持着的人影朝伤兵搭着的便桥走来。5连哨兵以为是伤病员从野外归来了，也不怎么在意，待到了桥边时，这些相互扶持的人突然散开，从筐里篓里取出枪来，端着就朝便桥上冲。哨兵端枪射击已经来不及了，随着枪响，哨兵一声未哼便栽倒了。一小股日军快速越过便桥攻入5连阵地，与守军搏斗起来。随之，大股日军突然出现，数架便桥搭进了5连阵地。

连长罗夫见状，仰天大嚎："兄弟们，我是引狼入城的罪人，今日不死不足以谢罪！我对不起10军兄弟！对不起容师长啊！"

激战中，他对身边的黄学云咆哮道："我5连就剩下你们受伤的这几颗种子了，我命令你带着他们撤退，活下去，给老子报仇。"说完，左手提起一串手榴弹，每枚手榴弹都拧开了盖子，右手又拽紧一枚冲向敌群，一阵阵惊天动地的爆炸，罗夫与几名日军同归于尽。

日军动作迅速，兵分两路，一路继续向北壕守军第二线阵地（今桑园街）渗透，并攻占天主教堂（中山北路原衡南县政府北面），凭借房屋予以对抗；另一路从杜家塘第190师568团第5连阵地（今演武坪小区）突击前行。

在敌尚未完成包围前，23岁的排长黄学云左肩已经负伤，上了药，打了绷带，但仍有血往外渗透。黄学云临危受命，士兵们都听到了，大家望着他，等

着他第一个行动。他一边让大家退到工事犄角，缩小阵地正面，一面吩咐士兵们将手榴弹尽可能收聚于一堆，用根绳子穿过拉环，将一端系之于壕壁上，他自己却一动不动只顾往枪里压子弹。

"排长，敌人上来了。"有士兵嘶哑地喊道。

黄学云不慌不忙压完子弹，环顾四周，除了机枪手和发出嘶哑声音的士兵，剩下的七八个人，全都挂了彩，还有一个重伤员。重伤员伤口发炎红肿如丘，脓血如泉外流，目不忍睹，望之心酸。

几天来，全排皆卧于残垣断壁瓦砾之中，风餐露宿日晒雨淋，还要饱受敌炮敌机惊扰。莫说是负伤之人，就是健康之身，也难受这种日复一日的折磨。加之阵地外堆积已腐烂之敌尸，又时值盛暑，整个衡阳城郊内外被红头苍蝇所笼罩。

全军几千人负伤，哪去找那么多医生？伤者用药免谈，全是自己用盐水洗伤口，棉絮替棉花，连空投物品的降落伞也撕成布条作为绷带使用。

的确不能全呆在这里等死了！

黄学云抓起枪，狠狠地在地上顿了两顿。不甘心呐！打了近一个半月，一个排剩下不足一个班。可狗日的鬼子却越打越多，越打越嚣张。

176

他咬了咬牙，喝道："所有人听着，解除手榴弹袋，集中放到碉堡口。"

士兵们一一执行又大惑不解。

黄学云又拿起机枪，掂在手中，指着放哨的士兵说："你们两个照顾好重伤员，帮助大家撤退。"

"排长，我陪你留下吧。"机枪手瞬间明白过来，他走上前去拿枪，排长是要留下自己做掩护。

"不行！"黄学云斩钉截铁，一把推开了机枪手。

"排长——"众人围了上来。

"走！"黄学云一声怒吼，"这是命令。都给老子撤退！"

大家依然僵持着。

"快走！再不走老子就开枪了。让我省点子弹吧！"黄学云瞪着眼睛哀求道。

机枪手搀扶起重伤员含泪与战友们缓缓退出，大家相互帮衬，迅速撤退至第二线阵地。

稍顷，即听到连续的手榴弹爆炸声，硝烟四腾，日军已接近黄排长守护的掩体。

接着是机枪声，听得大家撕心裂肺。

"轰——"又是一颗手榴弹爆炸声，整个阵地随之归于沉寂。

"排长啊——"战友们捶胸顿足。

黄学云以他的连长为榜样，用最后一颗手榴弹结束了自己宝贵的生命，尸骨无存。

舍身卫国，义薄云天。

战前的衡阳演武坪

从"相机转移"到主动出击

中国第九战区司令长官薛岳与第10军军长方先觉之间有过节，而第10军暂编54师师长饶少伟则是薛岳的亲信加兄弟。

1944年5月，日军为打通大陆交通线，在湖南地区发起了长衡会战。5月18日长沙沦陷，日军兵锋直指衡阳。

起初，薛岳为保存自己的势力，拟将饶少伟的暂编第54师从第10军调出，但配属给衡阳守军第10军的新编第19师被重庆军委会临时调走。衡阳危在旦夕，一下子从原本就未满编的军里抽调走两个师，这仗就没法打了，"死守衡阳"便成了一句屁话。

薛岳被迫留下暂编第54师归第10军军长方先觉指挥。

当饶少伟接到协防衡阳的命令时，发现这一纸电令并非由战区长官部发来，而是由方先觉转的，这一情况让饶少伟心生疑窦，转身又致电长官部。经

饶少伟像

与长官部高级参谋沈久城核实，薛岳确实下了这一命令，但沈参谋又暗示饶少伟应视战场情况，"相机转移"。

"相机转移"是什么意思？一枪不放怎么转移？战斗一打响还转什么移？

饶少伟在6月15日打了这个电话后觉得十分为难，是自己跟自己过不去。因

为薛岳并没有正式下达这个命令，如私自转移将来追究责任只能由自己承担；但沈参谋的电话又不是听不明白，相机转移就是看准机会撤走啊，自己毕竟是薛岳的亲信。思前想后，他决定按沈参谋电话授意，视战场情况，相机脱离方先觉。

暂编第54师的任务是担负机场以及湘江东岸的防务。当日军于22日逼近泉溪时，饶少伟认为得与鬼子交交手才能去找时机。他下令派一个步兵营前往泉溪渡口阻击日军先头部队。当日军开始准备强渡耒河时，饶少伟又请命准备亲自带领一个步兵营前往阻击日军。

6月23日，正当饶少伟在指挥所里部署第1团的两个营与日军交战时，方先觉命令所属第190师抽调一个团前往接替五马归槽的阵地，并由饶指挥。此举使饶少伟带领所部脱离第10军的计划难以执行，但沈参谋的暗示又时时在他的耳边响起，权衡再三，饶少伟决定由第1团团长陈朝章带领所属第2、第3两个营撤离衡阳，自己带暂编第54师直属部队和第1团第1营共1000余人留在衡阳参加战斗。

6月23日，是日军进攻衡阳的第一天。饶少伟在布置前线的第一团第1营战斗任务时，得到了第190师568团1营打响第一枪的战情通报，该营营长杨济和没有他那么多弯弯肠子，而是个端枪就想打仗，见到鬼子就眼红的主。那天清晨，一见到鬼子偷偷摸摸、战战兢兢渡河时，杨济和就来了神，他决心利用耒水河岸早就筑好的工事灭灭日军的气焰。

饶少伟没有想到，首战告捷！杨济和营损失57人，而日军在河边阵地前溺水和丧生的约300余人。杨营长的血性担当与成功，军部的表扬与同僚的赞赏，让饶少伟有了想法，小鬼子不过如此，相机转移还有什么意义吗？

当饶少伟带着部队按命令撤到湘江西岸五马归槽后，方先觉又令该部担负江西会馆至五桂岭一线阵地，并担负五桂岭、太子码头、铁炉门、潇湘门、泥湾河街一线的江防任务，饶少伟的师部位于铁炉门。

由于日军的主攻方向在第3师和预备第10师的阵地，暂编第54师直属部队的阵地有湘江作为天险，压力较轻。但位于五桂岭和江西会馆的第1营难以抵挡日军的连番进攻，为便于指挥，方先觉命令这个营归第190师师长容有略指挥，完全脱离饶少伟的控制，饶少伟一口应承，毫无半点异议。

7月中旬，日军一度突破第1营据守的五桂岭阵地，饶少伟亲自抽调师直属特务连、搜索连前往增援，并适时发起反击，将日军击退，确保阵地无恙。这一壮举让方先觉感到欣慰，令第1营重新归还暂编第54师建制，并撤出五桂岭阵地休整。

也正因为饶少伟指挥及时、主动出击的战绩效果，军委会于8月3日授予其四等云麾勋章。

当饶少伟将勋章端端正正挂在胸前时，日军已开始对衡阳发起最后一次总攻。此时的衡阳守军各师均已无完整建制，暂编第54师的参战部队仅剩200余人。饶少伟在阵地上坚持至8月6日，又奉命抽调所属第1营配属给预备第10师。由于该营增援及时，已无缚鸡之力的城南、城西阵地又勉强支撑到8月7日。然而饶少伟的城东兵力更显不足，他义无反顾地执行军部命令将参谋和勤杂人员全部投入一线作战。

硝烟弥漫的街巷战场

180

58 李 浚 福建人
第10军预备第10师第28团2营4连连长

率领全连巷战 舍身取义

日军连番进攻，第10军西南正面阵地虽逐渐缩小，但官兵寸土必争。

8月7日凌晨3时许，城北演武坪与城西北青山街被日军突破，日军蜂拥而至，他们利用黑夜向市中心突进。守军弹尽粮绝，已无法组织兵力进行反击。

李浚见全连士兵所剩无几，且完全被冲散，他果断下令："全连各自为战，不需要再听指挥，见到端枪的鬼子就杀，多杀一个就赚一个。不准逃亡！"

巷战在继续——

一班进了青山街街口一个小户人家。这户人家有做豆腐用的石磨，有木制的纺机，纺机上还放着棉布。

院落里开着牵牛花，角落里有个洞用来养猪，洞上面是厕所，厕所是两三块长方形石头垒起来的。洞里有一头猪，正在吃食。

这家还有口大缸，士兵们异常高兴，即刻把它收拾成浴缸先后洗了个澡，他们已有很长时间没洗澡了。

看到石磨，士兵们马上提议做豆腐，于是分头寻找食材。一个个喉咙都在咕噜咕噜地响着，天天吃干粮，对食物已严重地神经过敏。但一粒豆子也没找到，炮弹却倾泻而来。

巷战在继续——

这一带已接近衡阳城郊外，房子稀稀落落。二班士兵爬上了道路，前面是农田，农田左边小树林里有一幢房子，已被日军占领，接二连三地向外扔手榴弹。不知固守房子里的日军究竟有多少，即便仅有两三个，也比平地上几十个敌人难对付。这些贼寇对守军构成了极大的威胁，整幢房子已经被当成了碉堡。

二班士兵匍匐在右边大约10米远的道路上一棵倒着的大树附近，利用日军设的障碍开始攻击。

天还未亮。黑暗中摇曳的火焰就像烂醉如泥的醉汉，二班士兵发现敌人正在火光中像纸影一样晃动，就借倒在路上的大树以防身，向纸影开了枪。

日军又集中火力，压得他们进退不得。他们看不见躲在房子里的日军，日军大概也看不见他们，他们仅仅凭着自己的判断来进行射击。

子弹铺天盖地地从四处飞了过来。炮弹"嗖嗖"地从他们头上飞过，就在他们后面不远处爆炸。二班士兵分散趴在草丛里，个个石头似的一动不动。大家知道，这种情况下，哪怕稍微一动都是非常危险的。班长贴着地面说："大家都到齐了吗？"

一个老兵轻声答道："好像到齐了。"

"我的手被子弹打穿了。"不知是谁叫了一声。

班长命令："你留下，其他人伺机前进！"

敌我双方的炮弹在他们的头上来回穿梭，发出狂风一般的吼叫。机关枪子弹步枪子弹四处飞窜。班长突发奇想：双方炮弹为什么不在空中碰撞呢？

这是死神乱舞。

巷战在继续——

一排机枪子弹扫射过来，李浚与通信员同时倒地。李浚左大腿负伤，通信员胸部中弹。李浚坚信自己不会死，深信子弹打不进自己的肉体，他决心冲出去。

李浚连拖带爬，一口气冲了70余米，拼命将通信员拖至街旁的民宅废墟里，这是敌人火力射击的死角，比较安全。

恰好，废墟里还躲藏着两名来不及撤走的担架队队员，手里都紧紧地拽着一把明晃晃的刺刀，看样子是准备跟鬼子来个鱼死网破。见撞进来的是两名守军官兵，立即围了上来。

"怎么样？"担架队队员问道。

李浚指着嘴角已经流血的通信员说道："他快不行了，赶快撤。"

两名担架队队员别好手中的刺刀，一人一个俯身就来架他们。

李浚推开担架队队员，命令道："你们俩抬他走，走后街。要快！我来掩护。"

"你也负伤了。"李浚的左腿已是血迹斑斑，血水顺着裤筒往下流。

"给我走！"李浚怒目圆睁，语气不容置否，"把他身上的两颗手榴弹取下来给我。"

两名担架队队员一一照做，稍高一点的队员说："我俩还留了一颗手榴弹。"说着，各自从后腰间取出手榴弹放在李浚身边。

李浚目送着两名担架队队员将通信员抬走，尔后转身爬到门旁半截商铺柜台后作掩护，顺手从身边的一具尸体上扯下一片军装布条，咬牙扎紧了左大腿。

鬼子露头了，他打一枪；一枪一枪地打，直至打完了最后一颗子弹。

他不慌不忙，将四颗手榴弹绑在腰间，眼看着七八个荷枪实弹冲进商铺的日军士兵，从容地扯下了手榴弹拉环扣。

千金一诺，间关万里；云高天义，海内同钦。

巷口阻击战

烧毁招降传单　调侃鬼子阴谋

蔡汝霖，生于1914年11月。衡阳保卫战一打响，作为第10军督战官兼炮兵指挥官，他紧随方先觉左右，传达、处理一应事条。

日军见攻城时间已久，仍不能达成作战目标，也学会搬来中国古代先贤流传的《孙子兵法》中"攻其不备，出其不意"与"守城不能专守阵地，仍要振作士气"这两条法则，对衡阳守军进行日夜骚扰。

日军发起第二次总攻前，第10军守军每夜因敌机轰炸，已不能安睡，而此时又接到空军通报，日军在长沙已准备降落伞部队，须特别注意。因而晚上又临时加上一个对空监视及对空警戒。

夜间岗哨原为2米间隔一个，因伤亡过众，不得已变成几十米间隔一个。

日军飞机轰炸时，往往都会随机散发大量"归来证"及传单。

"归来证"是日军印制的，是证明已缴械投降的凭证，可以自由出入日军占领的沦陷区。

传单则是招降书，上面写着，"能征善战的第10军诸将士：任务已达成。这是湖南人固有的顽固性格。可惜你们命运不好，援军不能前进，诸君命在旦夕！"

蔡汝霖像

"但能加入和平军，决不以敌对行为对待。皇军志在消灭美国空军。"

其中还夹杂着少量香烟。

方先觉将士兵捡的传单递给蔡汝霖，说："小鬼子玩这一套，你是督战官，你说怎么办？"

蔡汝霖答道："传单我已看过了，这说明小鬼子黔驴技穷，建议军部下令，香烟可以抽；传单和'归来证'一旦发现，统统烧毁。"

方先觉手一挥："照你的意思办，立即执行！"

日军因硬攻不下，而且伤亡很大，自7月1日起，就停止了所谓"肉弹主义"的攻势，改用小队袭扰来消耗中国军队。

7月1日夜，他们在江东岸的丁家码头、王家码头、粤汉码头几个地方集中许多兵伕高声吵叫，同时并利用木锅盖、木桌，上面放着蜡烛，由上流放下；守军夜间值班哨兵闻听对岸人声，看见江上火影，以为敌人要想强行渡江，鸣枪示警，大家一骨碌爬起进了战壕，集中火力拼命发射，打了一夜，天亮了才看见江面上都是木板，守军知道是上当了。

第三晚，日军又如法炮制，哨兵除了绷紧神经，一枪未发。没多久，日军又生一条诡计，绑来许多狗和水牛赶入江中，守军听到划水之声，以为这次敌人是真要强渡抢滩了，即以火力扫射。到第二天在下游才发现许多死狗死牛，弟兄们已几日不知肉味了，打捞起来"营养"一顿，以后弟兄们再听到划水之声，就会自我打趣道："看来又要打牙祭了！"

蔡汝霖微笑着对方先觉说："连续拼了十几天，官兵苦无娱乐，日军在为我们制造生活的乐趣！"

方先觉轻蔑地一笑说："雕虫小技。"

8月5日，精于攻城战的日军第58师团星夜急行从长沙赶来，从衡阳正北面攻城。该师团先头部队被中国军队重机枪的水平射击死死盯住，攻击在水塘的防堤中间受挫，突击路上尸休枕藉。有数名日军被击中掉进水塘，倒在中国军队的重机枪跟前，日军只能听着负伤者的呼救声，除此之外毫无办法。落水者不断地摇臂高喊道，叽哩哇啦，听不懂，估计是喊救命，但没人敢跃入水塘。

这一场景深深刺激着岸上的鬼子，可他们却束手无策，只能望"塘"兴叹。

没料想，日军第58师团侦察兵发现

了守军190师568团5连的战壕，这儿连接着一个涵洞，洞口又连通阵地之外的一条渠口，平日里为了方便出去搜索或炊事员购买蔬菜，守军在渠口上铺设了一条门板。

由于连续作战，伤亡众多，加之紧张疲惫，5连士兵用后居然忘记拆除铺设的门板。

日军见状大喜过望。

8月6日夜，日军派出突袭队乘这夜色匍匐接近涵洞口，利用这个通道突破了衡阳城北部外壕，终于打开了衡阳城固若金汤的缺口。

日军偷偷摸摸几十人爬进城来，利用老县政府断墙残壁，构筑工事，被守军发觉，枪声一时大作。

消息传到军部，方军长决定将县政府以北放弃不要，重新部署。蔡汝霖立即对军务处科长李文棋及搜索营营长发出命令："限你们一夜完成这段木栅工事，否则军法从事。"

此时军务处内杂兵工人早已派往前线，建木栅工事实在找不到匠人。

城内已一片瓦砾、北门到江边到处有路可通。

蔡汝霖又令炮兵将道路破坏，炮兵营却仅剩野炮，且炮弹只剩几发，弹道低深，陈营长将炮拉来拉去，发射不出去。如果急电空军派飞机来炸，又是缓不济急。

各方都听到城内响起枪声，日军三面猛攻，守军弹尽粮绝，电话不通了，守军勉强支持了一天。

城内到处发现了敌人，衡阳在锥心泣血中失守。

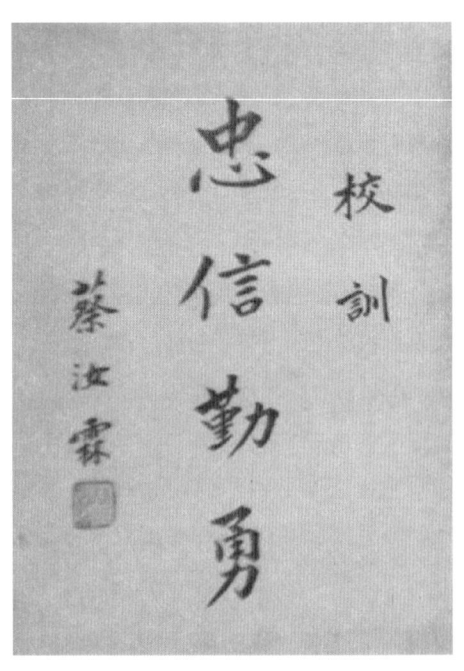

蔡汝霖手书校训

60 马福宝　广西人
桂林后方勤务部物管处处长
中央陆军军官学校第17期5总队毕业

空中运输　看天吃饭

衡阳被日军5个师团的兵力近13万人围成像一个铁桶，几路援军都打不进去，更别说往里运送战略物资了。四面交通断绝，唯一的办法就是空投物资。

日军向衡阳发起总攻没几天，在桂林的后方勤务部长俞飞鹏指示物管处马福宝说："接重庆电话，衡阳守军要求空投补给枪弹和食品，你们立即组织人马在桂林就近办理。"

"拿什么运输？"火车车皮紧张，汽车费时费力，马福宝谨慎请示。

"飞机空投，由桂林空军调派，你立刻拟出空投计划。我现在就与桂林空军司令部联系，最迟明天必须开始空投，不得有误。"

后方勤务部办理空投还是第一次，既不懂技术更无经验。经与桂林空军司令部商定：空投军用品及包装由后方勤务部负责并运到机场等候。投物伞由空军提供，随机投物人员，每机6至8人，由后方指挥所选定派出。因为是第一次，投放时空军必须派一人随机指导。

物管处连夜组织队伍将待投军用品用汽车装载，拂晓前到达机场。

空投的包装方式是用一个大麻袋内加装篓，每袋重量不得超过50公斤，挂投物伞一个，每机装30袋左右。装机时，上一架飞机，卸一车货物，其他车辆不卸货，以为在遇有日军空袭时便于疏散。

次日上午，空军即开始空投，每天有C-47型运输机2至4架不等，每机可飞投4次，但有的飞一两次即被临时任务调走，故实际在衡阳的空投每天未超过10架次。

之后考虑白天飞机实在繁忙，又容易被炮火击中，又改为夜间运送。但夜色朦胧中，把弹药误投敌方之事又屡屡发生。

为避免再次出现误投，电令衡阳守

军在城市中心，地面建约10米直径灯光一圈，作为投弹药的标识。

也许是走漏了风声，也许是日特情报人员侦闻了消息，灯圈做好后，第一次夜闻飞机声，守军以为是我们的运输机到了，马上燃灯指示投掷位置。结果飞来的是日军轰炸机，反被照中目标投引来大批炸弹。第二晚又闻飞机声，守军的心情忧喜交织：喜的是希望运输机来送弹药，忧的是深恐敌机再次光临。因此犹豫不决。运输机没见灯亮在空中转了两圈又回去了。第10军急得没法，电请转告飞机，到上空时先发信号，等地面点灯后再投掷。第三夜飞机来了，信号枪发了，守军即刻亮灯，但日军早已知守军点灯的用意，在他们的阵地上，也点起了一圈灯。飞行员辨别不出敌我来，又未把运来的弹药和物品投下。

守军空喜一场，飞行员也气得话都说不出来。

后又改为白天运送，投掷时还必须看风向，东南风稍偏东，西北风稍偏西，但是用尽了心机，投掷的结果，即便投准了，也往往因伞张不开，导致炮弹变形不能使用，总不能达到理想那样圆满。

每次运输机到达衡阳上空时，守军看见那似白球的包裹，大大小小，从半空中飞下来，莫不心里怦怦跳动，担忧

着有限的弹药又落到敌人的阵地。事实确是如此，除守军所得的约一半而外，其他都"周济"了日军和落在永远塞不满的湘江中，让人痛惜之至。

有一位空运人员想了一个办法，报告给了马福宝，马福宝后脚就请示俞部长并获批。这次运输机在衡阳上空盘旋一周后，径自飞往敌方阵地，，把一包包的东西投给敌人。

守军见此状况，气愤不过，有的端枪鸣射，有的指着空中的飞机大骂："混蛋！汉奸！国贼！"骂声未了，只见日军阵地上传来轰隆隆的爆炸声，如春雷震动，大家才转忧为喜地大笑起来：炸得好！过瘾！

日军，也上了一次当！

61 张金祥 湖南浏阳人
第10军第3师第8团团长
湖南师范学院毕业

团长用长篙捆绑手榴弹炸碉堡

张金祥与张作祥是亲兄弟。弟弟张作祥是第10军直属炮兵营营长；哥哥张金祥是第10军第3师第8团团长。

第3师最初是在长衡公路上阻击敌人，6月初，部队奉命由湘潭进驻衡阳城，留下第8团在衡山南岳打游击。

日军对衡阳的第一次总攻彻底失败后，迅速增兵集结。

衡阳急需援军！

7月5日，第3师第8团在陈纳德率领的"飞虎队"的掩护下突过敌人重重封锁到达衡阳附近。

衡阳城被日军团团围住后，第10军奋不顾身、视死如归地由城外打进城内的有三支小部队：第一支是炮兵营张作祥营长率领的半个炮兵营；第二支便是第3师第8团；第三支则是军直属特务营曹华亭营长率领的与增援部队接头而落空的小分队。

团长张金祥用无线电和城中联络，

张金祥像

请示军长指示行动，方先觉旋即命令第9团和一个野炮营前往配合、协同作战，让第8团突破敌阵进城。

军事行动如疾风迅雷，秘密静肃，此乃军家必守之原则。

当天乘着夜幕，工兵连就紧锣密鼓、悄声无息地在蒸水上架好浮桥，好在水面不是很宽，浮桥架到对岸时，岸上的日军军还蒙在鼓里，部分鬼子在忙于杀猪宰鸡，准备饱餐一顿，其他的则围成一团娱乐、赌博，恣意妄为。

正在此时，第8团先头连生龙活虎的兄弟们杀来了，日军措手不及，晕头转向，队伍乱成一锅粥，好不容易缓过神来，纷纷向北面的电气公司逃窜，敌曝尸重叠，锐气大挫。此一仗日军死伤达400多人。

当中国士兵正兴高采烈地向河边集结，准备通过浮桥进城时，河边一暗堡中潜伏的日军射出枪弹封锁了去路，官兵们分组进入掩体之中。

凭着步枪和机枪的射击是不能毁灭堡垒的，已经过河的张金祥团长与先头部队的士兵被突发的火力压制在暗堡附近焦急万分。张团长四处观望，看见不远处有一根撑船的长篙，急中生智，想出了一个办法：他把手榴弹木柄用绳子绑在一根长篙的顶端，送入堡垒的枪眼然后再拉动牵引活塞引线的细绳，一声爆炸，堡垒就这样被毁灭了，里面的敌兵也许还没明白手榴弹咋会从枪眼里钻进来，便葬身在火药与泥土之中。

第8团1200个官兵就这样从容地走过浮桥进入城中，共赴国难。

1200个弟兄安全入城的消息传遍第10军，苦战了十个昼夜的官兵们疲倦的脸上浮起愉快的笑容，因为他们不仅增加了1200个援兵，而且得到了一个启示：既然第8团能打进来，那么集结在衡阳城外围的援军一旦来解日军围城燃眉之火时，也一定可以获得成功。

他们有必死的决心，也有成功的信念。因为他们从军部发放的宣传单上都看到蒋委员长写给方军长一句慷慨激昂的话："余必督促陆空军助弟完成空前大业！"

国难当头，谁也没有去思考：这会不会是一句忽悠？

62 桂调元 广西人
第46军新编19师战炮营2连排长
黄埔军校六分校第18期步科毕业

参战十二天　放了五天炮

新编19师师长罗活令先头部队于6月10日由柳州到达衡阳暂时编入第10军，方先觉军长亲自率参谋数人到战炮连视察，检阅用炮情况。之后两天第10军两位炮兵参谋带着炮排排长在长衡公路草桥等处选定阵地。桂调元排在城内的阵地是保卫设在中央银行地下室的军部指挥所。

6月22日上午，桂调元率炮排正在做工事，师部李兆波参谋来传达命令："工事暂停"，准备归还建制。

"离开衡阳城？"

李参谋点了点头。桂调元说："不是说日军已兵临城下了，怎么又离开？"

"这是命令！问你该问的。"

军人以服从命令为天职。

黄昏时，桂调元率炮排离开了衡阳城，在衡阳西站上车。几天后回到桂林。

之后才获悉，新编19师离开衡阳城

桂调元像

是白崇禧的命令。

第10军的将士们坚守衡阳城已达36天，解救衡阳城的呼声响遍全国媒体。

第46军再次奉命解救衡阳之围，新编19师仍为前锋。7月27日第57团首先到达黎家坪，下火车后立即向衡阳方向搜索前进，炮兵第7团派来山炮一连协同作战。为此，桂调元每天记下了衡阳保卫战参战日记。

7月28日

下午4点抵达洪桥，部队在街上休息。这时前头传来几声枪响，又一会，师部传令兵跑来说："我们的尖兵碰上了日军的警戒部队，伤了两个弟兄，你带一门炮上去，把敌人撵走。"

我即刻命令副排长派第三炮来，要轻装上阵。自己则跑步上前侦察地形。

尖兵连长向我介绍了敌人的情况，我从望远镜中也发现了敌人。副排长带着炮上来了，这里只有几个简单的掩体，后面的小树林里，三个老百姓被日军吊死在树上。带路的村民介绍：看样子是过路的难民，被拉来修完工事就吊死了，鬼子真不是东西！难民的惨状激发了士兵们的斗志，火炮很快进入阵地，炮声响过，鬼子即刻逃遁；士兵们来劲了，接着又打了第二发。

是夜，全排在公路上露宿。

7月29日

黄昏。山炮一连和我们一起上前线接受任务。第56团何副团长在军校时是炮兵教官，他一看到我就说："你们来干什么！"我说"打堡垒。"

"他们这里是仰攻，你们的炮能上山吗？"

结果，我们没有作战任务，继续战备。

7月30日

一个半月前，我们从衡阳撤出时，第55团第一营没有撤出来，后来失掉联系了。今天他们全营归队，原来这四十来天来他们周旋于敌人侧背，牺牲了10多名士兵，但军部还是嘉奖了营长黄锵，晋升中校，担任55团副团长。

天亮不久传来阵阵炮声，山炮一连参战了。谁知中午就在公路上见到腹部受伤、躺在担架上的山炮连副连长，他是广东人，握着我的手很痛苦的提醒我："敌人炮兵观测点在南面4公里处的雨母山上；由洪桥到到衡阳几十公里地面都在日军重炮火力的监控中。一连的山炮还未完全摆好，日军重炮就射击了。你们上去一定要小心！"

7月31日

凌晨2点，带领全排战士及两门战炮，沿公路继续前行。

日军拒守在雨母山至二塘间一连五座高地上，湘桂铁路和公路在1217高地前通过，日军占领这里已有月余，有掩盖的工事，并陆续增兵集结，阻止我军解救衡阳。

8月1日

师部下令：全面攻击。第57团两个营向当前两座高地进攻，一抵近日军掩体就受阻，士兵们每前进几步，都被掩体内机枪压制，有的已冲到敌堡附近仍被射倒。日军占据高地，而我们是仰攻，火炮不宜射击，连重机枪也不敢发射，士兵们一站起来就成了对方的目标，牺牲很大。不得已，只好暂停攻击。炎热酷暑，匍于地面就像在火炉上烤。

双方对峙到下午，中美空军飞来六架飞机助战，士气为之一振，我率先发炮，士兵们随着炮声斗志昂扬向日军阵冲击，终因日军火力发挥更好，其两侧火力又及时支持，士兵们又牺牲不少，攻击受阻。

8月2日

天亮前，我将可以放大20倍的剪形炮对镜安放在指挥位置的土堆上，并加以伪装。天亮后对准1217高地敌堡仔细观察，里面的日军士兵三五成群地出来呼吸新鲜空气。其他地方也有敌人进进出出，我都一一在图上标定。

恰恰此时，镜体里出现一个身材高大的鬼子，他也正用望远镜对着我，他突然回头手舞足蹈，接着挥手指向我，我急忙转身打算先收好镜头，但已来不及了，"轰"的一发炮弹在我顶部边沿的积土上爆炸。我连忙将炮对镜抱在怀里蹲下。接着又是一发打来。外面士兵见到大声问："排长怎样？"我说："没事。"

停了阵子，我脱下钢盔用手枪顶起炮对镜支架向上推，又是"轰"的一声，我在土堆边的壕沟里大声交代："三炮长准备，伺机反击。"

9点多钟，我们的飞机来了，快飞到我头顶时，我从土堆内跃出，指挥我炮对准敌狠狠连打了三发炮弹。

有来无往非礼也。

8月3日

我们的飞机今天来得早，比往天的次数也多，都是飞去给城内守军投物资的。守城已43天了，城中样样缺乏，危难艰苦之情无法猜测，我们这支专来解围的部队不能推进，实在对不起守城的第10军兄弟！都说广西人很能打仗，偏偏这城外几座高地就是拿不下来？士兵们已牺牲了不少，光是连、排长就伤亡了19人。

下午，一架我们的飞机，在空中盘旋后突然向我们扫射，士兵们大骂：

"瞎眼了！扒灰佬怎么打起自己人来了？"幸好，没有伤人。

8月4日

空军联络官来了，联络官对昨天发生的误会表示了歉意，他说："敌人在高处，我机飞来时你们摆的联络信号，敌人看得很清楚，鬼子也摆了同样的信号，才发生这样的误会。"他又说，"好在驾驶员发现得快，没有什么损失。原先使用的信号不能再用了，希望你们重新提出确定可行的方法。"

我提了两点意见：

一、我机飞临上空时，我用大炮发射红色曳光弹向日军阵射击，曳光弹打哪里，请飞机炸哪里。

二、日军的山炮对我们威胁很大，炮位就在雨母山后面，请飞机在山后一带侦察将敌炮消灭。

联络官同意了。

8月5日

下午，4架我军飞机由桂林方向飞来，临近时两架向雨母山飞去，两架直向我方阵地飞来，我适时向1217高地日军地堡发射红色曳光弹，驾驶员发现信号直接向日军阵地投掷炸弹，两机轮番轰炸，尘土四处飞扬，枕木、钢轨也被掀起来了，一片片带白色的东西也跟着飞出来，晚上前沿的士兵捡回来才知道，日军做工事时，将从难民身上抢来的棉被、棉衣等棉织品也铺在工事上，再用水淋湿，以增强工事的抵抗力。

目睹自己的飞机轰炸敌堡，真是痛快极了。可惜步兵没有准备。若配合作战有这样好的效果，定能一鼓作气攻占敌阵。

8月6日

两天来步兵均无行动，双方对峙。而日军对衡阳城的攻击却一刻也没有停止。

听说上面下了死命令，要在6号之前拿下雨母山高地，解救衡阳。但还不见动静。据说是准备不够！

我们参战九天了，有四天放了炮，因为是仰攻，受到一些限制。只有等飞机飞来时才能射击。

8月7日

今天是总攻击，有飞机、坦克助战，原估计会很精彩。

前线士气很旺盛，听说坦克来了两辆，但日军据点在高地上，坡度大，坦克不能用。拂晓攻击时，飞机还未来。指挥部决定：不能等了，原班人马，照样进攻。

火炮响过不久，飞机来了，激战一阵，步兵到达日军地堡前五六十米又上不去了。

第74军来了几位团长，说是特地来参观新编19师山地攻击战。其中一位曾是我们的战术教导，见面就竖起了大拇指："乖乖！广西部队大白天就向敌人冲锋！真是名不虚传！"

下午第56团团长莫蛟带着两个警卫员来到阵地。他叫其中一人向我介绍情况："日军地堡里有一门炮和你们的一样，还有重机枪，总共有十几人，两侧还配有至把子机枪。"

我问："你怎么知道？"

他说："三天前我曾化装成老百姓，摸到公路，被敌人拉去送弹药上山……"这位小伙子十八九岁，够胆、机灵。

飞机又来了，莫团长命我射击，第一炮响过不见弹着点，可能是瞄高了，修正后第二炮响过又未看到爆炸点，莫团长火啦："怎么搞的！"一字未落，硝烟从敌堡内散了出来。

我兴奋起来，命令二炮再各放二发。

一阵炮声响过，士兵们冲向敌堡，一阵冲杀，五连士兵终于占领了1217高地。我立即命令炮火转向二号高地射击，这里是二营的攻击目标。

打仗就凭一股勇气，又是一阵冲杀，二号高地也占领了。在势如破竹的攻势下，右边第55团也拿下34号高地。前后不到一小时，一连攻下三座高地。

飞机早已返航。

一整天鬼子的山炮成了哑巴，兴许是前天被我们的飞机炸毁了。

莫团长下山时，对我们说："今天你们的炮打得很好，我要向师长报告，为你们请功。"

天黑后前线枪声一阵紧过一阵，还伴有手榴弹爆炸声，9点多传来消息，三座高地又被敌人夺回。

第57团陈团长大同在山下生气说："丢那妈！今天老本全输完了。"这位老团长是全军出名的战将。1937年八·一三上海战役时，他还是营长。这次攻雨母山，第57团牺牲最大。

衡阳城内，8月7日已停止战斗。

晚上8点多中，前线送来4位由衡阳突围出来的第10军士兵，兄弟们即刻招待，他们狼吞虎咽地一边吃一边哭，痛诉47天来英勇的守城经历，在场的兄弟一边听也一边称赞：你们不容易，太英勇、太壮烈了。

兄弟们连夜护送4位英雄到师部，转送后方。

8月8日

天色微明，两架敌机飞来，一来就炸。我在梦中被惊醒。只见"轰"的一声，一阵红光直冲敌机机尾，敌机拼命向上直冲，我意识到敌弹炸中了我们弹药箱，才会发出如此红光。我迅速爬起观察身旁的这门炮，没有损坏，连轮子都是完好的，但弹药兵廖有回完全不见了，他是广西环江人。

敌机又飞来了，我连忙安排士兵们隐蔽好，却忘了自己还傻站着。眼看敌机向下俯冲，急忙中我突然见脚下一个防空坑，纵身跃进坑里蹲下来。这时"轰"的一声，炸弹在眼前爆炸，震得两耳隆隆作响，飞起来的泥土碎块落在钢盔上，我摇摇头，尘沙由头上滚下，意识到还没死。

飞机飞远了，听到侧面有人喊："排长挨炸了。"

我费劲站起，又听到侧边在叫："噢！排长还在，排长还在。"

爆炸距离我不足一米。没有这个土坑我也就跟廖有回走了。这个坑是三炮副炮长挖的，下面有片石，只挖350来厘米他就放弃了，想不到今天救了我。

这两架日军飞机炸罢我炮兵阵地

后，一架沿公路向右侧方向飞去，那里是62军驻扎地；另一架则向公路左边的一处村落飞去，那里有几间瓦屋，是第46军军指挥所。

也算它恶贯满盈，飞机向瓦屋俯冲时，被我军警卫营一位副班长用轻机枪打落在屋后的小坡上，飞机上的驾驶员和机尾的射手均一命归西。驾驶员的座位前居然有一张"衡西敌军位置图"，图上我们的炮兵阵地、弹药堆和飞机、坦克所在地等等，图上一一标明清楚。

鬼子的情报工作令人吃惊。

中午，我排奉命撤出火线，阵地交170师战炮连接防。当晚我们撤到洪桥。

8月9日

上午，在洪桥街上遇到军校同学林某，他是浙江人，是侍从室主任林蔚将军的侄子。

林说："我带你去见个人。"

"谁？"我很好奇。

"戏剧家田汉。"

"是我们在校时尊敬的田先生？"

"对！"

7月中还在桂林时，就听说田汉先生率领桂林市衡阳前线慰问团来前线，沿

日军从演武坪突破衡阳守军防守，与衡阳守军展开激烈的巷战

途遇到很多麻烦，到洪桥就不能再前进了。现在他们还剩下二十多个青年男女团员。

在一个用废砖与泥巴垒起来的小院里，我向田先生汇报了12天参战情形。我说衡阳已经失陷了的时候，在座的都哭起来了。

田汉先生听说我们的战炮产自德国，他说："好啊！你们是用纳粹德国的武器，来抗击日本法西斯的侵略，这是很好的题材！你要把这次的战斗经过写出来。"

我说："我从未写过文章，写不好。"

先生说："写不好也要写，我可以帮你改嘛！"

我见确实推辞不了，只好答应了。

第二天下午，我将这次在衡阳外围12天的战斗经过，按日记的形式写好了，送给了田先生。

当晚我们向冷水滩撤退。

炮兵阵地

63 李昌本　湖南醴陵人
第10军预备第10师第28团3营副营长
中央陆军军官学校第二分校第16期毕业

宁为玉碎　不为瓦全

　　李昌本左腿被炸断，左耳朵也被子弹连根削掉，他痛得晕死过去。

　　双方都以为他战死了，没人注意他，他就那样一动不动安安静静躺在那座破屋的阶沿下。

　　满天星斗，晚风习习之际，他动了一下，脑子似乎有了意识。

　　他想起来了：他是奉翟营长命令带着两个分队夜行到了接龙山边铁路一个路基的斜坡旁。铁路这边有一条小河，蹚过小河，上了斜坡，他命令士兵整理装备时，他还抽了一支烟。铁路前方是一片长满了白菜的平地，白菜整齐地排开它们青翠的身子。日军在菜地尽头的高坡上向他们狂射。过了铁路，敌弹肆无忌惮地吞咽着士兵的鲜血，封锁了他们前进的道路，像是在警告他们铁路那边是日军的地盘。

　　第一分队首先从铁路跃入菜地里，个个像得了狂热病似的，发疯地冲了过去。枪声更加激烈了。接是第二分队，担任小队长的宋世荣如一阵风冲了过去。随后，又有两个士兵跟着宋世荣越过了铁路。这时，接到"第二分队迅速到左边村里集合"的命令。命令就是纪律，这一来，他们没有像宋世荣三人一样闯入铁路对面的子弹地狱。

　　村里只有十来栋建筑，惨遭炮击，百孔千疮。在激烈的子弹声中，太阳战战兢兢，直往大地后面躲。就在这时，宋世荣和两名士兵一起回来了。宋世荣在流泪，气愤、窝火的泪水从他脸上止不住地往下淌。"你们怎么不跟随我这个分队长冲过去！贪生怕死吗！"他吼着像吐什么脏东西似的，李昌本向他说明情况，他咬着牙，强忍着眼泪。

　　晚风飕飕，吹透了大家的心。无人言语。

　　李昌本率领大家走进一所被炮弹炸飞屋顶的房子。屋子四周墙壁坍塌，里面满是断木头、炸飞了腿的桌椅，还有露出破布片的藤条行李箱。他们就在堆满了杂物的屋子里坐下休息。有四个大坛子，里面满是可口的腌菜，这一发现让他们喜出望外。他们把第二天的午饭都做好了，烘干衣服后，躺在断木旁睡着了。在这种地方生篝火会暴露目标，只好裹上破布片，躲在碎木板里相互依偎。

时针指向深夜12点。

夜空繁星闪烁，日军的照明弹像流星一般不时闪过。机枪子弹就像索命鬼般在啾啾作响。迫击炮在寒冷的夜空中轰鸣。这枪炮声不同平日，它犹如庞大的动物濒死瞬间耗尽全身气力、垂死挣扎时发出的狂吼声。夜色更深了，枪炮声也越来越大，就像是人在害怕时发出的颤抖一样。可此番日军的枪炮声并非进攻，而是消极防御。

恐怖的夜色愈浓，不安与疑惑也变得越来越沉重。偏偏这时，一排炮弹劈天盖地而来——

李昌本苏醒过来，艰难地翻过身，整个神经、骨头都痛得揪心。他想撑起来，却毫无缚鸡之力；想呼喊，却发不出声音；只能四肢朝地地趴着，喘着粗气。

第28团个个都是好样的，是有血种的男人！

他在想，第三营连日来攻势成功，虽然牺牲不轻，但官兵斗志与信心，亦见提高。昨天他还在告诫部队：第三营在战场上是整体的，往往因一部小胜，而带动整体大胜；亦能因一小部失利，牵连到整体大崩溃。正所谓，牵一发而动全身。因此，战斗间，第3营人人应该提高警觉及责任心，不计生死，争先恐后，自动肩负起最艰苦、最危险之任务，彼此友爱互助合作，才能发挥整体力量，第3营才会永远立于不败之地。而最忌者，怯敌与自乱，势必自取其败。

一会儿，他被枪声惊醒，可还是动弹不得，他抬头观望，不看则已，一看青筋凸暴，他眼睁睁地看到翟营长血溅沙场，愤然倒地。

他一时什么也想不起来了，脑子里只有"报仇、报仇"两个字在跳跃、在旋转、在呼唤，他下意识地用手在地上四处触摸着，什么也没摸到。他似乎觉得自己梗在一个坚硬的物件上，憋得胸口呼吸有点艰难。他将右手伸到肚下，哇，是手榴弹，而且是两颗。

他来劲了，悄声无息、费尽力气地将压在肚下的两颗手榴弹揭开盖，别在军裤皮带里，扣好口子，将拉环扣在手中，然后大口大口地深呼吸，静静地观察着、等候着。

三个日军士兵从破屋搜索过来，路

过他身边，李昌本用尽平生之力单腿"霍"的一声立了起来，日军士兵听见响动惊慌转身，警觉地举枪在李昌本身边围定，李昌本突然转过身来，叫道：

"来吧，杂种，吃吃我的手榴弹！"

手榴弹响了，李昌本与日军三个士兵被炸得血肉横飞。

尸横遍地

精忠报国　致死也未获得任命

李向阳是第10军直属工兵营副营长宋魁贤的同班同学，毕业后随部队留守重庆，此番奉命从重庆出差前往广西，路过衡阳时，他原本就想在家乡逗留几天，顺便还可探望一下老同学。这位工科生不大喜欢说话却是个很有情怀的人，忠孝仁义全装在肚子里。

巧就巧在李向阳抵达衡阳时，正碰上老同学宋魁贤与几个专家和军中才子在测量、计算、研究如何炸掉湘江公铁大桥，衡阳战役已迫在眉睫。李向阳琢磨道，此时再赴广西也是阻击日军，在哪儿都是打鬼子，迟打不如早打，再说出差也还有一周时间，他当即决定投效该营，方先觉也甚是欢喜，他也正在四处物色人才，截留有生力量一同护城。他十分高兴地拍了拍李向阳的肩膀说："太好了，非常欢迎你。你先参加炸桥，手续我来给你办。"

李向阳一个立正说："感谢军座，悉听安排。"

李向阳此时虽未获得正式任命，但不妨碍他拿枪出主意。他先是配合陆伯皋、宋魁贤等参与炸毁湘江公铁大桥，大战打响后表现更加英勇。

李向阳是衡阳常宁县人，有一个哥哥，父亲去世早，母亲改嫁到衡南县花桥。哥哥随江而流，与船工漂泊四方；李向阳则穿山爬岭靠砍柴卖柴为生。10岁的李向阳投奔母亲，却遭到了继父的白眼，始终不受待见，后来被一位教私塾的老先生收为义子，不仅学了一点之乎者也，还能喝上了一口热汤。

18岁那年，老先生去世。李向阳无依无靠，走上了从军的道路。

李向阳性格坚毅，沉默寡言，衡阳的山形地貌他非常了解熟悉。在军校工兵专业学习，出类拔萃，能力尤其突出的是刺枪及射击技术，十分优秀。问他从哪里掌握了这些本事，他说是小时候上山砍柴，打野狗子学的。来到工兵营才几天，便与第10军的官兵们相处十分融洽，大家都说，李向阳有礼貌，没架子，而且还蛮讲义气。

因为是副营长宋魁贤的同学，又是衡阳人，且特别和蔼，上传下达的任务少不了，每次作战还都有份。

工兵营三连连长在日军发起的第一次总攻中被炮弹击中，耳朵上方的头部已被弹片削去一半左右，创口下方的血突然像细细的喷泉似的喷出五六寸高，那血红的创口像裂为两半的石榴，裂口创伤有二寸长。三连长倒下的一瞬间，连哼也没哼。李向阳当时就在他身边，那石榴般流血的伤口和鲜血喷出来的情景时常在眼前闪现，让他一阵阵恶心。三连长拽在手中的枪怎么掰也掰不下来，三连长是死得不甘心。

谁也没想到李向阳就地给连长磕了三个响头，擦干血迹便上了火线，没想到苦战一天后，他遭遇了三连长同样的命运，日军一发炮弹打来，他躲避不及，十几块弹片便嵌进了身躯，伤得很重。

李向阳负伤后几乎不能自理，住医院，医院被炸；进防空洞，防空洞随后摆不下，半个多月东躲西藏，李向阳最后与几名伤患者聚居在一间被炮弹炸得百孔千疮的破板房中。

破板房中，李向阳与其他士兵一样丝毫看不出沮丧，反而人人脸上充满自信，墙壁上写满了士兵用粉笔、石灰写下的得意标语：

"勇兵精将守衡阳"。

"第10军就是衡阳，衡阳就是第10军"。

李向阳教新兵识字，一句一句地念。

念完了就唱歌，歌也是新学的，一个多月来，血肉纷飞的各个阵地一旦安静下来，流行的就是这首歌：

来雁塔尖插入云，

遇见鬼子刺刀冲；

不为名来不为利，

只愿阵前打冲锋。

8月6日，听说鬼子已打进城来，身边已见不到医务人员。怎么办？大家都是伤病员，走是走不出去了，等着鬼子来屠杀还是束手就擒当俘虏？

反正都死里逃生一回了，大不了鱼死网破呗。

日军来搜索前，两个还能走动的伤员弄来了汽油，一人手提一桶。李向阳拼尽力气、挂着拐杖迎上前去："给我吧，给我吧，你俩歇口气。"

说完，他接过汽油，认真地，小心翼翼地将汽油洒遍板房各处，尔后，坐下来，每人怀揣一颗手榴弹，静静地等候着。

不久，听到有日军在屋外叽哩哇啦大声吆喝，屋内没人应声。

大概是来了个汉奸翻译，喝到："皇军已包围这里了，一个个举手走出来！"

一个老兵喊道："操你妈。老子们都是伤病员，能走还能让你们给包围了！"

一阵嘀嘀咕咕，紧接着"砰"的一声，房门被日军士兵一脚踹开，环顾四周，一群伤兵，相围而坐，静默无语。

日军士兵心怀轻蔑，部分持枪怪笑，部分挎枪走近，指指点点。

忽听小个子李向阳大喊一声："拉——。"

火焰立即像一条条蓝蛇，"嗖"地窜向各处。木板房立即火焰四起，日军还未反应过来，烈火己封门盖顶，熊熊烈火中可以听到李向阳的呐喊声："小鬼子，给爷爷们陪葬吧！"

声音一如平常，全无痛苦之状。

手榴弹此起彼伏地响了，屋子中没有留下一条生命。

大义凛然，李向阳拉贼陪葬，致死也未获得上级任命。

清理战场

65 鹿精忠　浙江人
第10军第190师第568团3营营长
保定军校毕业

生子名湘江　生女名岳屏

8月6日，日军步兵第120联队在昨日攻占西禅寺高地（今步步高街生活广场西面）南端后，继续着手进攻天马山阵地。守军阵地多夷为平地，战斗兵员所剩无几。凌晨3时，第190师第568团第2营5连防守的演武坪阵地被日军突破，罗夫连长与官兵20余人全部殉国。日军50余人继而围攻左翼第3营阵地，鹿精忠营长指挥所部约30人奋力冲杀。记不住这是第几次冲锋了，每次冲锋都使许多人送了命。

鹿精忠却始终认定：冲锋是军队最有力的武器。它比大炮飞机以及任何现代武器都伟大。战斗越激烈，军人冲锋越果断，战果就越辉煌。鹿精忠从班长干到营长，枪一响就抱定了这个信念。

鹿精忠是浙江人，长得虎背熊腰，大方脸庞，两道眉毛又粗又黑，像是用浓墨泼上一般，说话时声若洪钟，中气十足。进入衡阳城第一次作战斗动员

鹿精忠像

时，他来到队列前，腰杆挺得笔直，全副戎装，左手按在皮带上，右手拿着一根棍子，啪啪地在靴了上拍了两下，然后大声说：

"弟兄们好！"

众人齐答："长官好！"

鹿精忠严肃地环视半圈，似乎很满意，接着又问："知道咱们为啥当兵

吗？啊！"这一问，全场鸦雀无声。谁也不知怎么回答。

"怎么想就怎么答。都是扛枪打仗的，有屁就放！"鹿精忠将棍子一甩，十分豪气。

队列里士兵被他的粗话逗笑了，一时活跃起来，有的说当兵有饭吃有衣穿不用自己掏钱；有的说好汉子就要走四方；有的说可以赚光洋；有的说立功了还能当大官。

"好，这都是大实话，人人都有不同的梦想。"鹿精忠用手指点了点，"我再问你们，你们怕不怕死？"他接着突然转了话题。

"不怕。"众人答。

"可是，脑袋掉了，饭就吃不上了，钱再多，官再大，还能带到棺材里去啊？"

他的话引起哄然大笑。

"不要笑，"他摆摆手，"你们说，我说得对不对？"

"对——"

"那我们当兵为了啥？"他再次问道。众人你看我，我看你，又开始安静下来。

鹿精忠用目光扫视了一下队列，然后自问自答道："大丈夫生于天地之间，就是要做一番惊天动地的事业，纵横大下，吞吐风云。雁过留声，人过留

名。我们当兵不是光为了自己，而是为了国家。为国家而战，这样才能建功立业，百世流芳。哪怕有一天，我们战死沙场，我们的血也不会白流。"接下去，他便开始了训话，主要讲了爱国、忠诚、军纪和训练等问题。时间不长，只有十几分钟，但简明扼要，铿锵有力。

朱直槐站在队列里对他的话心服口服。第10军是第三次长沙大捷的守城部队，也是常德会战的解围援军，他知道自己的上司是个什么样的人。一参军就跟着鹿精忠，鹿精忠时常告诫朱直槐，一个基层军官，带好兵主要看两条。

一是教育士兵要忠诚，忠诚上司，忠诚国家。

二是培养士兵敢打仗，听到枪声就兴奋，就手脚发痒。

鹿精忠毕业于保定军校。在衡山休整时，他对训练抓得很紧，大到训练科目，小到军容风纪，都一丝不苟，要求极为苛刻。他还按照日式操典，制订了严格的训练计划，除了操典、射击、劈刺、攻防等技战术科目外，还有高强度的体能训练。其中包括每周五天的强行军。每人需负重十几公斤，徒步奔走二十公里。有时还要求上沙袋。开始时，很多士兵根本吃不消，跑了没多久，便虚脱恶心，上吐下泻，瘫在地上爬不起

来了。

然而，鹿精忠从不怜惜。

"龟孙子！"这是他的口头禅，"撑不住就滚，这是军队，要享福回家享去。"弟兄们在背后都骂他，说他铁石心肠，不是人，是魔鬼。这话传进他的耳里，他并不生气，反倒振振有词。

"龟孙子！"他说，"有人说我是魔鬼，这就对了！我就是魔鬼。我要不当魔鬼，到了战场你们就会成了冤死鬼，到时连死都不知咋死的。"

为了增强战斗力，在参加常德会战前，他就在本营训练内容上，增设了拳术课和体操课。朱直槐自幼学过拳脚，身手不错。鹿精忠便把他和一些习过武的士兵挑出来，担任各连排教练，带着大家一起练。朱直槐打小在村里就不招待见，现在受到鹿精忠的重视，自然十分卖力。加上他生性要强，不甘人后，很快崭露头角，练就了一身过硬的本领。尤其是射击，每次打靶都名列前茅，成了营里的神枪手。这一切，鹿精忠都看在眼里，渐渐喜欢上这个兵了，认为他天生就是一块当兵的好材料。后来，全军奉命开往衡阳时，他还亲自点名推荐朱直槐来三营当了连长。

自端午节以来，经历了这一个半月绞肉似的搏杀，鹿精忠已几次想过自己的一生或许就在衡阳城结束了。面对天血流成河的场景，面对越打越多越疯狂的鬼子，面对日日盼援军、已经弹尽粮绝的窘境，不是据死固守，就是舍身攻击。每一次都是冲锋陷阵！每一次都把守护衡阳所拥有的激情力量当作自己终生的骄傲和荣誉。

而这最后一次冲锋，持枪荷弹的只剩三十几人，他最器重的朱直槐连长也已先他而去。

鹿精忠告诫精疲力竭、衣衫褴褛的士兵：为国家赴死之前，要抛弃一切私心杂念。一个优秀的士兵必须视死如归，毫不犹豫。

三天前，鹿精忠给怀孕在家的妻子写了遗书：

九妹吾妻，见字如面。鏖战月余，援军不至；此地酷热，烽火连天。上峰下令，全军固守，为国尽忠，为民尽义，吾父命名，"精忠"报国，今遂意也。幸汝安全，吾无忧哉。生子名湘江，生女名岳屏。汝谨记。

下面落款是鹿精忠。

遗书写好了，却不知去哪里寄，只能揣在兜里。

此时此刻，鹿精忠怀着悲怆的心情，已完全决心赴死。

正在危急之时，副团长李适率军械官墨德修及团部官兵20余人前来增援，合力歼敌。

将军横眉冷对　战场威严肃穆

身边的随从、士兵全部投入战场，日寇围上师指挥所（今司前街原石鼓区政府院内）时，潘质——这位湖南第一师范毕业后投笔从戎的军人，此刻，他不慌不忙，神定气闲，点燃一支烟，一圈一圈地吐着，他在思考什么呢？

或许，他想起一同考入黄埔军校第4期的同窗：谢晋元、张灵甫、胡琏、林彪，等等，一个个抗日猛将，有的已为国捐躯，有的仍然驰骋沙场。

或许，他想起自北伐以来，历任连、营、团、师各级职务，1937年"八·一三"上海战役痛击日寇后，随部先后转战庐山、修水、平江、长沙、常德，最后驻守衡阳。或许，他想起了五桂岭的争夺战。那天，日军已占领了五桂岭的一半，方军长令他带领569团的官兵前往堵击，他们以雨点般的手榴弹和猛烈的冲杀立即把潮涌而入的敌人挡住，有20多个敌人被他们围在一座较为牢

潘质 像

固的砖墙屋子里，进不能进，出不能出，整整两天，时不时还用机枪扫射一番，硬是将鬼子困住就地埋葬。

或许，他想起了占领了江西会馆（今湘江南路云沙诗意段）的敌人，也在他们的火力监视下，虽然每夜组织十余次的拼命突围，除了丢尸弃甲外，始

终无所作为。位于五桂岭上衡阳较为像样的建筑之一——中正堂（原雁峰区政府院内），直到失守前仍在守军手中。

或许，他想起这46天中，城内城外都是战场，烟火蒸腾，尸横遍野，臭气熏天，简直是个人间地狱。他已无数次走向阵地，身先士卒，亲力亲为，满以为尽职尽责总会有个好结果，可全军鏖战一个半月却未得到一兵一卒的增援和粮弹补充。到如今枪弹粮药已完全耗尽。炮弹没有，手榴弹没有，子弹也没有，连刺刀都卷了刃！

怎么会陷入这种地步！

一阵一阵传来的哭泣之声，或远或近，或号哭或低泣，时有所闻。今天清晨，他就去安慰已停止战斗的官兵，老远就看见他们满面泪痕，有的抱枪坐泣；有的泪水盈眶，正在埋葬战死的同伴；有的在为负伤者裹伤；有的将枪用力向山石上摔去，口中骂着："他妈的你拿去。"还有人自言自语："老子的枪不缴给敌人，将它埋入地下。如有机会，老子挖出来再与他拼个死活。"

也许，他什么也没想。

一支军队的窝囊、憋闷、悲愤、仇恨……此刻，集中爆发了，没人害怕强敌，没人考虑活命，没人想到逃避，没人心存侥幸，更没人充当汉奸。不再是软弱可欺，不再是一盘散沙，不再是苟且偷生。反正都是死，那就尽情享受生命最后时光的精彩吧。

他整了整军装，孤身一人端坐于桌前，怒目而视。手枪摆放在桌上，已无一颗子弹。

"砰"的一声，包抄的日军士兵破门而入，见此场景，相互对望，不知所措。

一名日军军佐挥刀走了进来，见潘质戎装整齐，威严肃穆，顿生敬畏之心，叽哩哇啦一番，全体士兵鞠躬退到门外把守。

坚持47天的衡阳保卫战，在幸存官兵泣血锥心的痛苦中结束。

209

他栽倒在渠道堤坡的泥土里

日军空军8月2日依旧对衡阳城疯狂地轰炸了一天。

是夜，风雨交加，张志贞率该连仅存30余人，由西禅寺（今蒸湘南路原衡阳动力配件厂段）出发，奇袭汽车西站附近（今解放大道丽天名园售楼部段）的日军大部队。面临生死抉择，面临共同的危险，为了守护衡阳的共同目的，他们在驻地集结时，没有任何意见冲突，商量完人员配置便悄悄出发了。

"注意警惕后面的意外情况！"

"机枪压满子弹了吗？"

"大家都带了刺刀吗？"

"检查手榴弹。"

各队负责人相互提醒、嘱咐，小心翼翼地在枪声中穿梭往来。他们伏在狭窄的房间等待着机会。子弹飞得很高。枪声毫不间断，四周不时地射来暴雨般的子弹。

一开始汽车西站东边有零星枪声，

战役打了40余天，双方都习以为常。但张志贞特别告诫部下，一定要以静制动，不能暴露任何迹象，一旦对汽车西站形成包围，就责无旁贷地、毫不留情地冲杀进去，把子弹、手榴弹全部留给鬼子，一粒也不要带回来。

张志贞的战略开始收到效果。一队掩护；二队用机枪横扫开路，直接杀进院内；三队用短刀、手榴弹寻找目标，重点是炸掉日军的辎重与弹药库。

一队占据各个制高点及有利地形，见鬼打鬼。

三队与二队前后包抄，同时进入，谁有利谁先动手，以响声为号。

二队由张志贞亲自率领，直插日军心脏。三路人马个个精神抖擞、同仇敌忾，将汽车西站的日军围了起来。

日军的末日到了。

晚上九点半左右，三队的前方有几个日军辎重兵在给马匹喂水。打完水，

210

经过返回途中必经的狭窄道路时，他们做梦也没想到死亡正在那条路上等着他们。前方走来两个三队队员，居然面露微笑，殷勤地低下头与他们擦肩而过。辎重兵们毫无戒备地开心地说着话就走过去了。这时，突然背后响起了手枪声，一个辎重兵倒了下来。接着，第二枪，又一个倒下了。第三个被三队的队员搂住，用短刀捅穿了右肺。

三队队员们立刻安放炸药，只有准备喂马的水和日军占领汽车西站的第一批三名辎重兵的鲜血在狭窄昏暗的路上流淌。

紧紧关闭的汽车西站后门打开了。

张志贞率领的二队也抵近了院墙，广西籍士兵梁宝才身体一跃就攀上大树悄悄地溜进了院墙。

"好小子！"张志贞暗暗赞扬，实在是有点飞檐走壁的功夫！

梁宝才靠着房屋右侧的墙壁，在黑暗中凝视着，过了几分钟左右，他向张连长发出了信号。

张志贞迫不及待地下令："袭击！"随后右手一扬，"轰——"，"轰——"手榴弹在黑暗中爆炸。

三队布下的炸点同时开花，日军在汽车西站的辎重及弹药一霎间灰飞烟灭。

二队在黑暗中寻找日军的踪影，激烈的爆炸声震耳欲聋，一个劲地刺激着队员们的神经。机枪声唤起了勇气，又感觉到精神特别振奋。特别是日军士兵叽哩哇啦的乱嚷，让他们知道哪儿还潜存着敌人！格外小心。

梁宝才端着枪钻进了一个墙角处。见一个日军士兵惊慌地从面前穿过，二话不说，端起枪就捅了过去，这是他第一次近距离用刀杀人，居然没有一点胆怯。借着爆炸的火光，梁宝才突然发现，倒下去的鬼子手上没有枪，而是拿着一套日本防毒面具。

这可是宝贝！梁宝才想，此处居然有这种秘密武器。咱们可算是被鬼子的毒气害惨了，有了这面具，老子就更不怕他了。他放好长枪就去收拾防毒面具，不料，斜刺里一名头顶小方帽的日军伍长挥刀刺了过来，梁宝才吓得一甩手，将防毒面具扔向鬼子伍长，便机灵地转了个身，但来不及了，左胳膊还是被刺掉了一块肉。梁宝才想去抓枪，但鬼子伍长"嗷嗷"叫着扑了上来。

惊惶失措的日军试图乘着夜色突围，但刚一冒头便被早已占据地绝佳地形的一队队员当作靶子，一枪一枪地被打得人仰马翻。

一阵横扫过后，二队冲进院子时，带着小方帽的日军伍长已经横尸院中。他身上中了两枪，背后深深地扎着一把刀。那刀是张志贞扎下的。

据梁宝才事后回忆说，他胳膊受伤，流了不少血，在与日军伍长博斗时，很快处于下风。日军伍长一身蛮力，把他压倒在地，挥拳猛击。就在他命悬一线时，张志贞扑了上来，从背后狠狠给了日军伍长一刀。这一刀帮了梁宝才，他趁机掀翻了日军伍长，从地上抓起枪，连开两枪。日军伍长的身体像面袋似地弹了两下便不再动弹了。

"多亏了张连长，"梁宝才后来经常说，"要是没有他，我早就完蛋了！"

张志贞连的突袭，使日军晕头转向。但很快，日军增援部队赶到。

双方战斗进入白热化。

张志贞见任务已经完成，命令全连撤退。

梁宝才转身跑回去拿防毒面具，却见连长依然趴在一沙袋前拼命射击。

"连长，走啊！你还等什么？"梁宝才吼道。

"我掩护你们。我中弹了，你们快走！"

梁宝才扑了上去，才发现连长右腿已被鲜血染红。

"我来扶你。"梁宝才一把将连长拽了起来。

又有一个队员赶了过来，与梁宝才一道，一边一个，架起张志贞往站外撤退。

"啪——"，一颗子弹突然射来，没有击中。第二发、第三发……子弹纷纷落在脚边，击起一股股尘土，还是没有击中，眼看就要登上堤坡了，那位队员就像石头一样栽进了小渠里。鬼子的子弹无情地夺去了那位队员的生命。

枪声炒豆般地在身后响起。子弹划空而过的"嗖嗖"声在身边飞过。

张志贞与梁宝才艰难地爬上了堤坡。但是，没有一块石头的水渠堤坡全是泥土，好像吸住了张志贞的脚，拒绝让他向目的地自由活动。张志贞无法跑起来，在他拼命但很慢地跑动时，射过来的子弹穿过了他的身体。他把绝望的身体抛在了堤坡的泥土上，梁宝才也筋疲力竭地随之倒了下去。

梁宝才第二天受到表彰，升任排长。

日军伤亡惨重。然而张志贞以身殉职，队员们将他的遗体抬回，葬于西禅寺前。

68 杨光荣　河北邯郸人
第5军第48师战防炮营4连连长
黄埔军校第17期毕业

勇夺西禅寺　孤军斩贼寇

杨光荣所在的炮兵营除了第1连外，第2连配属给第10军第3师，第3连配属第10军第190师，布置在江边。衡阳从南头到北头有好几里，这边就隔着一道江，杨光荣进入阵地时，日本人还没到湘江东岸，于是他们着手和第10军的部队一起筑工事。

炮兵工事构筑有一种说法叫"扒山"，意思就是扒开山，然后切掉，形成一个坡度，这样跟墙一样。炮兵在墙底下的平地下面挖下去四米，将炮就放在这个半山腰里。

修这种工事的目的有两个：第一个是防日本人的炮，第二个是防日军的飞机轰炸。工事上边的树啊草啊什么的没有动。连里指挥这个两炮台，排与排则有交通壕联系。

半个多月后，日本人开始攻击，来势汹汹，之后湘江东岸失守，衡阳守军有计划地撤退到湘江西岸。

杨光荣像

杨光荣认为第10军的士兵很厉害。日本人攻到距离阵地三四十米时，第10军就枪炮齐发，日本人一败退，第10军就趁这工夫出来反冲锋，一反冲锋日本人又死了不少。来回这么一拉锯，日本人兵力不行了，因为守军躲在工事里头，日本人攻击没有工事利用，所以很好打。

日军久攻不下，部队伤亡厉害，于是重新调兵遣将，但第10军被围在城里没法换。日军换了指挥官，作战部署变成晚上不攻，天一亮就攻。第10军还是顽强固守阵地，于是日军就把湘江东岸的飞机场利用起来，开始轰炸西岸，所有的城池、街道、房舍、工事，只要有建筑的地方就轰炸。

6月30日那天，杨光荣正躲在临时搭建的防空洞里，一个燃烧弹把杨光荣的帽子炸飞了，衬衣也炸飞了，背部炸伤了一大片。满背跟洒豆子一样，坑坑洼洼。飞机呼啸过后，就有人喊："杨光荣，你头发烧了。"杨光荣连头都没抬，赶紧把头搁地上滚，滚完后用泥土往上浇，跟洗头一样胡乱搓。

燃烧弹很快引起了全城的大火。衡阳房子木料结构多，烧了几天几夜，从南到北整个烧光了。第10军防守的阵地弹药无处放，囤积的物资成了灰烬，粮食没有了，伤兵没地方搁。阵地被炸得一片瓦渣，但依然坚固。于是日军加强炮兵攻击，用炮火覆盖。第10军伤亡更大，即便这样，第10军还是坚持下来，日军依然无法前进。

第10军能守，却无法反冲锋了，只有招架之力没有还手之功了。

8月4日晨，坚守衡阳的第43天，日军近十万兵力开始第三次总攻击。第10军人越打越少，士兵伤一个撤回一个，死一个少一个，兵员没法补充，弹药没法供给，部队也从一道防线、二道防线逐步地往后退，到最后过界退到炮兵营炮台后边去了。炮兵自身没有抵抗力量，于是日军步兵师先攻炮兵，哪守得住啊，守不住也不敢退，连长打得不见了，副连长排长士兵都拼完了，打到最后剩下一个副排长，带了有十四五个瘸了腿的、歪戴着帽子扶着走的伤兵往营部走，西禅寺阵地失守。

杨光荣曾经跟这个副排长很熟，他大吃一惊："怎么一连的退回来了？"

"炮兵阵地失守了。"副排长忿忿不平。

杨光荣问："你们连长呢？"

"剩下的都在这儿了。"副排长右手一划，说得咬牙切齿。

杨光荣血冲脑门。

按军队纪律：丢失阵地者杀、丢失武器者杀、遗弃伤兵者杀！即便是你负伤了，把其他伤兵丢在阵地上，也是杀无赦。这些纪律，他们个个都犯了，谁还敢回去啊？这都够杀的条件了。杨光荣很发愁，立即向营长刘卓汇报，刘营长也没主意了，合着手，闷头不吭。

杨光荣说："营长这样吧，你也别为难，我们打回去。你给我些人吧。"

于是刘营长把文书、警卫、号兵、理发员等共22个人召集起来，把一连打剩下的人也拉回去。那十几个刚从阵地上下来的一听又要打回去，有几个不愿意。刘卓把手枪一掏："不回去者，就地枪毙！"谁也不吭声了。

杨光荣把人员编成三组，让三个组长带着。留下几个一连的，嘱咐他们抬着副排长走。说完杨光荣跟通信员说，万一我牺牲了，你写信去我家告诉家里，就说我为国牺牲，效命疆场了。

当天晚上，杨光荣带着他们悄悄摸到西禅寺外。月亮模模糊糊的，帽檐在前影响视线。杨光荣令大家把帽子都翻过来，让副排长带一组人在外面等着，另一组预备队在后。他悄悄地带两个兵爬墙进去，原准备将哨兵干掉。结果弄出动静，哨兵开了一枪。里面一个小队长点上个烟正在看地图，一听枪响，把烟吐出去，说时迟那时快，杨光荣上来就把他抱住了，他蹦起来噢噢乱叫，拼命挣扎。

外面的人一听见枪响，都翻进墙里，大声喊"杀"。

一个日本兵端枪冲进来向杨光荣直刺，军械兵张闯举起枪托把日本兵的枪砸了。日本兵一口把张闯的左胳膊咬住，张闯疼得不行，右手掏出手榴弹把他脑袋砸开了花。紧接着张闯又跨步上前，抢起右胳膊将杨光荣抱住的小队长脑袋砸掉了半边。

那位副排长带着人冲进来就拼刺刀，三个日本兵围着他，他当即刺死了一个，刺伤一个，倒在一边不能动，另外一个吓跑了。杨光荣看呆了，连连说："回去就给你请功。给你庆功。"

阵地恢复后，月光也比较明亮了，杨光荣一个人坐在西禅寺外的一棵大树下，给预备第10师第29团团长打电话，请求支援，我们要反攻。

团长说行，你把哪个哪个地方攻下来，我派兵支援你。

杨光荣心里想，算了，哪里还有兵力支援呀？还是自力更生吧。

收复了阵地以后，杨光荣命令大家，把炮赶紧送后方去。

8月6日，预备第10师第29团阵地失守，日军进城了。杨光荣身边就剩四个兵，他们把最后一门炮拆了掩埋起来，然后去营部，找不着人。杨光荣说："咱得想办法得走，不能当俘虏啊，不能当汉奸给日本人带路啊。"

里二层外二层都是日本兵，跟铁桶一样，陆地走不了，就往江里走。趁着夜色，他们找来两三根粗壮的屋梁木头，慢慢拖到江边，用空军空投物资时的降落伞绳子，每个人一根绳子，一头绑在木头上，一头绑在腰上，杨光荣把关防、符号、官阶都装在水壶里，盖子一盖，往身上一挎，就往水里走。

五个人中有一个湖北兵，不会水，他怕大家把他丢了，趴在木柱上，没平衡好，一滚掉江里去了。节骨眼上，又不敢大声，江水又急，想捞也不敢捞。还没起步就牺牲了一个。剩下的四人漂到下游大约五里路的一个渡口，碰上日军过河，渡口两边都是马灯。杨光荣急令三人钻到水底，日本人一看，是几根木头，并未在意。

过了渡口，杨光荣赶紧拽紧绳子浮上来，等到大气喘完了一看，怎么只有两个兵了？"袁兴，袁兴呢？"

没有回音。

杨光荣拽拽绳子，绳子扯上来两米多，不见人。又丢掉一个，只剩下俩兵了。

他们从衡阳的西北边过去，准备回到广西第5军留守处。沿途历尽艰辛，回到广西全县（今广西全州县），报社记者和县政府都派人来慰问。

1949年，杨光荣所在部队起义，他被编入解放军汽车四团，驻扎四川雅安，负责运输。

1950年被派到第38军112师炮团，11月随军抗美援朝。

对日军发起反攻

216

69 章振宏　湖北人
第10军预备第10师第29团3营加强连2排排长

活着是为了今天的战斗

范家庄高地（今西站路小学）由预备第10师第29团第3营一个加强连据守，第3营主力在西禅寺阵地。

范家庄同西面虎形巢（今市六中校内）一样，北面是一片水田，日军无所遁形。于是，心焦气躁，狂妄骄横的日军改由汽车西站沿公路向范家庄的西北面进攻。每次鬼子的出动，范家庄阵地都得到了据守西禅寺主力及时的火力配合与掩护，使范家庄岿然不动。

日军首先用炮火破坏守军阵地工事及障碍物，试图于白天以极为疏散之队形悄悄地接近范家庄阵地。守军当即就洞悉了日军的企图，一阵有力的打击后，将他们歼灭于阵地的障碍物前，让他们有来无回。

之后日军改为夜间进攻，往往能从破坏口进至范家庄削壁悬崖之下，但全部都死于守军的手榴弹爆炸之中。接连五昼夜，日军都未能越雷池一步。

日军的狂轰滥炸和连番攻击，致使范家庄阵地的加强连几度陷于绝境。子弹告罄，日军的新一轮攻击开始发挥快速机动的优势，先是西北面外围防线被攻破，接着主阵地防线也受到威胁。有一次，日军的步兵已经冲进壕沟内，营长严荆山见状，亲自带领预备队增援。他大喊："兄弟们，都跟我上！"率先冲向日军的攻击队形。官兵们蜂拥而上，与敌人展开肉搏。

预备队的陈友忠排长被一个日军中佐用刀劈倒。章振宏大叫一声"危险！"，上前扶住陈排长，只见他的半边脸已被削去，血肉模糊糊，惨不忍睹。又一个日军士兵端着上了刺刀的三八大盖冲了过来，章振宏闪身躲过他的前刺，挥起手中枪托，奋力向其腿部横扫过去。这是一个剃着平头上身居然赤膊的大块头家伙，他仰面摔在地。这一下摔得不轻，手中的长枪也飞了，半天不能动弹。章振宏从地上操起一把带着刺刀的枪朝他狠狠扎了下去……

日军终于被打退了，但加强连损耗减员100余人，包括赶来增援的预备队，连长、副连长及五个排长先后阵亡，战斗人员几乎被打光。短短五天，章振宏已从一个列兵被任命为2排排长。

到了第十天，预备队与加强连一起，整个阵地只剩下30多人。营长严荆山负了伤，章振宏的左腿也负了轻伤。而此时营长严荆山接到命令，火速赶到第30团担任副团长。那边张家山拉锯战尤为惨烈。

大家都觉得再打下去只能死路一条，纷纷要求随严副团长撤退。章振宏一瘸一拐架起严荆山，把他放在担架让士兵抬往30团指挥所。严荆山大怒，他挣扎着从担架上滚下来。"狗日的！"他大声骂道，"我枪毙了你们，没有命令，谁也不许后退！老子也不走！"

一个兄弟几乎是跪下来哀求："副团长，不能再打了，手榴弹、子弹都快没了，还是撤吧！"

"混蛋！"严荆山大声吼道，"要撤你们撤，我严荆山是军人，绝不贪生怕死！"

章振宏走过去，敬了一个军礼说："军令如山。副团长，您先走吧，30团更需要您。"

"这儿怎么办？"严荆山盯着他问。

"有我呢。"章振宏俨然信心十足。

"那好，我先去30团，不要人送。"

"您的伤——？"

"没关系，爬也要爬过去。"

弟兄们无奈，一齐把目光投向章振宏，现在他的职务最高，大家都在等他拿主意。章振宏被他们看得心里直发毛。"他妈的，都看我干吗？"他恼怒地吼道。

有个老兵小声嘀咕了一句："你就发句话吧，我们撤不撤？"

"撤？往哪撤？"章振宏骂道，"副团长都不让撤，他妈的谁也不准撤！"

那老兵说："那就死吧，要死死在一起！"

有人呜呜哭起来。章振宏骂道："吊什么丧啊？我们还没死哩！"

章振宏接着鼓励大家说，我们已经坚持了十天，援兵很快就会到。别他娘的垂头丧气了！战场需体力更需要气力，气力是精神，气力是斗志！现在清点人数、清点弹药。

"还有17人。"老兵回答。

"各人身上的子弹存数不清楚，堡

内还剩机枪子弹2箱、步枪子弹3箱、手榴弹11颗。"

章振宏神色凝重："我命令，老兵带一个人去团部报告战况，主要目的是多搞点弹药来。立即出发，活着回来！其他人分成三组，每组五人，各守一个碉堡。现在把剩下的弹药平均分了。"

太阳终于在大地的尽头沉了下去，夜幕降临，排长章振宏，与他的兄弟分别钻进三个碉堡，坚守不退。

他们过去的一切都是为了今天的战斗。他们为了阻止日军"一号计划"、死守衡阳而活到今天。而且，他们达到了自己的目的。

守军战士整装待发

三十八名日军士兵给他陪葬

王嘉祥长得白白净净，看上去似乎有些弱不禁风，实际上很能吃苦耐劳，又极有服从性。最大的特点是，他经常能排除一切干扰和困难，去完成上级交予的任务。

7月15日晨，日军攻入江西会馆附近的下新街（位于湘桂路铁桥之两端，在铁路以北者为上新街，铁路以南者为下新街）。该处为第3师与预备第10师作战地境交接部，东贴湘江，西依五桂岭，如不尽快收复，日军将利用江岸及街道破房烂屋作遮蔽，逐步渗透集结兵力直逼五桂岭，故两个师的守军都深感责任重大，积极策划如何夺回该阵地。

直属搜索营第1连于是日下午2时，奉命归预备第10师指挥，待命攻击。

其实，该连曾于开战前，担任过该处的警戒任务并参与构筑工事，官兵们对这一带的地形地物还算熟悉。现在命令他们来此收复失地，故全连士兵人人都显得成竹在胸。

日军炮兵射击猛烈，连长命令士兵趁日军炮火之间隙，快速运动至上新街东侧五桂岭的山坡上构筑简易阵地，先对入侵之敌实行火力压制。

这五桂岭与上新街之间，有水塘隔绝，街道地形狭窄，两旁破屋茅房，一间挨一间，一群日军占据了那里的几栋木头造的连檐空民房，房子是依山而建，有一定高度，易守难攻，即使是攻进民房，也是敌暗我明，容易造成大的牺牲。

时值炎夏，烈阳高腾，房屋干燥易燃，居民财物早已撤离一空，按照师长葛先才的命令，木架房屋，一点就着，极易燃烧。若再泼上点汽油，风助火势，便会烽火连天。皮之不存，毛将焉附？将房子烧了，看你还往哪儿跑？采用火攻，可迫使敌人不战自退。

下午3时许，连长将任务交给了第

4班上士班长王嘉祥。明知道是块硬骨头，王嘉祥依旧二话没说，转身在本班挑选了5名精干士兵，一律用绳子扎紧衣袖裤筒，浑身上下用井水浇透，携带煤油、酒精、棉絮等易燃物品，在全连火力掩护下，冒死提起油桶，先后分散往前冲去。

6个人翻腾跳跃，一个个接近了民房，但日军发现了他们的意图，用机枪将他们压在房子边上的一土坎下，3名士兵试图从左边跃进时被击中倒下，有一名忍着剧痛坚持冲进屋中，但还未来得及点燃引燃物品就被日军以刀刺杀。

王嘉祥见此情景怒不可遏，把心一横，带着另两名士兵从右路杀进，尔后厉声命令士兵将汽油全部浇到自己身上，催他们即刻撤出，一名士兵稍有犹豫，王嘉祥飞起一脚踢在他的屁股上：“快走！”

说时迟，那时快，王嘉祥划了一根火柴，“轰”地将自己点燃，霎时烈火腾空，烟雾弥漫，一团燃烧的火球已呼啸着直奔隔壁的内房子之中，日军惊呆了，还没有来得及想明白是怎么回事，几个日军士兵被烧得前滚后翻，余下的不约而同地从潜伏的门角旮旯、窗台掩体里跑将出来，向下新街及江西会馆方向逃窜。

连长臧肖侠一见，肝胆俱裂，他万

没想到王嘉祥会拿自己做火引子，急得大喊：“不要这样呵，王嘉祥！”但为时已晚，眼睁睁地看见一个火人冲进了连檐空民房中。连长几乎是带着哭腔下令：“打！给老子封锁路口，狠狠打！一个鬼子也不能放走。一个也不能放走！”

紧接着，房子噼啪噼啪地燃烧起来了，屋外机枪像爆豆似的狂炒起来，迫得日军无路可逃，38名日军士兵全部给王嘉祥陪葬于火海烈焰中。

王嘉祥壮烈成仁。

日军在抢修已被破坏的湘桂铁路衡山段

血拼致死　死不瞑目

7月19日晨9时许，左翼部队第3师第8团的吴兰生连长向直属搜索营第1连连长臧肖侠通报："日军约数十名，正由江西会馆方向，利用湘江堤岸作隐蔽，正迅速向贵连阵地移动，估计很快就会攻击贵连，望严加备。"

臧肖侠连声说："谢谢，谢谢，鬼子亡我之心不死，居然偷袭我搜索营了。"

"我派侧防火力支援你，祝你们好运。"吴连长放下了电话。

正当臧肖侠准备去王清山排防守的阵地（今湘江南路原木材加工厂段）时，忽听"轰！轰！轰！"连声巨响，日军的炮弹已如雨点般落在该排的阵地上，来不及了，炮火延续约20分钟之久，臧肖侠只好电令排长王清山："立即抢修防御工事。"

王清山灰头灰脸举目张望：不仅工事大部分被炮火摧毁，就连阵地内的数十株柑桔树，也被炮火削去枝叶，仅余秃

干，鬼子炮火之猛，发弹之多，已可想而知。

日军步兵于炮兵停止射击之瞬间，即向守军防线开始猛扑，王清山所在阵地只能以残存兵力，抵御日军凶猛的攻势，防守的枪声越来越稀疏，王清山实感力不从心，情况万分艰巨。

日军一个小队长精神抖擞，举着一把日本刀，指挥日军士兵一堆堆一队队地压了过来。

紧张、严峻，连硝烟都似乎更加浓重，王清山感到连气都喘不过来。

日军在一步一步地悄悄前进。日本刀似乎也在发出清冷的寒光。他们越过堑壕来到了草地，杂草缠住鞋子，已能听到"扑哧扑哧"的声音。守军的神经集中在眼睛和耳朵上，人人耳朵竖起来像马的耳朵一样非常警觉，眼睛大概也像野狼一般闪闪发光。手中的枪紧贴在腰间，手榴弹一个个拧下盖子摆放在身

边。大概三十米左右的时候，日军小队长"刷"地高高举起日本刀，大声喊道："哇！哇呀呀——"其他士兵像野狗被人踢了一脚一样，跟着也"哇呀哇呀"地喊起来。一个个像是上足了发条似的猛冲到阵前。

喊声也激发起守军的情绪，手榴弹雨点似的抛下，轰隆隆，鬼子不死即伤，躲都没地方躲。在横七竖八的尸体前，堕入绝境的鬼子居然架起来人梯。一个曹长疯狂地爬上人梯，底下人突然支撑不住，曹长摔了个大跟斗栽在地上，这样连续二三次也没成功。一个手榴弹下来，曹长灰飞烟灭。

王清山内心的煎熬，已非语言所能形容，他唯有直白地告诫部下："抱必死之决心，与阵地共存亡。轻伤者，裹伤再战，不准后送。"

敌人攻势愈来愈猛，手榴弹爆炸声没了、枪弹声渐渐停止了，代之而起的是刺刀肉搏声、喊杀声，鬼哭狼嚎，日军士兵一个个地倒下去，搜索营伤亡的士兵一个个抬下来。

排长王清山左腿中弹，他单腿倚靠树干，与鬼子拼起了刺刀，毕竟单腿难移，左挡右防，右胳膊被日军三八大盖的刺刀捅穿，一颗流弹飞来打在肚子上穿肠而过，他一头栽在地上痛得晕死过去。

没人能关注到他，苏醒后，他艰难地爬到阵地后的破房内，里面已躺着十几位伤亡的士兵，死了的身边一滩血迹，喘气的诅咒般地呻吟，伤员们疼痛难忍，

衡阳保卫战中的中国军队

有的喉咙发出笛子似的叫，有的发出暴风般的叫喊，状况凄惨，不忍卒目。

王清山有气无力地问道："卫生队呢？担架兵……呢？"一个头裹纱布，只露双眼的士兵用手指了指说："都补充上去了，无人接送。"

几乎没有人肚子中弹后被救活过。

王清山用背包捂住肚子，声力竭地叫喊着，痛苦地挣扎着："给我一枪！啊！难受！给我一枪！"声声刺透了士兵们的心。

他憋住劲仍然悲痛地哀求："小子们！小子们！平常都说咱们是战友，为什么现在不听我的？喂！求求你们，给我一枪！给我一枪！"士兵们泪流满面，悲愤不已。

他仍在痛苦地挣扎，一声声"为什么不给我一枪？为什么不杀死我？你们整我吗？你们还算战友吗？"的呼喊，揪心的痛苦呼喊，犹如地狱中的咆哮。暑热中，像一团火一样烤灼士兵们的心。人在生死关头也许是非常单纯的，但他那痛苦的悲鸣却令每个人浮想联翩。他发疯般地痛苦呻吟，直到咽下最后一口气。好端端的一条生命就这么结束了。

突然间，"哐！哐"几声，传来了迫击炮弹的爆炸声，士兵们的悲鸣消失了。

"喂！朱志才被打中啦。腿被炮弹炸飞了。"

他妈的！又一个负伤了。全排能动的全都涌了出去。一个个像一匹匹野狼，冲杀过去。

224

72 王水根　浙江萧山人
第10军预备第10师第28团2营5连士兵
在萧山读过私塾

伤疤是一枚永不褪色的勋章

1921年出生的王水根读了几年私塾后，便跟着父亲务农了。1937年，日本鬼子打进上海，16岁的王水根就开始躁动不安了，村里的老百姓在议论，县上的报纸、广播天天在号召：有钱出钱，有力出力；十万青年十万兵；保家卫国，责无旁贷等，岳母给岳飞背上刻字"精忠报国"的故事整日在脑海里盘旋。母亲去世早，他无法找人刺字，但丢掉锄头拿起枪杆去保家卫国的愿望与决心却没有谁阻挡得住。

18岁的王水根加入了抗日部队。在本省绍兴只住一个月，他便随部队开到了湖南湘潭参加半年的新兵训练，水里来，泥里去，摸滚爬打，勤学苦练，在掌握了基本军事知识后，王水根被分配到了预备师，之后三个月正式分到第6军，在广西南宁参加了对日作战。

第一次上战场，王水根并不畏惧却运气欠佳，一颗手榴弹将他的左手臂炸

王水根像

伤，他在桂林医院治疗了3个月，伤愈后由老乡介绍，在贵州加入第10军预备第10师28团2营5连，之后便跟随着部队一路打到湖南。

这期间，吃得苦不怕死的王水根参加了第二次、第三次长沙会战，常德会战，衡阳保卫战，并多次负伤，手臂上、肩上、背上疤痕累累，几次大的战役下来，让王水根一听到枪声就来了精神，他总是习惯地挽起双袖，在掌心里

吐一口唾沫，双掌一揉一擦地说："来吧，老子不在乎多一块伤疤，想我死的子弹还没造出来呢。"

而最让王水根难以忘怀的还是衡阳保卫战。王水根回忆那场抗战中最惨烈的战役，"第10军居然以1.7万兵力对阵日军5个师团10余万人。仗打得实在太激烈了，日军发动了一次次自杀式冲锋，打倒一批，又冲上一批来，怎么打都打不完。"

一开始，王水根所在的第28团作为预备队镇守南门，几天后，团长曾京坐不住了，主动请战。王水根是老兵，早就不再惧怕激烈的厮杀，如雷贯耳的枪炮声，已让他的双手发痒了好几天。

在接龙山阵地，营长余龙右股被敌弹射穿；排长率领士兵冲锋时被炸弹削掉半边身子；枪林弹雨中他根本就不假思索地对士兵吼道："现在我是排长，听我的，趴下喘气五分钟，鬼子炮火一停，就跟着我冲。"

反击结束，重情义的王水根，想跟战友们找回老排长的尸首，可满山都转遍了，就是找不到。

6—7月的衡阳已经很热了，成堆的尸体没多久就已经面目全非。或许老排长被又一轮炮弹炸碎了，或许被炮弹掀起的巨石泥土覆盖了。没有更多的时间去寻找生死兄弟的尸骨，王水根带着战士们又与敌人继续殊死战斗。

整整守了47天，部队打到最后就只剩伤兵了。战斗中，王水根再一次被炮弹击中了肩膀，由于缺医少药，只简单处理了下伤口，弹片留在了体内。

或许是曾经离死亡太近，这点伤竟让王水根觉得命运没有亏欠他。他说："战死的、重伤的、感染毒气的战友太多，排长连尸骨都未找到，我还能活下来，已经很幸运了。"

从衡阳保卫战幸存后，王水根又先后调配到衡山县自卫队、第74军58师，饱尝战时的颠沛流离。

抗战胜利后，他决定挂甲归田，回乡务农，过着简单的田园生活，他觉得这一生已经足够。

王水根如今的生活很简单，村里后辈对他十分尊重，又有志愿者找到他、赞颂他，让他很高兴。王水根不知道，他所参加的几次战役都是抗战史上较著名的战役；他更不知道，由于在衡阳47天的坚守，中国军队的顽强震动了日本朝野，当时的东条英机内阁因此下台。

王水根95岁那年，后辈们为王水根戴上纪念章时，他笑着任志愿者在他外衣上摆弄，他还指了指肩膀下的一个疤痕说："这里，已有一个勋章。"戴上纪念章后，王水根向大家敬礼。军礼依然坚定、依然标准，王水根眼里有久违的激动，仿佛战火硝烟昨日才刚刚褪去。

73 陈过枝　福建龙涓人
第10军预备第10师第28团2营4连机枪手

弹尽粮绝　血浸山冈

1939年端午节那天，18岁的陈过枝与10多名同乡被抓丁入伍。在乡公所一人一支烟一碗酒一碗饭，吃完就集合，步行进入江西，再转入湖南醴陵、长沙、湘潭。在湖南三年多，他一边参加训练，一边从事后勤保障，之后被分配至第10军。

陈过枝一直跟在比自己大两岁的排长李浚身后，学会了很多打仗的本领。

战斗歇息期间，李浚教陈过枝识字，教过他打枪、扔手榴弹，还为他补衣服。很快，陈过枝视李浚为亲哥哥，李浚也视陈过枝为亲弟弟。

长沙保卫战的一次突围中，一颗炮弹在班长不远处爆炸，他整个身子被掀起来，然后埋进了泥土里，全班用手去拱，拱出来的班长，只看得见战友的动作，却听不见枪炮的声音，仿佛战斗的画面删去了音响效果——哑片。那以后，班长总以为别人听不清他的话音，

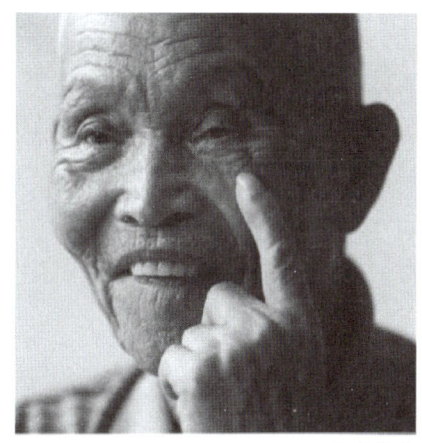

陈过枝像

就拔高了嗓门，说话就像呼喊。

转战浏阳时，部队离开营房的前一天晚上，陈过枝远嫁此地的一个表姐煮了20个鸡蛋送了过来，她要表弟不要饿着。陈过枝无法面对表姐，连夜劝她回去。

陈过枝把20个鸡蛋分给了全班人，当时的班长让他留着自己吃，班长习惯性地把耳朵侧向陈过枝，一副费劲地捕捉声音的姿态："留着吧，你个子小，

要补充点营养。"

陈过枝一个也没留。

那么多的战斗，陈过枝经历了。他看着好多战友，包括班长都离开了他，心里想起来就会难受。

进入衡阳时，李浚当了连长，陈过枝已是班长兼机枪手。

7月的衡阳，天气很热，天马山不高，但算是制高点，在美军照明弹的掩护下，陈过枝与全班士兵吃着干粮与日寇反复拼杀，击退了日军一次又一次的进攻。

陈过枝人不高，踮起脚也就一米六。一次阵地肉搏战，一个鬼子兵端着三八大盖朝他直冲过来，刺刀长已抵向他的头部，陈过枝头一偏，闪过刺刀，低头弯腰，抢起枪托横扫半圈把鬼子给撂翻……

双方都是踩着尸体在搏杀。

日军发起第三次总攻时，陈过枝身上只剩下25发子弹，2枚手榴弹。全班12人，只剩下8个人。

陈过枝数次与死神擦肩而过，冲锋时，陈过枝发疯似的将子弹打个精光，冲上一个山包，正端着空枪发愣，一块炸弹片飞向他的眼角，好在是块小的，陈过枝用手捂住眼睛骂道："娘的，菩萨保佑，这弹片再大一点，脑壳已经搬家了。"

8月7日晚上，上级传来命令说是弹尽粮绝可以各自出城。

于是，陈过枝与其他生还者把枪丢到井里，别说活着，就是死都不能留给日本人。

回头再望，尸体堆成人墙，全连官兵只剩4人。

张家山，血浸山冈。

血浸山冈

74 曾　京　湖北仙桃人
第10军预备第10师28团团长
南京中央陆军学校第8期毕业

他操起三八大盖冲锋陷阵亲手拔掉膏药旗

第10军前身就是黄埔教导团，抗战初期扩充成军驰骋于第3、第9战区，在第三次长沙会战中大胜日寇，常德会战中又力解友军之围大获成功。官兵们守必固、攻必克的信念深入骨髓，人人敢战、能战、乐战而尤愿死战。跟日军较长短，与阵地共存亡。个个能忍受艰苦、困扰、酷暑、饥饿，无视弹雨、炮轰、空袭与毒气。咬牙切齿把凶残的敌人一波一波打下去，强忍怒火看着战友一个一个倒下去，拉开枪栓就只有一个想法：有敌无我，有我无敌。

第28团在曾京的率领下就有这种硬作风，就有这种血性！

曾京是湖北仙桃人，高中毕业后进入黄埔5期，学习勤奋，训练刻苦。毕业后参加北伐，就渐渐显露出足智多谋、英勇善战的才干。方先觉当团长时曾京是团特务连连长；方先觉当师长的时候，曾京是师特务营营长；方先觉当军

曾京像

长时，曾京到第28团当了团长。葛先才也一直是曾京的上司，对曾京也很器重。方、葛对曾看重的原因还有一条很重要，就是曾京有才而没有野心，多谋而绝对忠诚。所以，每次大的战斗，方、葛均把28团放在随时可以调遣到的

地段，以防不测，以备急用。

第28团各营营长见战事进行两日，而自身却作为全军的预备队，不分昼夜地在城内挨敌机轰炸，且疲于奔命地从事消防灭火工作，刚刚熄灭东城燃烧的瓦砾，西城又被炸得烈焰腾空。按曾京的部署：一个营据守城内最高建筑点，用轻机枪封锁空中，阻止日军飞机为非作歹，以保卫城内救火部队安全；一个营清点、登记、贮放从大火中抢救出来的物品；一个营专门扑火。方先觉巡视城防时对在火中弄得灰头灰脸的曾京说："你快成消防队长了。"

官兵们也弄得焦头烂额，其辛苦之状况比打仗还要劳累狼狈！官兵们个个义愤填膺，同时有感于长沙三次大捷，本团固守长沙城垣与日军鏖战4日，等到援军四面驰来，尔后内外夹击，大败敌军，是何等惨烈而又痛快。如今在衡阳战事重演，如我方迅即胜利结束，第28团整天忙于救火，仍未披挂上阵，既丧杀敌良机，又失团队荣誉，何憾如之！

于是，各营营长来到曾京门前，要求与日军面对面血拼。

曾京言出冰冷："救火也是任务，火烧眉睫，刻不容缓。要真枪实弹杀鬼子，你们去找师长！"

各营营长心知肚明，乃纷份电呈师长，要求分配阵地，加入战斗行列。

葛先才鉴于该团官兵斗志如此昂扬，而此时第30团阵地正面较广，连日来已有不少伤亡，于是报请军部核准，将第30团据守的五桂岭、枫树山阵地交由第28团接替防守。第30团除留第3连守备机修厂及其西侧小高地（今市制锁总厂）以支援第7连停兵山战斗外，主力占领花药山南侧预备地，休整待命。

双方午夜前交接完毕。自此，预备第10师即以3个团并列于第一线作战。

7月15日午后，五桂岭南端阵地（原市玛钢件厂）遭日军炮火集中射击，并施放毒气。黄昏前，大批日军越过铁路，分波次向守军阵地猛扑。激战至午夜，第28团9连连长林可贤阵亡，全连剩余士兵不足三分之一。28团3营副营长李昌本前往指挥，旋即负伤，情势危殆。幸有第3师第8团第4连前来增援，战至天明，最终将日军击退。

而此前由第28团第1营防守的141高地（今雁峰公园南门段），已连续遭受日军三次猛攻，皆被守军一一击退。

7月15日夜，日军变本加厉，一天之内冲锋三次，战至天明，1营伤亡甚重，营长赵国民及第1连连长李炳山均亲自跑到第一线投掷手榴弹，先后负伤不退，人越打越少，阵地被日军一百余人突入。幸亏军部直属搜索营第2连及时反击，才将突入之敌击退，转危为安。

枫树山阵地因标高较大，前崖尽削成绝壁，又有团部迫击炮连的密切支援，日军于11日至13日屡攻屡挫，尽陈尸于阵地前。至15日夜，日军一百余人由141高地西侧，渗入枫树山左内侧的农民银行地下仓库团指挥所（今市十六中大门东侧），第28团第2营营长余龙力战负重伤，第4连连长李浚阵亡，战况混乱。葛先才师长亲率仅有之特务连及军部搜索营第3连前来增援，士气大振。

曾京团长指挥团直属部队合力反击，战至天明，始将突入之敌全数击灭，恢复原阵地。而他的营连干部，伤亡一半。

总结会上，曾京绷紧的脸庞依然冷酷地强调："请诸位记住方军长的话，'阵地交给你，放弃了就杀！'连长打没了，营长接着打；营长打光了，团长接着打……。一句话，就是没有得到军长命令，任何人不得失守一寸土地。"

天马山、枫树岭在曾京第28团的防守下，历经敌人44天的无休止进攻，直到敌人破城之时尚在他们手中。有一天，其中一个山头失守了，日军在山上插了一杆膏药旗，曾京环顾四周，身边已无兵调遣，他一没请示师长葛先才，二不报告军长方先觉，而是拿起一把缴获的三八大盖率团部仅有的18名杂役兵冲上山去，一鼓作气势如虎，把日军赶下山去，他亲自拔掉了膏药旗，叫士兵插上了10军军旗。

进入碉堡，方先觉来电话询问情况，曾京如实汇报。方军长非常激动，连声赞道："好士兵！好朋友！好兄弟！不叫苦，不求援！仗就该这么打！"

8月8日清晨5时，日军从演武坪、青山街等处逼近市中心，防守大西门的曾京，眼看日军快冲到军部了，他心急如焚，不顾一切地带着身边仅有的十几个人冲进军部，他一甩平时的儒将斯文，一进门就高声喊道："军长，快走，我们保护你冲出去，现在很混乱，还有机会。"

方先觉厉声斥责："曾团长，你回去，你的阵地在哪里你就应当在哪里。"

"军长。鬼子已经打到——"

"回去！坚守岗位！"

曾京头一摆："弟兄们，走，回大西门，军长，你多保重。"

方先觉目视着曾京说道："你也保重。"

曾京心头一热，他似乎读懂了他的眼神。

梦想落空 情场得意

郑信强出生于1921年，祖籍是福州马尾亭江康坂村。1935年,江南造船厂在福州招生，他在亲人的举荐下，顺利入学，在上海开始半工半读的生活。

1937年，"淞沪会战"爆发，学校被迫解散，尚未毕业的郑信强被遣送回福州。

之后，国民政府以抗日为号召发布公告，招收闽籍人士入读黄埔军校。郑信强拿着学历证明投考，并顺利通过。

1939年11月，他来到长汀，编入黄埔军校第二分校第17期步兵科。第二年,跟随大部队搬到湖南的分校就读。

军校的训练很苦，几乎每天都有半夜临时集合，伙食也很差，米饭里都伴着沙子。教官说，这是完全模拟前线战斗训练，因为到了前线就是这样。有不少人受不了苦，找个机会逃了出去，郑信强坚持到毕业。

1941年，郑信强毕业分配到国民革

郑信强像

命军陆军第10军，任参谋部少尉见习参谋，负责军需后勤保障。

23岁那年，郑信强与他的兄弟们乘坐押送运输车雄赳赳开进了衡阳城。接下来的47天，他与将士们一起抗击近6倍于己的日军，钻壕沟、送弹药；守碉堡、修枪械；打阻击、磨炮弹，什么都干过。说来也怪，47天全城生死奔跑，印象最深的就是看飞机。

白天看中美空军逞英豪，晚上看日军飞机施淫威。空中双方空战，他情绪亢奋；低空敌机俯射，他咬牙切齿；白云下空投物资，他欢呼雀跃。

飞机太帅了！轰隆隆，一阵轰鸣，来无踪去无影。飞行员太神了，一个能顶上百人，比他在公路上驾车要"牛"得多。他整日梦想着，若是能当上飞行员，该多好！

衡阳保卫战后，郑信强被调动到青年军军事训练团第二团任上尉，负责青年军组训工作。

1945年初，亚洲战场上的局势更为胶着，郑信强再次报名，在重庆考上飞行员，去了成都中国空军军官学校入伍生团第25期。

那时候考空军最难，体检非常严格。第一道查视力，因为飞机扔炸弹是没有机械测量的，全靠眼睛，眼睛最重要。然后是检查身体，总共80多项。整个过程要一个多月。

当时100个人里面，只有2个人能通过，淘汰率达98%。体格好，才能参加笔试。

学员学了一个多月后，直接拉去训练，从成都往西100公里左右建有一基地。每天3点半时起床，起床后即开始早操训练。第一堂课就是先做30个单杠。令郑信强难以忘怀的是，从成都新津机场飞去印度，乘坐B-29轰炸机，飞越被称为"鬼门关"的驼峰航线，艰险异常。

半年后，飞行实训，第10军老兵郑信强没有通过，未能实现在蓝天上与日寇作战的愿望。

1945年12月，郑信强再次奉命来到衡阳，接收盐务局。那时，衡阳盐务局还是由日本人看管，衡阳全城只有7间房子，到湘江东岸才找到房子住。

这是因为我军撤出，日军占领后，中美空军又对衡阳进行了大轰炸。整个古城全毁掉了，基本没有房子。

巧的是，就在郑信强入住的第二天，房东又接待了一位姑娘。姑娘在粤汉铁路局工作，居然是来衡阳接收日本人掌管的铁路，两个人租了同一座房子。第三天便开始无话不谈。姑娘胆小，她去铁路办公，路上两边经常有日本人出没，郑信强胸脯一挺说："别怕，小日本终成败将，如今还想找死不成，我送你！"

这一送，便送了三个月。

1946年3月，第10军老兵郑信强在衡阳这片鲜血染透的土地上种下了爱情的种子，随之开花、结果。

官兵们称他为董神仙

"快，护士拿凳子，让轻伤员在过道里休息等候，先止血；重伤员一律抬进房内，抓紧做手术，做一个是一个。将伤员抬上来！"

"去，请示军长，派两个警卫来医院维护秩序，人太多太乱，伤员脾气大，容易出事故。"

"赶快发电报：空投医疗器械和止血、麻醉药品，万金油和传单别撒了！"

董如松铁青着面孔，发出了一连串命令。

1944年7月，在烽火连天的衡阳保卫战战场上，年近40岁的董如松已是一名医术精湛的军医。耳边是前线呼啸的炮火，眼前是源源不断抬下来的官兵，几年的从军经历虽已习以为常，但酷热的气候、简陋的医疗设施和如此密集的伤员让董如松心情十分沉重。

董如松出生在杭州市萧山区河上镇

董如松像

凤坞村，弱冠之年跟随本村董振明、董振范兄弟到上海学医，专攻西医内科，一门心思只想云游四方，悬壶济世。谁知1937年"八·一三"上海战役爆发。

董如松目睹了鬼子的嚣张猖獗，烧杀淫抢，他感受了全民愤慨，踊跃抗战的激情。随着上海的沦陷，青年、学生纷纷端起了枪杆，誓死卫国。董如松全班便走了三分之二，因为国难当头，民族需要他们，军队需要他们。大刀向鬼子们的头上砍去，更需要手术刀保护和壮威。董如松不甘落后，跟着弃医从戎，转战南北。1944年衡阳保卫战打响之日，他已经是国民革命军陆军第10军的军医处长、中校军衔。

1944年6月30日，在中国军队的有力抵抗下，无计可施的日军，冒天下之大不韪，开始施放毒气，防守五桂岭南端的第28团3营官兵，为避免伤亡，都进入了隐蔽工事。至黄昏，接替负了重伤的李若栋营长职务的翟玉冈，打电话与第7连连长朱中平联络，久久没有人听电话，立即派员前去探察，才发现除不在阵地的司务长和四名炊事兵以外，全连86人全部中毒身亡。

军长方先觉闻报大惊，立即召来军医处长董如松，要求他即刻指导部队防毒。

"我军防毒器材不多。"董如松回答。

"不多是多少？"方先觉意外地大动肝火。

"只有军机关和直属特务营配备了防毒面具。"董如松回答得小心翼翼。

"那就收集起来全部送到第一线。"方军长下令。

"送到一线也不够，怎么分？"董如松沉着细问。

"优先分配给班长和机枪手。"方先觉不假思索。

"军指挥部留多少？"

"一副也不留！包括我在内。"方先觉斩钉截铁。

"是。即刻执行。"董如松转身欲走。

"等等！"方先觉拖住他，"其他人怎么办？"

"装备不上的，我来想办法。"董如松回答，"用毛巾、布条重叠，用水浸湿后绑在面部上。土是土了点，但管用。"

"好！立即部署。"

于是，在衡阳保卫战的各个前沿阵地，出现了极为壮观而又辛酸的一幕：中国守军用毛巾、用衣袖裤筒、用降落伞布沾湿后蒙住面部，在上面剪两个孔，露出双眼，继续战斗。

董如松亲自带领军医上前线，医治中毒官兵，中毒者类似灼伤，大如银元，肿高半寸，内为黄水，较小的水泡则为绿水，稍严重的就不能行走。董处长采样秘送集团军司令部，经美国空军14航空队的化学战情报军官汤姆生上尉研究分析，黄色水泡是芥子气所致，绿色水泡系路易氏剂所致。汤姆生称，这种毒气为芥子气与路易氏剂混合物，为7.5公分口径的火炮发射。

鬼子施放毒气以后，带着防毒面具的日军士兵，三人一行、六人一组，快速向守军阵地接近。守军一声不响地等着，等着，等到日军到了堑壕前，再跳出来扔手榴弹、拼刺刀。日军带的防毒面具笨重，行动迟钝；绑着毛巾、布条的守军士兵却十分灵便，手脚施展自如，几个回合，日军在前沿阵地上摆下了一排排尸体，侥幸活下的也不敢恋战，顾不上武士道精神的面子，拔腿溃败而去。

董如松在官兵们的心中，成了董神仙。

可董神仙一想起7连86位丧生于毒气的官兵的惨状，却怎么也高兴不起来，常常头撞门壁，眼泪纵横。

1944年12月11日，董如松在常太庄牌楼冲抗日游击队和各方的救护下脱险，捡回一条命。但一想到自己生还的背后，是战友们的尸横遍野，他心如刀绞，不想言语。

"孩子，来谢谢医生。"随着孩子一声甜甜的道谢，杭州河上镇凤坞村的小诊所里又送出一名病患，忙碌了一天的医生在夕阳下缓缓走出门诊室，还是那样坚毅的步伐，还是那个董如松，不同的是，他已归隐家乡，成了村里的医生。

抗战胜利后，董如松以"家有白发老母亟须赡养"之名，于1945年年底携家离开重庆，回到凤坞村老家。此时，妻子许氏又身怀六甲，身边还拖着两个大小不等的儿童。为了生计，董如松在凤坞村开了一所诊室，由于精湛的医术，不久名声大噪，方圆30里的人都赶来请他看病。

董如松和蔼可亲却沉默寡言，对于衡阳保卫战他从不向人提及。

1989年12月16日，董如松带着遍布疮痍的人生经历离开了人世。那年，他84岁。在上衣口袋里，他居然珍藏着一张老照片，照片中的董如松身着第10军军装、皮带和配枪，这让他显得十分精神。

当年萧山县政府迁到河上凤坞村后，就在董如松的祖屋办公。他的后人正在商议筹划建一座抗战纪念馆，这对已故的董如松来说，将是莫大的安慰。

77 冯宗恺　广西玉林人
第74军炮兵团野炮营第6连连长
黄埔军校第16期炮科毕业

九死一生　气在弹尽粮绝无援兵

1920年3月16日，冯宗恺出生于广西玉林博白镇柯木村蓝塘屯。16岁时，考上了县中学第19班读书。

1937年，卢沟桥事变爆发，全国掀起了抗日高潮。当时，中学里的抗战运动非常活跃。国家有难，匹夫有责，在国家和民族生死存亡的危急关头，即将毕业的冯宗恺毅然弃笔从军，成为全班第一个参加抗战的青年学生。

走出校门后，冯宗恺来到湖南参军，积极投身到救亡的战斗中。为了获得更多的军事知识，他于当年6月通过考试，进入黄埔军校第16期炮科学习。两年后，冯宗恺毕业时，全国抗战已进入了白热化阶段，他有了杀敌报国、展手的机会。1941年，冯宗恺任第74军炮兵团机枪连排长，驻防长沙。

在第一、第二次长沙保卫战中，冯宗恺和战友们奋不顾身，沉着应战，把日军打得落花流水，狼狈不堪，龟缩到

冯宗恺像

岳阳。

冯宗恺曾逃过死劫，因作战有功，被调升为第6连副连长。

1944年6月，日军沿粤汉路南下，攻陷长沙直逼衡阳。其战略目的是打通中国大陆南北交通线。

此时的第10军因配制不全，根据重

庆军委会部署，另配属有第74军炮兵团野炮营、第46军山炮连、第48师战防炮连。时任第74军炮兵团野炮营第6连连长的冯宗恺，奉命带领全连官兵驻守在衡阳城南高地回雁峰。

回雁峰位于衡阳城南，峰上有不少树木和一些民房。站在回雁峰往北望，衡阳全城尽收眼底。炮兵阵地设在此，射界十分广阔，火力可以到达整个衡阳市。冯宗恺的炮6连使用的是法制七五式野炮，最大射程为15000米，是守城部队炮兵射程最远、威力最大的野炮。因此，他们担负着支援全军作战的任务。

紧张的奋战之余，冯宗恺忙里偷闲给桂林的姐姐写了一封短信：

觉姐如晤，我部奉命配属第10军守卫衡阳，杀敌有机，报国到时，弟弟绝不辜负同胞之期望，誓抱决心，为国效劳。

宗恺弟

6月15日于衡阳前线

6月23日，战斗打响。日军挺进至湘江东岸火车站以东五马归槽一带时，与守军前线部队相遇，冯宗恺奉命指挥炮兵连向五马归槽的敌人以6000米的距离进行炮击。刹那间，野炮怒吼了，一发发带着民族仇恨的炮弹，飞越湘江，准确地落在了日军的阵地上，打得敌人心惊肉跳，四处奔逃。

"敌人山炮四门，在城北望城坳以东高地，伪装隐藏，正准备向我军射击。"冯宗恺接到步兵的报告后，立即用望远镜进行搜索，终于发现了伪装较好的日军炮兵阵地。

"直接瞄准射击，以迅速强大的火力将敌炮摧毁。"冯宗恺一声令下，雨点般的炮弹落到了日军的炮兵阵地上。日军的四门山炮还未来得及射击，就变成了一堆废铁。

数天来，冯宗恺连的火炮有力地支援了步兵战斗，给予日军沉重的打击，但因阵地十分暴露，受到日军四面袭击。尤其是该连摧毁了城北日军炮兵阵地，又不断袭击江东八尺岭机场，导致日军飞机起降受到威胁，故而对冯宗恺的火炮阵地恨之入骨，日军飞机利用黄昏，连续对冯宗恺连队的阵地进行扫射，狂轰滥炸，企图摧毁阵地。

6月26日下午，在西面火车站东面高地，又有日军山炮四门，对冯宗恺连队的阵地猛烈轰击。冯宗恺毫不示弱，命令全连将炮口对准敌阵，迅速还击，野炮对山炮，炮口对炮口，狭路相逢勇者胜，与日军展开激烈炮战。一时炮弹出膛声、落地轰炸声，相互交织，雷霆万钧，震塌了院墙，阵地泥烟弥漫，林木房舍，夷为平地，弹坑累累，整个回雁峰被翻了个底朝天。

入夜，日军又以燃烧弹、毒气弹向冯宗恺的连队袭击，掩护步兵疯狂进攻，杀声、号声、炸弹声，鬼哭狼嚎，惊天动地，整个战地，一片火海，激烈的炮战，双方伤亡惨重。

冯宗恺又逃过一劫。

冯宗恺炮兵连在回雁峰已无法立足，将阵地转移到山脚准备继续对抗。这时，接城北前线步兵电话，日军约一个营在天主教堂以东丛林地带集结，望守军炮兵迅速消灭。冯宗恺马不停蹄地命令炮兵连调整目标即对日军实施突然袭击，十五分钟发射60多发炮弹，把日军打得屁滚尿流，巩固了步兵前沿阵地。

7月上旬，日军对衡阳城实施第二次总攻。外围援军增援受阻，屡攻不下，无法进城增援；守军伤亡惨重，又无兵源补充，步兵阵地逐步向城内缩小。冯宗恺的炮兵连又从雁峰寺山脚转移到市中心敬一堂（建筑牢固的百年药店）附近，继续向西、南、北三面之敌进行射击。

一天中午，日军30多架飞机飞临衡阳上空，对市区大肆轰炸，投下大批炸弹和燃烧弹，城内残余房屋被彻底摧毁。冯宗恺的连队阵地更是日军飞机轰炸的重点目标，炸弹雨点似的倾泻而下，飞机还来回低空扫射，连队陷在火海烟雾里，冯宗恺领着士兵，拖拉勇

拽，硬杠死推，手脚并用，冒着敌机轰炸、扫射抢救大炮。最终一门野战炮与六名炮兵葬身沙场，尸骨无存。

冯宗恺再次逃过一劫。

此时炮弹匮乏，困难日甚一日，为了节省弹药，冯宗恺只能凭无线电与电话，听从上级和空军指引的目标，作接应外援友军的有限射击。

7月下旬，守城官兵已苦战了近40天，伤亡惨重，军预备队也已用尽，各部勤杂人员、辎重兵也已抽补前线，各部队前线再无兵源补充，各步兵阵地摇摇欲坠。

炮弹告罄，所用弹药全靠空军空投，看天吃饭。一个降落伞只能下投3枚炮弹，还难保安全。最可惜的是，有些炮弹还投到了日军的阵地上。空投炮弹因为数量太少，杯水车薪，无济于事，情况十分危急，连里只好挑选身强力壮会打枪且有实战经验的炮兵，增援步兵作战。

地堡、据点的反复争夺，阵地的反复得失，反复冲杀，守军是整营、整连、整排地牺牲，不断补允，不断伤亡，困境中的守军，唯一希望是外围援军火速进城解困，外围各兵团亦纷纷来电：约期攻城解围，适时出击接应，并鼓励守军，安心坚守。可是事与愿违，守军望眼欲穿，未见友军接近，有时听

到远处友军枪声慢慢接近，可是又慢慢远去，烟消云散。此时，守军对援军解燃眉之急，已渐处绝望。

8月初，守军已苦战40天了，日军已付出了惨重的代价，虽屡攻不下，却仍调兵遣将，丰富补给，集结了强大步、炮、空兵力，向城内加紧实施围困。

8月3日起，日军发动了第三次总攻。西、南、北各线日军一齐向守军阵地猛扑，守军的英勇将士，虽盼援绝望，仍坚强奋勇抗敌，阵地上遗尸累累，将伤兵残，还坚持到弹尽粮绝，伤亡殆尽，再无战斗力抗击强大敌人的进攻。

8月7日夜间，守军开始破坏器材，准备突围。

8月8日早晨，日军由北门突入，经短暂巷战，守军残部被日军压至江岸，衡阳即告陷落。

8月11日，适值中美飞机前来空袭，冯宗恺利用疏散机会，率领受伤的排长彭锦元和两名受伤士兵，冲出警戒线，逃离敌手。经过两天的饥渴艰险，几经周折，来到原驻白露坳、九渡铺以西的山地，见到许多上山避难的熟识乡亲。冯宗恺迂回围绕，走了20多天，9月初回到湘西芷江原炮兵团部队。

衡阳保卫战，冯宗恺所在的野炮营第5连、第6连官兵200多人参战，生还者不足50人，最后归还原部队入编者，仅冯宗恺数人。

九死一生。气在弹尽粮绝无援兵。

1945年12月，村民正穿过原来衡阳市区的主街道，当时只有几处残垣断壁

78 萧圭田 湖南湘潭人
第10军第3师第9团团长
陆军大学第14期毕业

血性的团长血性的兵

萧圭田，1938年陆军大学毕业，一个吃辣椒长大的湖南汉子！

6月28日，日军第68师团师团长佐久间为人中将与第116师团师团长岩永汪中将约定此日对衡阳发起全面总攻，叫嚣"三天攻下衡阳城"。

萧圭田奉军部指令，率全团奋起抵抗，固守城防阵地。

午后，日军志摩支队猛攻辖神渡，第9团第1营第2连连长苏毓刚率领战士屡次将突入之敌击退，日军志摩支队被击毙200余人，随后溃败。

萧圭田的第9团固守易赖街以北、辖神渡、草桥、石鼓山、蒸水北岸来雁塔至望城坳一线。

日军第一波总攻击，历时5天，付出了1.6万人的代价，最终碰得头破血流，遭到惨败。第68师团和116师团各步兵中队平均残存仅20余人，各中队长伤亡殆尽，被打得彻底趴了下来，湘江东岸八

萧圭田像

甲岭的飞机场上，每到夜晚日军便燃起一堆堆烈火，焚烧战死的官兵尸体。血腥臭味飘过江来，令人作呕。

日军大话破产，衡阳城岿然不动。

日军依据第68、116师团粮弹均尽，后方补给仍远在长沙、湘潭的情况，只得命令暂时停止全面进攻。

中国第10军的官兵们让两个日本将军自己打了自己的脸。

7月11日，日军发起了第二波总攻击。

第9团第3营第9连据守蒸水北岸来雁塔至望城坳一线。下午2时，望城坳阵地被突破，连长许健及两个排长牺牲。营长孙虎斌指挥第7连连长周炳生率兵接应，周连长憋了一肚子气，迅疾集合队伍跑步行进在主干道上，他边跑便思忖：既然阵地已被突破，老子就对小鬼子采取了夹击的态势。

不久，听到敌人"砰砰"的枪声。那是已经听惯了的三八大盖的枪声。随着他们的前进，枪声越发激烈起来。周炳生下令："全体听好了，子弹上膛！牢记咱第10军的军规，在没有看到敌人以前不准开枪。任由小鬼子胡闹，反正他娘的有的是子弹。"

在枪弹声的伴随下，第7连到达一个有五六户住宅的村庄，犄角旮旯里没有一个人。越过小河，穿过麦地，真正的进攻就要从这里开始。日军已距此地不到三百米。马与板车编成的后勤运输队也跟着过来了。村庄的尽头有一条通往日军方向的路。日军的第一线就集中在途中的两三栋房子里。狗日的像胆小的狗似的摆开架势，狂喊乱叫着在胡乱扫射，子弹击中房顶，穿进墙壁。当周炳生距敌人的第一线约两百米时，他发现大部分敌人纠集在左前方的一座小山上，子弹从左边狂射过来。他指挥部队迅速分散开来。

周炳生命令：第一排以左边那座山为目标，第二排瞄准中间的村庄，第三排向右边的稻田前进，大举进攻开始。敌人受到射击后慌忙应战。敌我双方的枪弹在空中交错，空中闪耀着蓝色的光。

这是一场殊死的奋战。双方的枪声在空中织出一张火力网，就像一台巨大的织布机发出剧烈的声音，令人颤栗。五分钟、十分钟、十五分钟，除了穿插稻田的第三排，另外二个排都没有前进一步，于是周炳生下令："发射迫击炮。"

炮手在一棵枝叶繁茂的大树下瞄准着。这时，炮排长说道："我来发射！"便取过炮弹瞄准，迫击炮手说："排长，筒口稍微偏低一点，"排长听了这番话，似乎感到自己的威严和自尊受到了伤害，他怒吼道："老子早想到了！"便不屑一顾地将炮弹发射出去。顿时，对面小头顶上响起了爆炸声，枪声哑了。连长转身竖起大拇指道："了不起！给你记功。"

一路猛冲，敌势顿挫。不到一小时，冲在最前面的周炳生连长咽喉被子弹贯穿，话也没说一句，迅疾被担架抬下；一排长张志贞临危受命，升任连长。攻下阵地后打扫战场，张志贞发现：

之前日军在望城坳付出重大伤亡突破阵地后，将受伤被虏的第9连战士一律枪毙。最惨绝人寰的是，他们将9连司号员作为最痛恨的人，当作活靶、用刺刀活活刺死，司号员致死都拽着那把闪亮的铜号。

第9团第3营第8连所据守来雁塔阵地也被日军突破，连长掉下河堤失踪。

第9团指挥所设在草桥北端，团长萧圭田见形势不利，命令孙虎斌营长集中兵力，逐步向石鼓街集结，于日落后全部撤回草桥南岸。并派出工兵将草桥炸毁，在南岸用火力封锁江面，以免日军抢修强渡。同时将木船竹筏集中于南岸，作以后进出之用。

西禅寺阵地是第9团第2营第5连阵地，据守官兵仅130人。由于炮火集中射击，西禅寺原为两进两厢的高大庙宇被夷为废墟，80余株古木大树要么拦腰折断，要么连根拔起。阵地前的铁丝网多成废铁，但木栅却随折随修，5连士兵见缝插针，灵活机动，各自为战，加以外壕既宽且深，日军屡攻屡挫。日军用白天炮击、毒袭的优势连续三次猛攻，三次突入，每次约一个中队鬼子葬身于外壕。28日拂晓，敌机轮番轰炸，敌炮亦连续猛轰。阵地上5连官兵全部殉国，阵地陷于敌手。萧圭田派第2营第6连进攻逆袭。

"你一定要多留神。"萧圭田嘱咐连长。

"谢谢团长。我身上暂时还没有伤，必须打打，狠狠地打。我不知子弹是穿过我大腿还是穿过身上哪个部位，别打老子头部就行。"连长李罗先挺着腰杆回答。

"不准说丧气话！"萧圭田板起面孔。

"是，团长。一切听天由命！"李罗先声宏如钟。

"命运会保护你，他用不着担心，留点神就行。"

"团长，全连官兵早就把生命托付给了命运，誓死守护衡阳城！"

"多保重！"萧圭田握了握李罗先的手。

"再见！"萧圭田转身消失在枪炮声中。

第6连顽强地迎了上去。

担架员不断地从火线上运下阵亡和重伤士兵。随着双方三番五次你攻我守、我进你退的拉锯式作战，战斗到了白热化。李罗先满身臭汗，气得将帽子一甩，出鬼了，这生死大权还真操纵在上帝手里？他骂道：老子就没想到要保命，死前也要蹦他一下。要是不能如愿，必将留下千载遗恨，死不瞑目。干脆冲出去杀他一个痛快，他已经没有丝毫恐惧了。心中只有一个念头，只想精神抖撒，勇往直前。

在他的感染下，全连士兵被战神附体了。不怕千难万险，不怕任何牺牲。

他们力大无穷，士气冲天，所向无敌。

李罗先下令冲锋，枪声像波浪一样，忽高忽低。一阵激烈的枪战，大约三十分钟后，他们冒着敌人雨点般的子弹，以迅雷不及掩耳之势冲进日军的攻击线。

连队冲锋时伤亡20多人，只不过占领了敌人一个火力点。战斗又处于对峙状态。

火辣的太阳即将西沉，一半人打起了赤膊，在壕沟里随便垫上一件衣服，准备睡觉。夜幕降临时，李罗先下令：想尽办法，寻找食物。他们搜查了周围山边的各个角落，连一粒米也不放过，以便火速做饭，填饱肚子，结果，弄到的只是芋头和腌菜。因为时间紧迫，没煮就带回阵地，像老鼠一样啃起生的来。

仅恢复阵地一半，不得放松警惕，随时准备再战。

战斗打到第43天，日军开始了第三波总攻击。

萧圭田属下已有2个团附、1个营长、6个连长、7个排长血洒疆场，永远留在了衡阳城。

9时左右，日军大队分西、南两面进攻，疯狂的鬼子踏着自己同胞的尸体所叠成的人梯向守军阵地前崖攀登。100余名鬼子由公路南侧突入守军阵地，第2营营长周祥符组织手榴弹集群严防，顽强抵抗，伤亡殆尽，营长周祥符负伤。萧圭田又命第1营接手阵地，直至8月2日拂晓，才将突入之敌全数消灭。第1营仅残余100余人，守军伤亡过半，工事大部损坏。

萧圭田的兵越打越少，萧圭田痛心疾首。

但还得打下去，要保住阵地，必须血拼到底。团长萧圭田下令：团直属部队120人，全部拨入第1营加强战斗力，全体官兵立即加强工事，重振军威，准备战斗。

军长方先觉得知战况下令从军部辎重团拨一个营给第9团，继续固守阵地。

8月5日全天，日军以其优势的空、炮火力作为前奏，连续用强大的步兵向我阵地全面猛攻，自外新街、五桂岭北半部、接龙山、岳屏山、天马山、西禅寺至青山街，每处阵地无不为日军突入两次以上。守军全体官兵睡眠不足，饮食缺乏，依然忠勇不屈，拼命抵抗，战况艰险无比、惨绝人寰，勉强将失去的阵地一个个地从日军手中夺回，但伤亡之惨重不忍睹目，团长萧圭田直打到右胳膊受伤，无法持枪。

79 容有略 广东南屏人
第10军第190师师长
黄埔军校第1期毕业

平时不贪财战时不怕死是军人的底线

广东珠海旧属香山县，而香山县（现改为中山市）出了个中国革命的先行者孙中山。孙中山先生的学说思想深刻地影响着家乡这方土地，其最早的跟随者必定不会缺少家乡的一群精英。

从香山南屏村阡陌走出来的还有一位有着"中国近代留学生之父"美誉的容闳，是他负责中国留美幼童的甄选工作，从此打开了中国面向西方的窗子，自此西学东渐。

距南屏村一箭之遥的唐家村也有一名政界才俊，他就是中华民国第一任内阁总理唐绍仪。

山不在高，有仙则名；水不在深，有龙则灵。香山近代史的天空之所以璀璨，盖因名人辈出。

容有略1906年9月19日出生在南屏镇的一户农民家庭。父亲容祥彦早逝，容有略排行第五，自幼跟随哥哥们出海捕鱼谋生。

容有略像

容家有耕读为本的传统，容有略自小又乖巧文静，在船上当帮工时利用业余时间学习文化，哥哥们心疼他，省吃俭用让他考入南屏镇的甄贤学校。甄贤学校创办于1871年，是著名的爱国者、教育家容闳带头捐款500两白银办起来的，也是中国最早的侨校、广东省最早

245

衡阳保卫战前夕，衡阳太梓码头场景

的民间学校之一。

容有略在该校高小毕业后，坚持自己打零工做劳务，同时走街串巷去卖画，赚得几个铜板，一年后又考上了香港私立英文专科学校就读。但毕竟家庭经济拮据，学费始终是压在心中的负担，使他无法继续学业，被迫辍学返回广州在香山会馆当了一名办事员。

容有略当办事员期间，接受了革命的熏陶，在杨殷、杨匏安等人的介绍下，加入了中国国民党。一个月后，刚刚成立的广州黄埔军校开始招生，同是香山人的孙中山亲自举荐容有略就读刚创办的黄埔军校，黄埔军校的党代表廖仲恺则事事加以关照。

18岁的容有略与徐向前、陈赓、范汉杰、蒋超雄、王世和、宣铁吾、牟庭芳等成了黄埔一期同学。

当年由孙中山出面介绍入校的仅仅只有四人，容有略是其中之一。容有略毕业后，亦曾在北伐中屡有表现。但因为他是广东人，国民党内江浙派与粤系之间的争斗，几乎是公开的秘密。应该说，容有略的仕途因此并非一帆风顺。

容有略在1944年1月1日就任190师师长职务时，该师已被列为第10军中的后调师，当时该师仅有军官和士官，兵员则从其他辖区调拨。与容有略搭档的副师长为潘质、参谋长李长祜、辖下第568团团长俞廷龄、第569团团长梁子超、第570团团长贺光耀。

全师仅有官兵2000余人，照理无法担负大型作战任务，但形势急迫，衡阳守军又兵力薄弱，第190师被留了下来。这是容有略第一次作为主帅将军带兵在前线抗击日军，也就是这一次作战，成就了他的一世声名。

衡阳保卫战打响后，38岁的师长容有略终于在这一场史无前例的惨烈战役中，亮出了血性汉子的铮铮铁骨。面对着铺天盖地的钢铁炮弹的全面轰炸，面对着飞机大炮的全天候的覆盖，具有清醒头脑和精湛军事知识的容有略，沉着应战，调度人马，打退了日寇一次又一次的猖狂进攻。

6月23日拂晓，日军在衡阳泉溪强渡耒水河，是容有略的第190师第568团1营打响了衡阳保卫战第一枪并旗开得胜，歼敌300余名。

6月24日，日军开始进攻五马归槽，同时派遣飞机数次往衡阳城内投掷燃烧弹，城区大火通天，但守军犹如铜墙铁壁拒鬼子于衡阳城外。双方炮火对打，声闻数十里外；敌我空军也先后相间，前来助战。一时战斗达到高潮，敌我反复冲杀。容有略在指挥所密切关注战情，协调部署，并反复提醒部下第190师第570团团长贺光耀既莫轻敌又要坚定固守的信心，敌人有火炮我们也有，敌人

有飞机我们也有，只要战机需要，统统都会拿上去。之后，容有略走出地堡，指挥贺光耀组织反击。贺光耀二话不说，挥枪冲在了前面，谁知一颗子弹穿进了腹腔，肠子都被打了出来。贺光耀身负重伤，由副团长冯正之继续指挥。日军恼羞成怒，竟然又对第570团一部使用了毒害作用巨大的化学武器芥子气。

6月25日，日军将攻占衡阳机场作为其战役重要目标，还是第190师师长容有略指挥第569团于清晨出击，对机场进行反攻，鏖战5个小时，歼敌400余人。容有略亲自按下引爆雷管的电钮，对机场实施了彻底破坏，干扰了鬼子战略计划，打出了中国军人的气势、胆略，打出了一个不仅是黄埔一期生，还是陆军大学高材生的战术水平和顽强意志。

6月26日，第190师调守石鼓嘴到泰梓码头一线，阻击日军过江。7月7日，第190师接替演武坪、杜家港、草桥等阵地之守备。

战至7月16日，第190师尚存官兵改守二线，第569团350余人守天马山、杏花村、西禅寺阵地。第570团约90人守接龙山西侧家屋、雁峰寺、电灯公司等二线阵地。

8月4日，日军司令官下令：三天内日军若再攻不下衡阳，几个师团长一起到前线切腹效忠。日军前线增加新兵，

247

一律穿新制服，戴红色领章以提高士气。这一天，日军从小西门方向突入城内，第190师师长容有略亲自督战，激战一天，午夜将阵地夺回，伤亡惨重。

8月6日凌晨3时，日军突破第190师第568团5连演武坪阵地，连长罗夫与全连官兵阵亡。副团长李适率残部逐街阻截日寇，最后弹尽粮绝，牺牲于日军的枪弹之下。

衡阳保卫战中的抗日健儿为民族英勇献身、壮烈殉国的精神，是中华民族史上一面永远飘扬的旗帜。

对于第190师师长容有略来讲，在战术上是灵活的，在执行命令中是不打折扣的。在生死考验面前，保持了大丈夫气节，临危不乱、临危不惧、临危生智，从某种意义上，成就了容有略一生的辉煌。

"平时不贪财，战时不怕死"，这是军人必须坚守的基本底线。容有略常常这样告诫自己。

容有略与他率领的第190师及其余中国军人，以血肉之躯，铸就了炎黄子孙抵抗外侮的"民族之魂"。经此一役，敌寇胆寒，敌之梦想打通交通线的战略企图亦因此告吹。

以容有略这样一批抵抗强敌入侵的中华儿女的形象，永垂中国的史册。

衡阳守军重机枪手在扫射进攻的日军

80 葛先才　湖北汉川人
第10军预备第10师师长
中央陆军军官学校第4期陆军大学参谋班毕业

搜集六千忠骸垒于张家山山麓

日本投降后，葛先才四处联络，八方打听，拉起了一支第10军滞留在衡阳的60余人的老兵队伍。这支队伍有的缺胳膊少腿，有的拄杖缓行，领头的手持一面第10军军旗，他们在昔日的战场、阵地、壕沟里寻找、挖掘；在周围的街道、厂房、民居、村落里打探、搜集；爬山涉水，挖坑挑泥，顶烈日，冒风雨，一处一处地寻访，一寸一寸地深挖。衡阳古城区的每一块土地上无不流下这60位老兵的汗水和思念；每一件出土物品都寄托了这60位老兵对战死兄弟的友谊和情谊。花了整整4个月时间，将1944年那锥骨铭心的47天里战死的第10军将士遗骨收集在一起。

惨啊！

一部分忠骸由死者战友通知家属回家安葬了；有一部分因埋藏较深，挖出后尸体尚未完全腐烂，子弹袋、皮带均嵌进身体，无法与尸体分离，只能复土

葛先才像

掩埋；还有一部分忠骸埋葬地点因无标记，无从收集。大部分兄弟的头骨或胸腹或四肢被枪炮击碎而残缺不全，收敛到的3000多具忠骸，只占当年阵亡将士的一半。

挖出最多忠烈遗体的是岳屏山。随着遗体一起挖出来的，还有证件、委任

状、相片、家书以及士兵写给爱人的情书……

葛先才买光了城中百货商店的所有花露水和香水喷洒、冲洗尸骨。建立了"陆军第10军衡阳保卫战阵亡将士之墓"。

在那寻找烈士忠骸的4个月日子里，葛先才差不多每天都是以泪洗面，一无往日的豪气与风采，清尸、整容、烧香、作揖、下跪，成了他的主要工作。120多个日日夜夜，眼泪熬干，肝肠寸断。

往事不堪回首呵！

第一个开战后就获荣誉勋章的是第30团团长陈德垦。他率领士兵打得日军一个联队3000余人只剩下250个活口，各中队长佐官伤亡殆尽。第30团为此付出了惨重的伤亡代价。

第一个死于日军毒气弹的勇士是第28团7连连长朱中平，气绝前将未婚妻送的手绢让给了士兵去防毒。

第一个拒绝他的撤退命令是死守张家山的第30团7连连长张德山。

第一个派往火线的贴身卫士韩在友能百步穿杨、一枪可崩掉一个鬼子却没能给自己留下一具全尸。

他属下总共9个营长，有7个营长献身衡阳。他们是赵国民、余龙、翟玉刚、李昌本、梁耀辉、刘凯兴、徐声

先。还有4个副营长负伤。

他率领的预备第10师有19个连长在47天里先后与岳屏山、枫树山、苏仙岭、虎形巢、易赖街、青山街融为一体，千古不朽。他们是马云鹏、王德林、马仁远、李浚、李季科、朱中平、王菊泉、李可贤、李以立、鲍玉德、马道钦、刘铎铮、应志诚、安代、张德山、张茅山、王运卿、何洪振、黄仁化。

还有那成百上千的士兵，他记不住名字，也不知道名字，都永远留在了衡阳。

鬼子该死！他的士兵兄弟不该死！

就在五显庙（今岳屏广场），在当年作为师部指挥所附近的一座民房院子里，无线电发报机在无休无止地工作着。双耳戴着接收器的士兵正在用笔记录着传来的份份电报。旁边的士兵拼命地转动着手摇式发电机。传达命令，接受战报，翻译……，几发炮弹呼啸而来，一位张排长与3位组长、6名电话兵全部殉职。

就在道后街（今荣誉路），日军第6飞行战队、第44飞行战队疯狂轰炸衡阳城，空袭使用了特种弹，当年的野战医院被炸，700余名伤患官兵被炸得血肉横飞，惨不忍睹。重伤者无法逃难，眼睁睁地看着炸弹落到自己头上。

就在苏仙岭，米仓被炸，粮食烧焦。炊事人员掘取烧成棕褐色的米粒煮成糊饭，配上盐水供官兵充饥。天气炎热，苍蝇太多，群蝇争食，采用一人吃饭，一人驱赶苍蝇的方法轮流进食。多有腹泻。

鬼子该死！他的士兵兄弟不该死！

这些先他而去的年轻人，一年半前还是他生龙活虎的战友，是他生死相伴的兄弟，如今那腥风血雨的战场己荒草没径，锈损的枪支、弹壳零乱地、随意地、被人不屑一顾地弃之四野，血迹斑斑。

1946年4月28日，衡阳全城的百姓自发地为第10军战死官兵举行了一个惊天地、泣鬼神的葬礼。衡阳城万人空巷，市长仇硕夫、参议长杨晓麓、师长葛先才走在最前面，通往张家山墓地的大街小巷两旁、农家田埂地头、欧家甸、托里坑、马王庙、五桂岭、泰梓码头、石坳井旁……，百姓摆的祭品是一碗碗清水，是一份份腊鸡腊鱼，是一碟碟米粉糍粑，赞扬他们保家卫国，千秋大义！

在庄严肃穆的墓碑下，在莽莽如云的松林里，衡阳百姓对着搜集起来堆积如山的第10军阵亡将士忠骸鞠躬致敬。

苍天有眼欲落泪，万民有口皆成碑。

第10军威武不屈，浴血抗敌代表着一个时代。

"素月分辉，明河共影，表里俱澄澈，……应念岭表经年，孤光自照，肝胆皆冰雪。"

第10军战士，就是一群表里澄澈，肝胆如冰雪的血性军人。

面对不可一世的强敌，他们力战不屈，让衡阳扬名世界。

1945年9月9日9时，举行第二次世界大战中国战区受降仪式

第三部分：
血腥战场

耒水河拦截战

战况：6月22日，日军第68师团太田贞昌旅团主力3个大队、配属独立山炮兵第5联队的两个大队，共约5000人到达衡阳以东20公里的泉溪镇。此时，百姓已经疏散，日军进镇便放火烧毁河街到百极殿一带的商铺、房屋200多栋，气焰嚣张，紧接着于第二天在此强渡耒水。

下午，日军狂妄到不等其重炮排兵布阵，就分乘数十只木船、竹排筏、橡皮舟，蜂拥而来。

日军进入有效射程后，驻守泉溪渡口西岸的第10军第190师568团第1营营长杨济和一声令下，隐蔽在阵地的全营官兵立即投入战斗，6门战防炮、20余挺轻重机枪齐发。渡河日军人溺船翻，屎滚尿流，战斗持续2小时30分，日军无法越雷池一步。

此役中国军队毁坏战防炮2门、重机枪3挺，班长以上干部阵亡3人、伤4人；士兵伤亡约50余人。

日军伤亡连同落水溺毙者300余人。

日军被一棒打醒，体会在此强渡不易，故分兵一队驻守泉溪，打枪放炮，隔河佯攻，其主力出泉溪镇绕路继续进犯衡阳。

杨济和接团部命令：撤守五马归槽。

第10军士兵展开拦截战

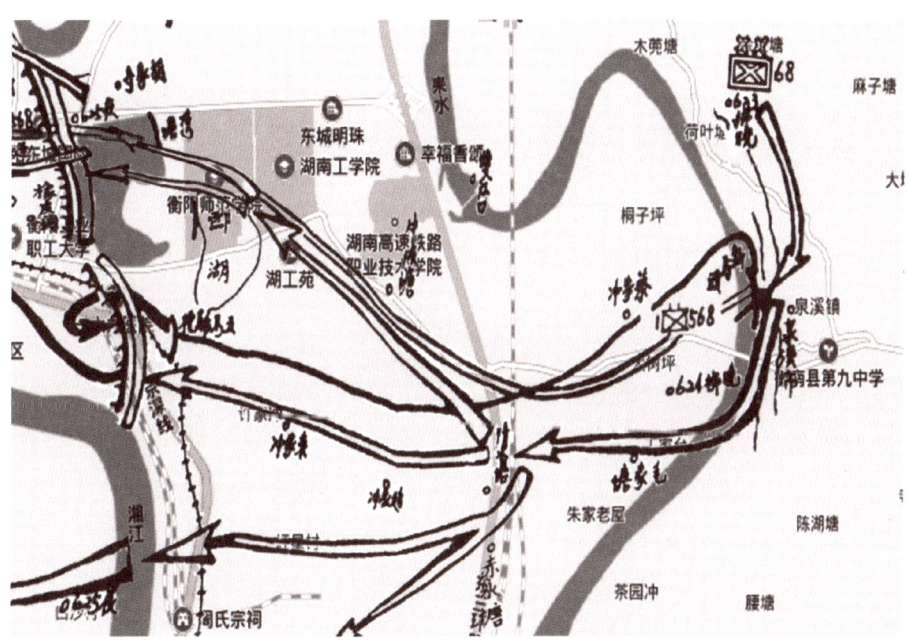

耒水河拦截战当年作战地图

耒水河拦截战今昔对比地图

五马归槽攻防战

战况：6月24日，日军飞机数十架多次飞临衡阳上空，狂轰滥炸，整个城区一片火海。过了耒水河的日军第68师团和第58旅团则向南绕行，而第68师团松山支队则奉命向西进发，急切地等待其大队山炮和重机枪部队赶上来。

直到傍晚时分，松山支队主力才开始向五马归槽阵地发起攻击。

此时，守军已经发觉了日军该支队对机场的威胁，方先觉立即派遣第190师第570团迅速渡江增援五马归槽阵地，要求务必固守。当日18时，第3师回防衡阳，接替第190师的阵地，方先觉又让换防下来的第190师全部连夜渡江，占领湘江岸的阵地，阻击日军。

25日拂晓，松山支队对五马归槽阵地发起第二次攻势，在十余门重炮的掩护下，一线的步兵中队开始接近守军的堡垒。

守卫在一线的主力是刚刚进入阵地的第190师第570团，团长贺光耀是黄埔军校第三期毕业，久经沙场，也熟悉日军战法，因而不慌不忙，指挥若定。当日军的重炮开始射击时，他让部队隐蔽好，炮火一停即全力开火反击日军的步兵。日军松山支队连续猛攻三次都被击退。

看到日军进攻受挫，师长容有略在电话里提醒贺光耀切莫轻敌，同时叮嘱他日军有飞机大炮，我们也有，必要时可提出支援。

日军屡攻不克，再次加强了火力部署。他们将在长沙缴获的美制七五山炮也投入攻击之中，并且出动空军支援地面部队。守军毫不示弱，立即召唤衡阳城区的炮兵进行火力支援，真正是针尖对麦芒。五马归槽攻防战打响不久才抵达衡阳的军部直属炮兵营，历尽千辛万苦拖着六门美式七五山炮，2000发炮弹即刻投入了战斗。在炮兵指挥官蔡汝霖和营长张作祥的指挥下，威力巨大的炮弹呼啸着越过湘江打到五马归槽，在日军阵地爆炸，双方炮战声闻数十里外。同时，中美空军的战斗机亦相继起飞，前来助战。双方战斗进入高潮。故我反复冲杀，伤亡均大。容有略兴奋地走出地堡，指挥反击。

激战中，率领突击队进行反击的第570团团长贺光耀不幸被日军机枪子弹洞穿腹部，他一面捂住伤口，不让肠子流出来，一面命副团长冯正之接过指挥权，继续指挥部队抵抗。但是部队伤亡很大，一些新兵的惊慌失措加剧了伤亡。到了午后，不得不撤至范家坪、橡皮塘、述花塘、冯家冲一线。

日军大部队一支由五马归槽与东阳渡之间继续渡江向衡阳城南急进，另一支由西北铜钱渡、贾里渡于午后越过蒸水河向衡阳城西作全面开进；北面由长衡公路南下的日军纵队，亦突破衡山附近第3师第8团防线，向南急进。

五马归槽

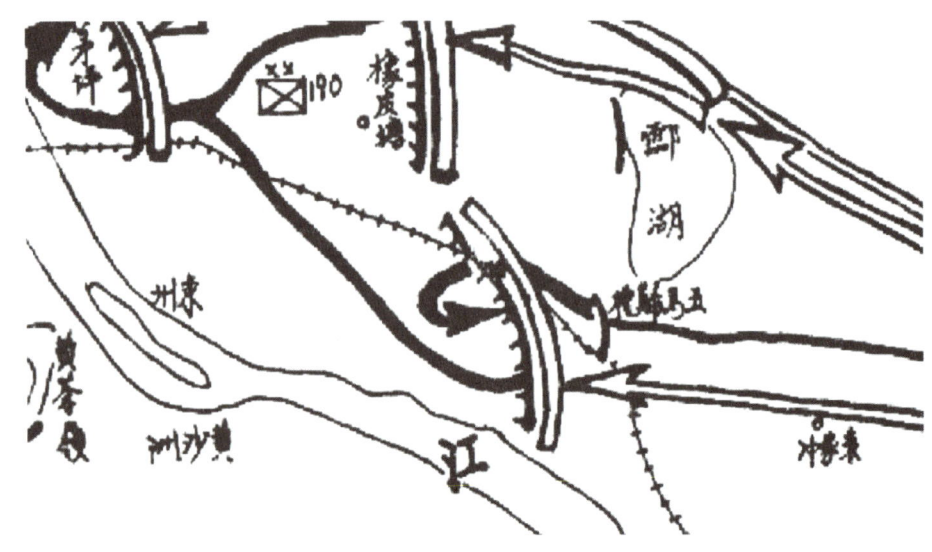

五马归槽阻击战当年作战地图

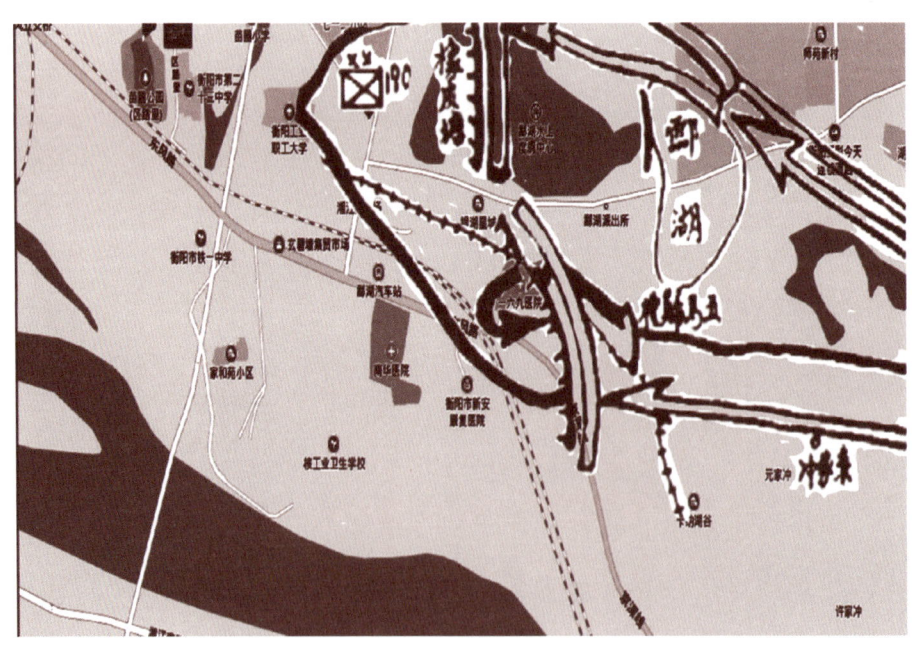

258

五马归槽阻击战今昔对比地图

03 时间：1944年6月25日至26日
战址：湘江东岸八尺岭衡阳机场

飞机场破坏战

战况：衡阳机场是美军第十四航空大队在华的最大空军基地，能起降大型飞机。日军此次作战的目的之一，就是破坏继而掌控中国军队在西南的机场体系。日军占领五马归槽之后，衡阳机场就成为日军的首选目标。

6月25日黄昏，日军第68师团主力松山支队由湾塘方向发起猛攻，突破了第10军第190师第568团冯家冲阵地，将第10军暂编第54师与第190师隔断，向衡阳飞机场逼进。

为夺取机场，日军第68师团挑出1000多名老兵组成敢死队，在强大的火力支持下猛打猛冲，守卫机场的暂编第54师一个营，无法抵挡暴风疾雨般的轰击，30分钟后便放弃了机场。

几名飞行员冒着枪林弹雨驾机冲上跑道，强行起飞，转往零陵。

日军于25日夜占领飞机场南端。

密切关注战情的军长方先觉意识到，若敌我力量悬殊而保不住机场就必须彻底将机场破坏，绝不能为日军所用。现暂编第54师撤退放弃机场却没有达到战略要求，于是命令第190师第570团全部开往江东，接防暂编第54师的阵地，协助第568团反攻，不惜一切代价逆袭衡阳机场，施行深度破坏。

6月26日凌晨，第190师容有略师长亲自指挥刚刚撤出五马归槽的第570团凭借夜色掩护，趁日军立足未稳，逆袭衡阳机场，日军做梦也没想到中国军队如此之快地杀了个回马枪，猝不及防，队伍大乱。经过大约5小时的战斗，第570团暂时控制了机场，而此役他们付出了200多人的伤亡代价。

时机稍逝即纵，容有略师长即刻组织全体官兵对机场进行破坏，马不停蹄地炸掉了所有的机场附属设施、住房、仓库与飞机掩体。机场跑道是重点，每隔10米就挖一个50厘米的坑，埋上1公斤炸药，安排完毕，容有略师长亲自按下引爆雷管的电钮，机场跑道的地基被炸翻。他们还没来得及全部撤离机场，日军松山圭助支队长率第64大队已经围了上来。

26日上午，在江东岸的所有中国军队在市长赵君迈组织的抗敌后援会运输大队1000多名民夫的配合下动用两艘汽轮几百条竹排、木筏，全部安全渡回江东。第190师只剩下1800余人。

1944年6月，衡阳民众撤退时的衡阳机场

《血腥搏杀》 蒋二芒画

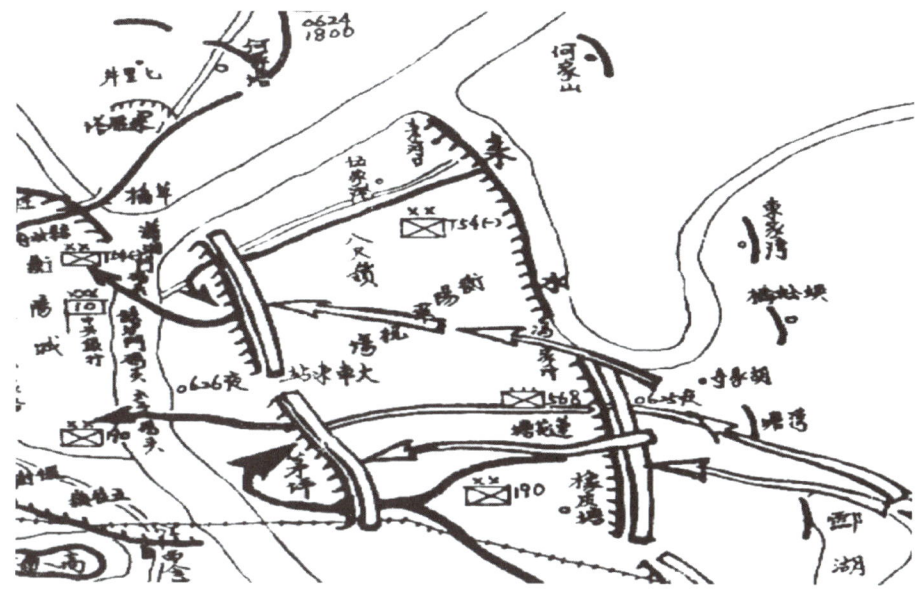

飞机场破坏战当年作战地图

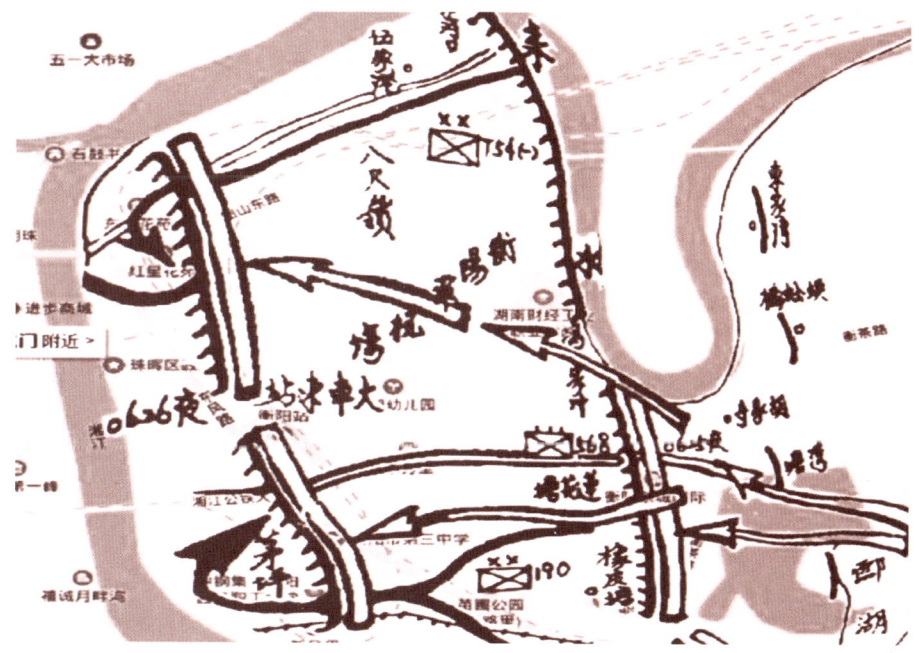

飞机场破坏战今昔对比地图

261

枫树山火炮战

战况：6月26日拂晓以后，日军炮兵分从衡阳城西、南两面向守军正面阵地进行试射。

10时许，步兵在飞机10余架轮番轰炸与50余门火炮猛轰掩护之下，向守军西南主阵地作全面攻击，数度突入阵地前障碍物附近，皆为守军步炮火力所击退，遗尸累累。

枪炮声密如骤雨，双方均被硝烟炮火所笼罩。至黄昏，障碍物多被摧毁，碉堡被毁达五分之三，官兵伤亡过半，估计阵前敌尸在600具以上。

6月27日凌晨1时，日军乃大举向枫树山阵地集结，利用夜色一波一波地势如潮涌。第30团团附项世英进至枫树山南斜面第一线指挥所，与萧维营长一同观察战况，发现敌军以30余人为一波，前仆后继，向守军阵地前沿攀登，均被居高投下的手榴弹所歼灭。随着天明的到来，日军攻势渐趋停止，阵地前遗尸在千人以上。

28日，预备第10师第28团接替第30团据守枫树山。

零时以后，日军再兴攻击。

天明后，第28团迫击炮连连长白天霖于枫树山观测所发现正南方约800公尺欧家町高地上有敌10余人正向守军阵地指指点点，判断为日军军官战前视察，当即命令全连8门迫击炮集中射击，皆不偏不倚命中目标，日军第68师团长佐久间为人、参谋长原田贞三郎大佐、参谋松浦觉少佐等多人负伤，师团长佐久间为人在送往长沙治疗途中死亡。

此轮炮火袭击导致整个68师团作战指挥能力瘫痪，从而预告了日军第一次进攻衡阳必定失败。

从6月28日至7月2日连续5昼夜的全面攻击中，除每日用餐时间沉寂1至2小时外，其余时间，双方均无休止地进行昏天黑地惨烈无比的生死搏斗。日军攻

262

击方式为先以飞机轰炸、炮火轰击与毒气袭击，待守军阵地官兵陷入半瘫痪状态时，其步兵开始向我阵地猛冲，运动与火力的配合非常默契。

当日军轰炸和炮击时，守军官兵则蛰伏在散兵壕和掩体中，以避免过早发生重大伤亡；待日军炮兵为避免伤其步兵而延伸射程后，守军官兵始从掩蔽的工事中露出头来，发挥侧射与曲射火力，歼敌于阵前。即便日军已突入，亦依两侧阵地之火力封锁缺口，掩护正面守军以手榴弹与刺刀逆袭，歼敌于阵地内。针锋相对，血肉相拼。

7月5日至13日，双方互有伤亡，枫树山阵地因标高较大，前崖尽削成绝壁，又获得团部迫击炮之密切支援，日军屡攻屡挫，尽陈尸于阵前。枫树山阵地安然无恙。

7月15日，日军集中两个中队的全部步兵炮、射速炮，对枫树山阵地东面附近的阵地重要部位进行了破坏和压制性射击，其火炮数量增加，弹药充足，又是近距离炮击，攻击效果显著上升，枫树山阵地到处硝烟弥漫。

当夜，日军百余人由141高地（雁峰公园东门）西侧渗入枫树山左侧之农民银行地下仓库团指挥所（今衡阳熙园会所），曾京团长指挥直属部队合力反击，战至天明，将突入之敌全数歼灭，恢复原阵地。

7月16日下午，市民医院所在的南打线坪高地（今岳屏明珠宛周边）工事全毁、守军全部牺牲。枫树山被敌侵入，方军长下令将阵地全部放弃，改守第二线阵地。

自此，枫树山阵地变成了日军第三次总攻衡阳的炮兵阵地。

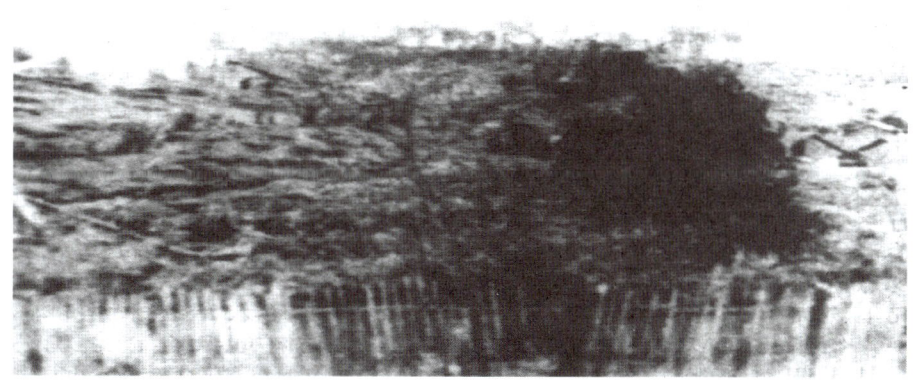

日军远镜头拍摄的守军枫树山北端阵地

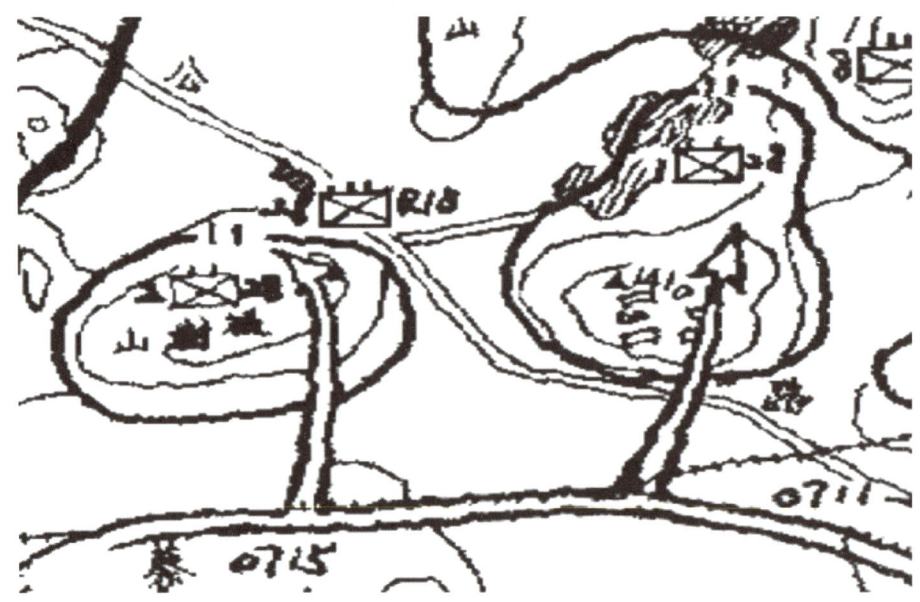

枫树山火炮战当年作战地图

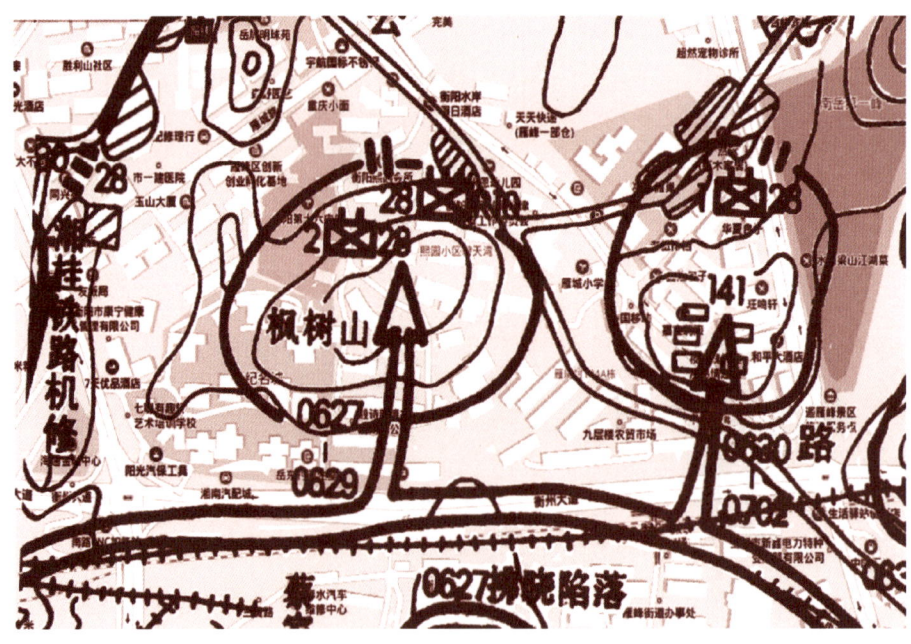

枫树山火炮战今昔对比地图

05
时间：1944年6月30日
战址：最南端为"云沙诗意"内（江西会馆所在地），东为湘江，北为今"雁城路"，西为今
"蒸阳南路"；东北端为太子码头，西北端为"首峰小区东侧"；湘江老大桥（解放后，
在炸毁的老位置修复）、湘桂铁路线的位置没变，故桥南为"上（外）新街"，桥北为
"下（内）新街"今称为湘江南路
日军在作战地图上标名为：芭蕉高地

五桂岭毒气战

　　五桂岭是雁峰区的一个地名，其命名与吴三桂有关。吴三桂在1678年闰三月初二日筑坛于回雁峰前馒头岭（现衡阳市图书馆新馆院内东侧），举行称帝加冕典礼，自称"大周皇帝"，定国号为"周"，改元"昭武"。回雁峰的山门也改为了"正阳门"，衡阳城内的大街命名"棋盘街"（今中山南、北路）等。衡阳城沾上了一缕"皇家"的色彩。

　　吴三桂失败后，人们将黄茶岭至今回雁峰、雨花亭一带称为"乌龟岭"，因其形状如一只伏卧的乌龟。1947年，世人嫌乌龟之名不雅，谐音易名为五桂岭。

　　昔日的五桂岭，要比今日的回雁峰公园的面积大得多，它沿湘江向南延伸约1公里。其范围大约北至泰梓码头，南至今市五中附近，东靠湘江，西邻今蒸阳南路至回雁峰一带。

　　战况：6月30日下午4时，日军向五桂岭南端阵地大举炮击，并利用对其有利的南风，不顾国际公约，继续施放毒气弹半个小时。当炮击时，守军预备第10师28团第3营7连战士为避免伤亡，全部躲在较低洼的工事内，直至黄昏时分，因第3营营长翟玉岗与第7连连长朱中平电话联络不上，派传令兵前往探视，见除了不在阵地的司务长和4名炊事人员外，全连86人全部中毒身亡，惨不忍睹。翟玉岗遂以预备队填补火线，同时将此情况上报团部。

　　方先觉军长接报后采取紧急措施，派军医处处长董如松组织抢救队，把军部直属部队所有防毒面具收集拢来，全部送往第一线官兵使用，轻、重机枪射手，班长优先，要求全部官兵提高警惕，注重防毒。

　　董如松带救护队指导战士使用湿毛巾防毒，将毛巾折叠放在水中浸湿后捆

于面部，毛巾上剪二孔露出双眼可以继续作战。

中毒者好似灼伤，全身产生水泡分为两种，大的如银元，高达半寸，内有黄水，较小的水泡则为绿色，两腿均不能直立行走。

事后经美空军14航空队化学情报官汤姆生上尉研究，绿色水泡为路易氏剂所致，黄色水泡为芥子气所致。此种由7.5厘米炮弹所散布的毒气为二者之混合物。

衡阳保卫战47天里，十恶不赦的日军使用毒气高达70余次。

守军一直将日军阻挡于衡阳城南，五桂岭阵地直至最后也未被攻占，战斗最惨烈时一天升任更换了5个营长。

1944年日军从停兵山拍摄五桂岭

五桂岭毒气战当年作战地图

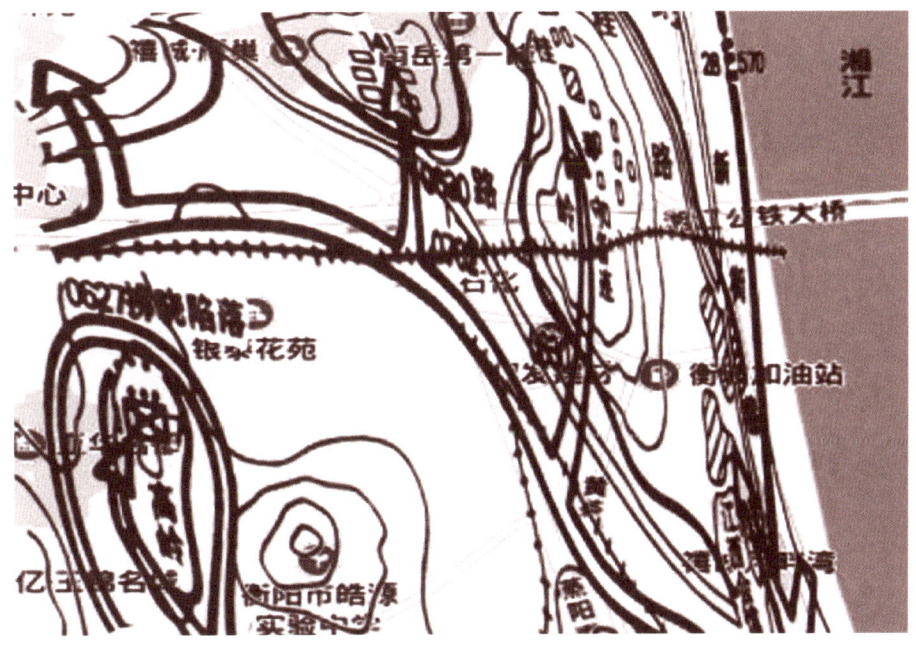

五桂岭毒气战今昔对比地图

06

时间：1944年6月28日至7月14日。

战址：原名碧云峰，现名胜利山，张家山阵地范围，含今张家山社区、平安大厦、衡阳市气象局、胜利小学等位置。火车西站的建筑，系战后根据原建筑图重建。张家山阵地紧邻湘桂铁路的火车西站和原衡祁公路，战略意义十分重要

日军在作战地图上标名为：黑高地

张家山拉锯战

战况：东南面是227高地（今张家山社区周围区域），西北面是221高地（原棉麻土产仓库），两个高地中间相距约50米左右，正是步枪、机枪交叉火网最有效的距离。张家山在东北，比这两个小高地稍高，在这两个小高地的中央后方、相距约150米的地方，整个阵地看起来略呈"品"字形。在军事上此地形可以互为犄角，互相支援，互相掩护，是一个难攻易守的阵地。

阵地先是预备第10师第29团第1营把守。6月29日夜始由第30团第2营接替。

受命进攻张家山的日本步兵第116师团133联队，在进入湖南后的四次会战中未曾失败过，因此十分狂妄。

第133联队接受任务后，队长黑濑平一亲自率作战人员侦察地形，研究联队进攻方向，并与第122联队队长大岛卓协商，请求其协助攻击湘桂铁路一线及附近各据点，以保其迅速拿下张家山。

在6月28、29日两天中，中国守军在中美空军的支持下奋勇抗敌，黑濑平一联队的轮番猛攻均未奏效。

6月30日，鉴于中美空军在白天的优势，日军决定在日落后采取行动。至7月2日止，日军在连续5个昼夜的全面攻击中，部分阵地被日军冲入或大部分为日军占领，旋即又被守军反击收复，前后数次。

日军对张家山的攻击，一开始就抱着势在必得的决心和采取牛刀杀鸡的姿态，集中猛烈的炮火，对守军阵地及各种障碍物实行破坏性射击，同时实行空袭与毒气攻击。在弹如雷雨之中，日军如潮水一般蜂拥而至；守军官兵坚守工事，沉着应战，不顾毒气昏迷，无视强敌震撼，发扬侧射与急袭火力，继之以手榴弹，最后以白刃战迎战，眼看着敌人一波一波地冲过来，又一波一波地倒下去，直至8月7日，敌军仍被阻于各层

障碍物之前，陈尸于断崖绝壁之下。

7月4日，日军将10余门火炮直接推进到离守军阵地前约500米附近，向张家山阵地猛轰；守军炮兵不顾弹药补充不易，也集中火力予以全面反制，引起近1小时的炮战。黄昏以后，日军步兵向张家山展开波浪式攻击，均被击退。7月5日，双方互有伤亡，守军阵地安然无恙。7月6日，重庆军事委员会委员长蒋中正发来两份电令：第一份是嘉勉第10军将士奋勇固守的作战精神和功绩。第二份电报是嘉奖预备第10师师长葛先才恢复张家山有功，特颁青天白日勋章一枚；参加该役作战之各连连长、排长、班长亦各给忠勇勋章一枚，并记功一次；并对守城之忠勇奋斗卓著勋劳全体官兵，亦奖励有加。

之后二天，战况稍显和缓，但日军飞机仍不断前来轰炸，并投掷燃烧弹和毒气弹。7月11日黄昏开始，日军更为凶猛地攻击张家山。一连三昼夜，日军以百余人为一梯队，一波一波地绝地冲锋。双方反复较量，均以积尸加盖沙土，作为避弹之胸墙。7月13日午后2时，激战又起。守军工兵2连，全部力战殉职；张家山形势岌岌可危，葛师长率兵跑步前来反击。7月14日拂晓以前，张家山失而复得者13次，伤亡枕藉，伏尸没胫，其惨状实非常人所能想象。

葛师长认为，221及277二个小高地未能收复，张家山受其瞰制，势难久守；且天气酷热，尸臭难忍，又无力再抽来兵力与日军作无益于全局的缠斗，乃报准方军长，于7月15日天明以前，张家山守军撤退至打线坪预备阵地。

至此，预备第10师下辖3个步兵团均有重大伤亡；预备兵力只剩下直属部队5个连而已。日军第133联队全联队3000人，则只剩250个活口。

1944年日军远镜头拍摄的守军张家山阵地

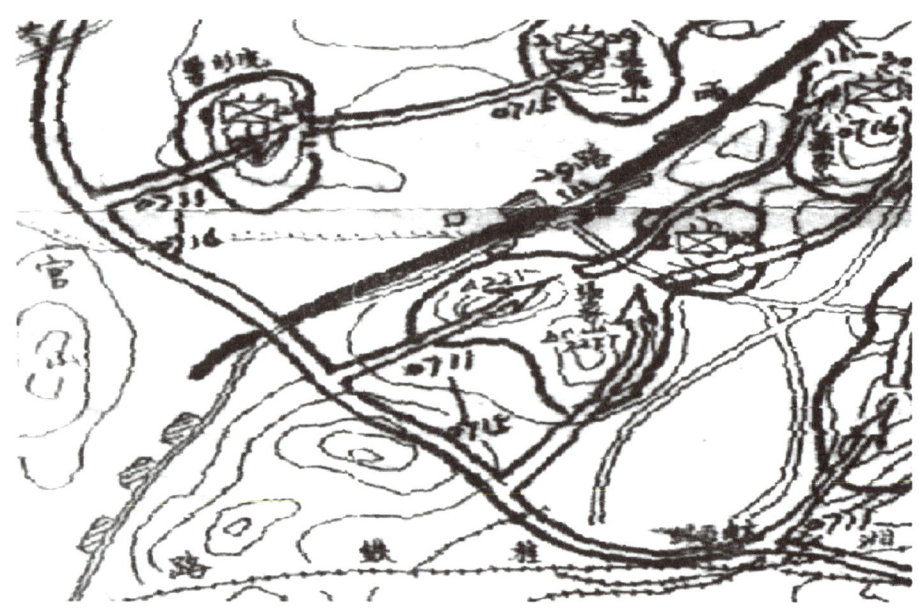

张家山拉锯战当年作战地图

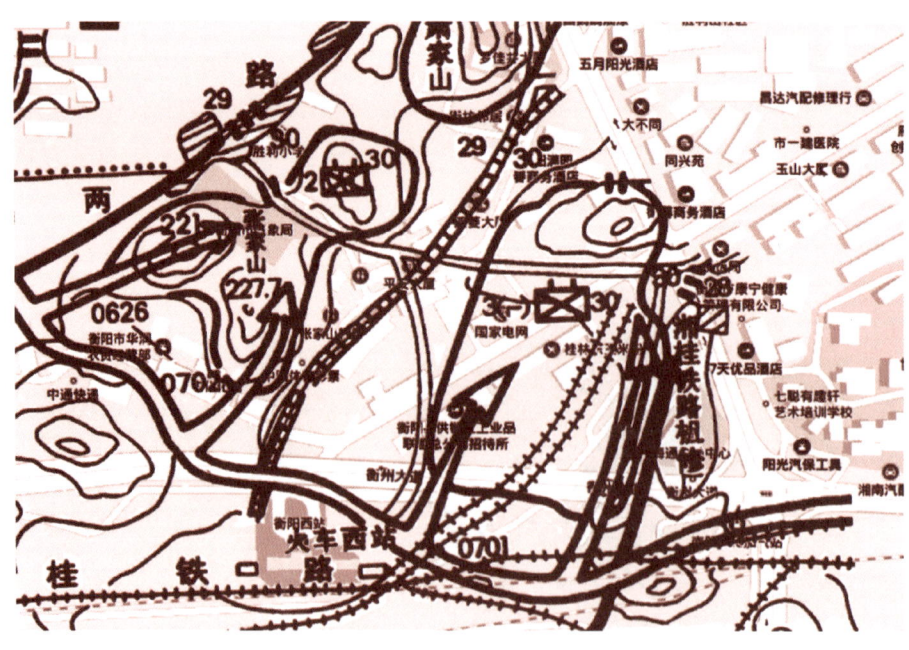

270

张家山拉锯战今昔对比地图

07 时间：1944年6月26日至7月15日
战址：虎形巢阵地位于今衡阳市第六中学内，西面邻衡祁公路（与战争时的位置没有变化），
东邻张飞山（今奥星游泳馆），南邻张家山，北邻范家庄（今西站路小学）
日军在作战地图上标名为：和尔高地

虎形巢攻防战

战况：虎形巢与张家山一样，是衡阳西南主阵地的两扇大门之一。虎形巢的东南面300米是张家山，东北约150米为范家庄，西面为平坦且开阔的水田，有200多米宽，本身是一个独立山坡。日军自6月26日起在这里开始了连续5昼夜的攻击。

开阔的水田是守军轻重兵器的用武之地，日军踏进水田就成了活靶，侥幸冲过这片水田的再通过木栅、铁丝网等各层障碍物窜至削壁前缘，已是气喘吁吁，满以为可以栖身在死角地带，想不到居高临下的守军用手榴弹迎敌，残敌非死即伤。最初两天日军伤亡惨重，遗尸千具以上。于是变本加厉地增加这一地区的炮火攻击，白天向守军阵地狂轰滥炸与毒袭，黄昏后便连续进攻。6月28日到30日三夜先后发起7次冲锋，每次都在100人以上，基本陈尸于削壁之前。

在付出巨大代价之后，6月30日午夜，日军40余名士兵趁雷雨悄悄通过障碍物破坏口，进入外壕，用叠罗汉做人梯的方式踩着尸体登上削壁，侵入守军阵地西南部并占领三座碉堡。守军预备第10师第29团第1营3连在连长梁耀民指挥下，奋起迎战，反复争夺，混战成一团。梁耀民连长被日军狙击手射杀。守军四个突击组轮番攻击，在天明后将两个碉堡内的9名日军尽数炸死，而守军又牺牲7名士兵。

日军仍不断增援，守军却已伤亡过半，阵地被日军占了大部分。第1营营长劳耀民指挥所部仍坚守阵地东北一角，浴血苦战。

7月2日凌晨3时左右，团长朱光基令第2营营长李振武率部驰援，由阵地东北向西逆袭，经过两个小时的艰苦鏖战，将突入之敌全部消灭。在逆袭战斗中，第2营也伤亡40余人，副营长李文秀左臂负伤后送医。

天明以前，由第2营接替第1营虎形巢阵地，一边整理战场，一边加强工事。劳耀民则率第1营幸存官兵不足100人，退守第二线张飞山阵地暂时休整。

7月12日傍晚，日军在飞机轰炸和火炮掩护下，开始了第二轮总攻击，营长李振武率部奋起迎击，一阵枪弹连着一阵肉搏，凭着手榴弹向下投掷的优势打退了日军3次冲锋。

7月14日零点，日军第4次冲锋更为猛烈，2营拼死抵抗，营长李振武阵亡，全营伤亡四分之三，阵地失陷三分之二，已无力反击。朱光基团长无奈，急令第1营营长劳耀民率其残部100余人增援，并将团直属队和反坦克炮兵连改编成两个步兵连交劳营长指挥。

劳耀民先分兵于阵地两侧，以火力阻截日军之后续部队，让突入之日军陷于孤立。然后再次以三人为一组，分成若干突击小组逐壕扫荡，只听见一阵阵手榴弹的爆声与白刃战的喊杀声互相激荡，并伴随着受伤者的呻吟之声。至拂晓前除两个碉堡尚有日军在负隅顽抗以外，其阵地大部恢复。

7月14日下午，日军先用飞机轰炸、炮击，然后施放毒气，继以步兵进攻。守军工事大多被毁，官兵多数昏迷，仍作顽强抵抗，数名日军乘乱攀登至虎形巢制高点守军指挥所碉堡顶端，用机枪向四周扫射，对守军造成致命威胁。营长劳耀民率2名士兵跳出碉堡，用手榴弹炸死日军。继而指挥炸土方堵塞两侧交通壕，中隔碉堡，用捉迷藏的方式与敌人进行攻防战，八箱手榴弹投掷到只剩下最后五颗。

双方胶着之际，团长朱光基率第3师第9团3营8连、9连赶来增援，日本后续部队也蜂拥而上，再度展开人世间最惨烈的争夺战。杀声不绝于耳，交通壕中血流遍地，不移出尸体不能通过。第3营营长孙虎斌、战炮连连长陈以居以及第8连连长、第9连连长都先后阵亡，劳营长亦身负重伤，敌人所占一半阵地尚未恢复。

抵挡日军20天，经历日军施放毒气、火炮直射、飞机轰炸，最后工事被彻底炸塌，师长葛先才鉴于张家山及其东侧修机厂等阵地已经弃守，虎形巢、范家庄更突出于前，兵力单薄难以久守。为加强第二线之防守力量，请示方军长同意，下令虎形巢全体剩余将士退守于张飞山、西禅寺之预备阵地。

天明时分，虎形巢失守。

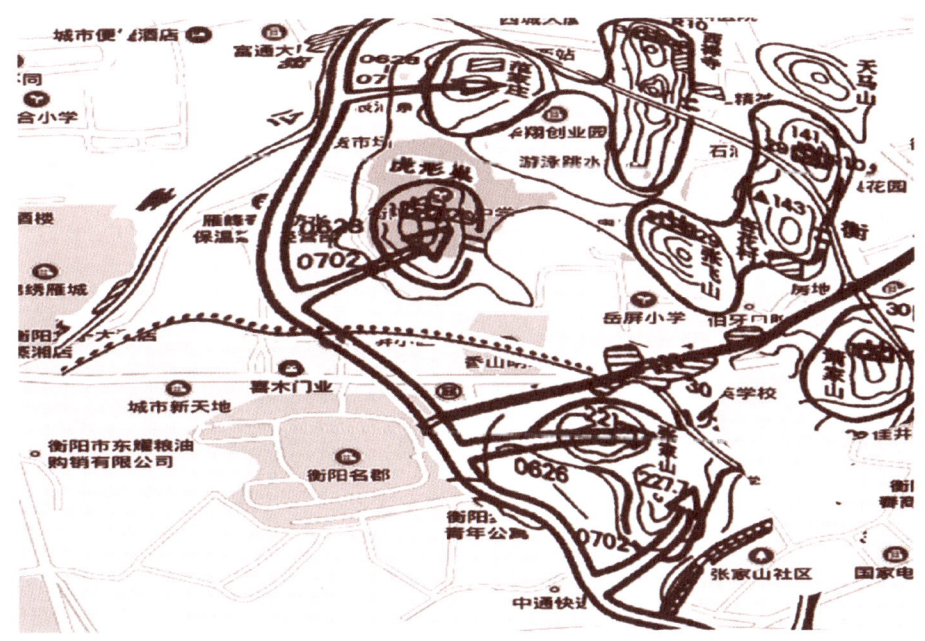

虎形巢攻防战当年作战地图

虎形巢攻防战今昔对比地图

273

停兵山争夺战

战况：停兵山的右边高地当年为一道高约1.5米、厚约2米的砖墙所环绕，并筑有机枪掩体、掩蔽壕等，左边高地上则建有一座高约7米的瞭望楼，阵地坚固非常，确有"停兵"的意味。日军为夺取停兵山付出了血的代价。

预备第10师第30团第3营7连据守停兵山，被绝对优势之敌围攻两昼夜，杀敌甚多。战至天明，停兵山屹立不摇，阵前敌尸却在400具以上。

6月27日9时许，有中美空军P-40战斗机6架飞临衡阳上空助战，俯冲轰炸与低空扫射反复进行。其中1架飞机尾部为敌地面炮火击中，迫降于停兵山阵前水田。守军6名士兵冲出铁丝网，拼死抢救。飞行员获救，守军4人阵亡。

午夜，7连连长在电话中向师长报告战况之后，师长回答，倘若日军攻势太强，可以放弃据点，撤回主阵地。连长表态：宁愿被敌人刺刀插进胸膛，也不愿在撤退时让敌人子弹由背后射进。

28日零时以后，日军再兴攻击，大举突入停兵山据点。各层障碍物多遭破坏，7连官兵誓死奋战，以刺刀与敌人肉搏，寸土必争。战至最后一个碉堡，官兵仅存4人。

进攻衡阳的日军在集体写家信

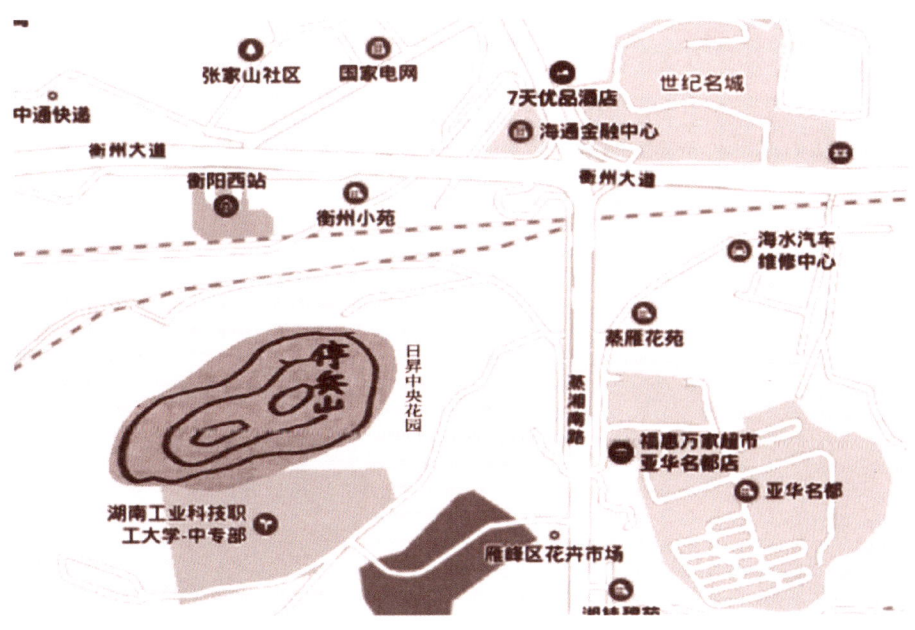

停兵山争夺战当年作战地图

停兵山争夺战今昔对比地图

天马山防御战

天马山，因山形状如飞马，故得此名。从今蒸湘南路起点至苏仙井、萧家山一片。北端最高处海拔83.2米，加上141高地、143高地，周围不过400米。

天马山路，前身为衡阳至常宁的"衡常公路"。它贯穿衡阳守军从西北至东南的整个纵深，公路沿途有十多个阵地，至少四个团先后防守这一区域，是衡阳保卫战的核心防御焦点。尤以天马山阵地和萧家山阵地最为惨烈。

战况：遭遇日军多次强攻，是衡阳城西最后的屏障。

7月16日，五桂岭南半部、枫树山、市民医院、萧家山、张飞山等坚固阵地全部放弃，改守第二线。第190师第9团3营约350人进驻天马山、西禅寺阵地。

7月22日至27日，日军炮火骤增，每日暮前、拂晓后，对天马山施行猛烈炮击。由于守军火炮及迫击炮弹药用尽，对日军猛烈炮火无法反击以致官兵伤亡极大。

附近的西禅寺由第9团第3营残存官兵130人据守。原有的两进高大庙宇被夷为平地；四周80余株合抱大树亦尽行腰折，甚至连根拔起。由于阵地前障碍重重，铁丝网虽多为敌炮火破坏，但木栅高竖，随拆随修，外壕既宽且深；日军屡攻屡挫。27日夜，敌军利用昼间炮火毒袭的余威，连续发起三次猛攻，每次约一个中队，大都葬身于外壕之内。28日拂晓，日军由西、南两面冲击，踏着尸体所叠成的人梯向守军阵地前攀登，一部100余人被第3营全歼，无一生还。此时守军官兵伤亡及半，工事大部分损毁。团直属部队120人及时赶到，拨入该营，重振战力。

第3师第9团据守的天马山，受日空军轰炸次数最多，炮击时间最长；而日军列于阵地前百米以内直接射击的火炮不下30余门。地毯式的轰炸，把外壕、

276

栅栏、铁丝网、碉堡统统摧毁。守军无一发炮弹可以还击，众多官兵成了屈死的炮灰。

竟日苦战，141高地上第9团第2营6连官兵全部阵亡。

西禅寺、天马山两阵地，虽积尸数层，却仍在守军固守之下。黄昏以后，第3师补充搜索连残存官兵30余人，加强了西禅寺的防务；而天马山方面，萧圭田团长将原本作为预备队的军辎重团1营补充到第一线，以迎接日军再一次的进攻。

战至8月2日，141高地落入敌手，直接威胁到天马山。萧团长亲率队伍反击，仅恢复一半阵地，与日军呈胶着状态。西禅寺方面，日军第3次突入阵地。第3营营长赵寿山负伤，官兵伤亡殆尽。萧团长命令第1营即刻增援，才将突入之敌歼灭，百余残余官兵继续固守阵地。

8月5日，日军继续以强大步兵在优势炮空火力支援之下，向天马山阵地猛攻，战斗剧烈如狂风骤雨，终日不停。守军阵地全毁；团长萧圭田受伤；但除了死守之外，没有其他可走之路！

经过数次往复冲杀，日军用排炮发射了600发炮弹，山上泥土被掀翻了数次，整个天马山阵地已是一片焦土，见不到昔日的工事。当日军冲上山时，以为阵地无人而可以轻易占领了，谁知第

10军军旗又突然竖起，赤臂裹伤的战士由弹坑中跳出，再一次将日军赶出了山头。但日军仍占据了阵地的前半部。

第3师第9团萧圭田团长、预备第10师第29团朱光基团长、第30团陈德坒团长，均在天马山阵地后半部督率本部与日军奋战。朱光基、陈德坒二位团长此时手足仅有20余人，依然担任宽约100余公尺的阵地正面守备，与第9团官兵共同站在第一线上，投尽了几乎所有的手榴弹，与日军相距约50公尺，呈对峙状态。

8月7日傍晚，日军对天马山各阵地再度发起全面总攻。守军与踏着尸体而来的敌人轮番肉搏，但亦无力尽驱突入之敌。入夜以后，城内通信线路彻底中断。

第10军重机枪手展开防御战

天马山防御战当年作战地图

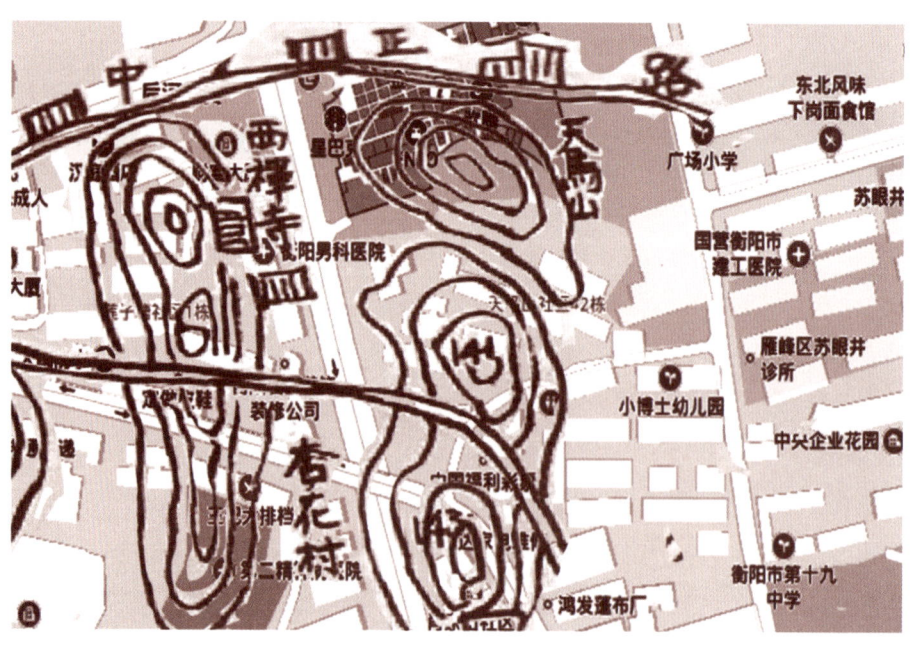

天马山防御战今昔对比地图

10 时间：1944年6月25日至8月7日
战址：今中山南路口回雁峰
日军在作战地图上标名为：森林高地

雁峰山炮击战

雁峰山是衡阳保卫战时期主要的炮兵阵地，山内有防空洞，为第10军军械库，为前线提供火力支援，这里发出的炮弹，曾经直接击毁过日军设在望城坳的山炮阵地。

1944年春，第74军炮兵团团部及第1营、第3营驻防湘西怀化榆树湾。第2营4连乘船去常德，担任守城任务。第2营营5连及6连仍驻防衡阳白鹭坳整训。

6月中旬，湘北战局骤然吃紧，第2营奉团长之命，开赴榆树湾，归还建制。全营配备的是法国制造的七五野炮，由骡马牵引；两个连共8门炮。第2营途经衡阳城北之望城坳时，被守城的第10军发现报告给了军长方先觉。当时该营沿衡宝公路已前行了几十里，被第10军军部参谋持军长亲笔信要求全体返回，留下共同守城。方军长言辞恳切，营长为陈布新下令回城。

开战之日，第10军直属山炮营已有刚归建的美国造七五火炮6门，有借调的第46军山炮连山炮4门，第48师战车防御炮营的一部，守城野山炮共18门。

第74军炮兵团的前身，为炮兵第19团。在第二次长沙会战前，该炮团第一营拨归第10军，成为该军直属山炮营。该团第2营、第3营拨归第74军。因此，第10军直属山炮营与第74军野炮第2营官兵之间非常熟悉。

战况：6月18日，日军攻陷长沙后，以几个师团的优势兵力猛扑衡阳。沿途几乎未遭坚强阻击。23日其前锋已抵泉溪镇，24日与守军交火。25日晨，气焰嚣张的日军，居然以四路行军纵队接近湘江。

野炮营奉炮兵指挥官之命，须予日军以迎头痛击，灭灭他们的威风。日军山炮设在起伏地带，半暴露。其阵地旁有独立树，正是野炮营战前熟悉的测地原点。野炮营观测所位于雁峰山顶，发现日军阵地后，立即以迅雷不及掩耳之势，动用4门野炮，按已知诸元，快速齐射。一举摧毁日军山炮阵地，破坏山炮两门，首立战功。

26日傍晚，步兵放弃机场，野炮营以密集炮火，掩护友军撤过湘江。野炮营开战二日，连建二功，受到第10军司令部通报嘉奖，并奖大洋1000块。

27日晨，从东阳渡渡过湘江的日军，顺江北攻天主教堂、黄茶岭一带。雁峰山观测所清楚看到日军向前推进的身影，并能听见清脆的机枪声，野炮营当即开炮予以阻击。

6月28日，日军对衡阳发动全面总攻，西南方向，一片烟火，战况尤为惨烈。傍晚，正南山脚下又现日军半暴露山炮阵地。野炮营官兵个个来了精神，第6连将炮推出掩体直接瞄准1800米打了一发炮弹。爆烟完全遮蔽目标，准备再增加50米，正在操作，突遭日军榴霰弹还击而命中。伤亡排长2人、士兵8人。日军快速改用燃烧弹，连续几十发，导致阵地起火，雁峰寺后殿古建筑，亦被击中起火。第6连通信班中弹，死伤士兵八九人。全营被迫冒烟灭火变换阵地。改设五桂岭山脚下，继续对两路口、王家岭之敌，阻止射击。

从6月28日至6月30日，几天来敌军昼夜猛攻，尤以西南高岭、停兵山、汽车西站最为激烈。野炮营官兵斗志昂扬依靠衡阳兵站储备的8000发炮弹猛击日军。营观测所不断接到第10军孙参谋长或炮兵蔡指挥官要求支援射击的命令，甚至有时接到团指挥所恳切请求支援的电话。野炮营大显神威，每日发射炮弹近500发。日军山炮受到压制，鼓舞了友军士气。当6月30日夜轰击王家岭之敌时，忽接军部通知，日军从西南方施放毒气。观测所官兵立即戴好防毒面具。但戴上面具后，灯光下看不清地图，电话指挥尤感不便。

7月1日，日军机群再次投掷大量燃烧弹，中山路等主要大街一片火海。营部观通器材大部烧毁，30多匹骡马全部烧死。营指挥所改设仙姬巷中部旧城墙防空洞内。当夜日军进攻火车西站，野炮营奉命进行阻止射击。车站附近炮弹爆炸声与日军进攻触雷声，整夜未停。

7月5日早6时，野炮营奉命掩护第3师第8团入城。衡阳守城之战，已十余日，兵员越来越少。第8团从衡山杀来入城血拼，令人鼓舞。接应由第9团团长萧圭田指挥。指挥所设在北门里盐栈二楼，紧靠江边，草河从北流入湘江。

8时许，萧团长一声令下，野山炮首先发射，工兵在草河架起轻便浮桥。高岗处日军数人赤臂坦胸，手端刺刀，气势汹汹杀向浮桥，被炮弹准确命中，鬼子尸体横飞，友军见状，齐声喊好。第8团先头部队由农民带路，陆续渡河入城。萧团长盛情留下和山炮营关、俞二位观测员共进午餐。

7月11日，日军经几天调整补充，发起第二次总攻，其野炮兵阵地在望城坳，从北往南轰击花药山阵地。炮兵指挥官蔡汝霖指示全军炮兵，既要协同作战又要注意节省弹药。

之后两天，孙鸣玉参谋长来电：东岸飞机场经日军日夜抢修，可以起降飞机，要求野炮营密切监视。陈布新营长命令5连用一门炮炮口专指飞机场。试打一发炮弹后立即暂停。迅速修正偏差。第二天拂晓，当敌机徐徐下降时，火炮立即发射，跑道中弹，飞机动弹不得。10来分钟后，银白色飞机暴露在跑道上，野炮营双炮齐射，飞机起火焚毁。司令部传令表扬，并奖大洋500块。

其时，第九战区在湘桂铁路衡阳外围集结了8个军，共十几万人，而真正派兵力接近城边的只有2个军——第62军与第79军。两个接近城边的军实际投入攻城的兵力，最初也不到一个团。以后虽几次增兵，且奉有重庆军委会限期攻城增援的指令，终因行动迟缓，错过战机，

日军炮兵准备炮击衡阳城

解围不力而失败。当时第62军之一部，曾一度攻占二塘。观测所上尉观测员关启宇听到了外围攻城的枪声，也看到了炮弹的爆炸烟雾，便即刻将所见情况上报营长。陈营长又转报蔡指挥官。不料，却引来了麻烦。军部电话借此不断催问援军的准确位置。陈营长寻思，司令部尚且不知，观测员仅凭枪炮声又怎能推断准确。于是，推说又听不见了。

7月中旬末，衡阳守军经一个月激战，消耗了大量弹药。特别是炮兵部队，急需补充。空军运输机在战斗机掩护下开始空投。经常有运输机2架或4架空投炮弹。每3发炮弹用稻草包裹，外套麻袋，虽系降落伞，但落地速度较快，部分摔歪了弹头，后改为每包系2个降落伞。但投下的数量不足射击之用，炮弹供应进入困难阶段。

7月下旬，司令部通令，由于炮弹缺乏，野山炮可酌情将部分火炮埋入地下。勤杂人员每人发手榴弹两枚，并派专人教练投掷方法，随时准备巷战，或补充第一线战斗。野炮营每连掩埋火炮两门。

第46军山炮连射出最后一发炮弹后，全连改为步兵，迈着整齐的步伐，高唱军歌，慷慨激昂地走出南门，直接参战。英雄气概，振奋了友军士气。

7月底，日军总兵力已超过4个师团。初战时，日军只有山炮。一周后野炮参战，稍后榴弹炮、加农炮运到。如今日军炮火猛烈，守军炮兵完全受到压制。日军飞机大编队，每天拂晓与黄昏两次大轰炸。每次出动轰炸机二十余架，在九架战斗机掩护下，轰炸守军阵地，直到城内开始巷战。

大轰炸中，第6连炮兵阵地中弹起火，副连长冯宗恺冒死灭火，抢救火炮1门，另1门烧毁，全连官兵伤亡约20人。全营骡马原有百余匹，炸死炸伤后，能吃的都给了炊事员，最后只剩两匹。

8月5日夜，日军从西北方向偷越外壕，攻入衡阳北门。

6日晨，日军占领县政府及新亚招待所一带。半个衡阳城里敌我短兵相接，展开惨烈巷战。野炮营能战斗者大约不超过50人。营部观测排入城时有30余人，仅剩关启宇1人，其他全部牺牲。

第3师第9团的天马山阵地，大部已陷敌手，现仅存山脚下一个工事，且无兵增补。军部命野炮营派兵30名增援。这些兵大多数为刚转为步兵学会射击投弹的勤杂兵。当夜，步兵班长严令原来管理骡马的士兵赵凡君、吴天成去夺取日军的机枪。夜半，两人顺交通壕摸入日军掩体。本来一壕相通近在咫尺。不料，日军竟抱枪睡在射击位上。两人从容夺取日军机枪，而却不知杀死敌人。

6日拂晓，日军一部从五显庙、苏仙井当中间隙突入市区西南角。司令部要求野炮射击。关启宇经过搜索看到，就在观测所右前方约300米处，西院是日军，头戴钢盔有20多人。东院是守军，只有6个人。仅一墙之隔，炮位距目标不到600米。中间全是破房子遮蔽，间接瞄准过近，直接瞄准又看不见。这位贵州都匀中央军校16期炮科毕业的高材生，最终担心会伤害自己的兄弟而失去了射击的机会。

7日上午，忽接军部孙参谋长电话，要求野炮营打击县政府南侧一小楼内的日军，以解除对军司令部的威胁。陈营长提出沿途障碍多，炮难走，参谋长答应派工兵协助。陈营长与关启宇推炮从仙姬巷转入中山路，从残垣断壁中寻找小楼。敌我双方已在此区域短兵相接，逐屋搏斗，随处可见千孔百疮的尸体。那栋两层小楼已是有墙无顶了，日军隐藏其中，当作暗堡。陈营长随即命令第5连推炮1门，携带全营仅存的两发炮弹，由连长指挥。第6连剩余士兵与军部派来工兵4人共同清除障碍修路，将炮推入小巷。当炮弹上膛，炮手调转炮口，就要射击的瞬间，遭到日军的掷弹筒、手榴弹同时攻击，数名野炮营士兵伤亡。日军即刻火力封锁该区域，火炮终未能夺回。

8月8日，血战47天的衡阳，全城陷落。

守军迫击炮炮兵转移阵地

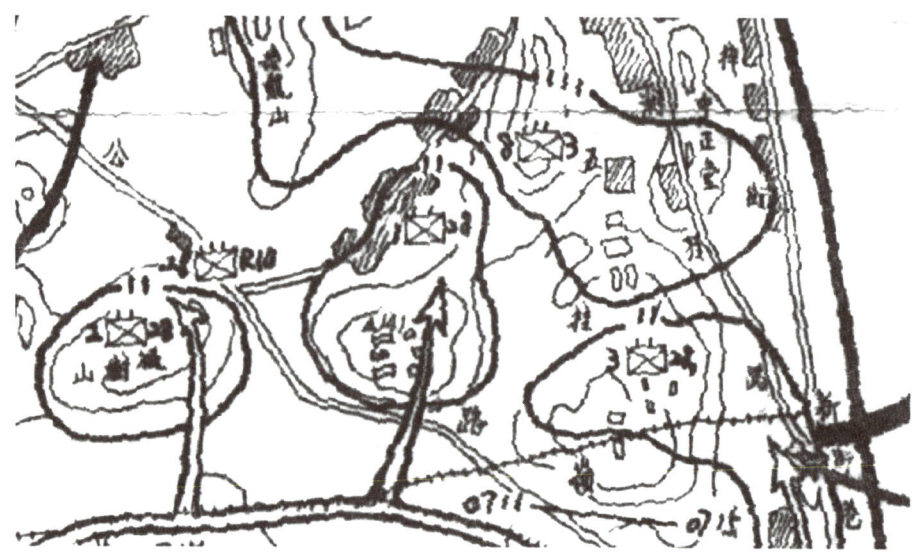

雁峰山炮击战当年作战地图

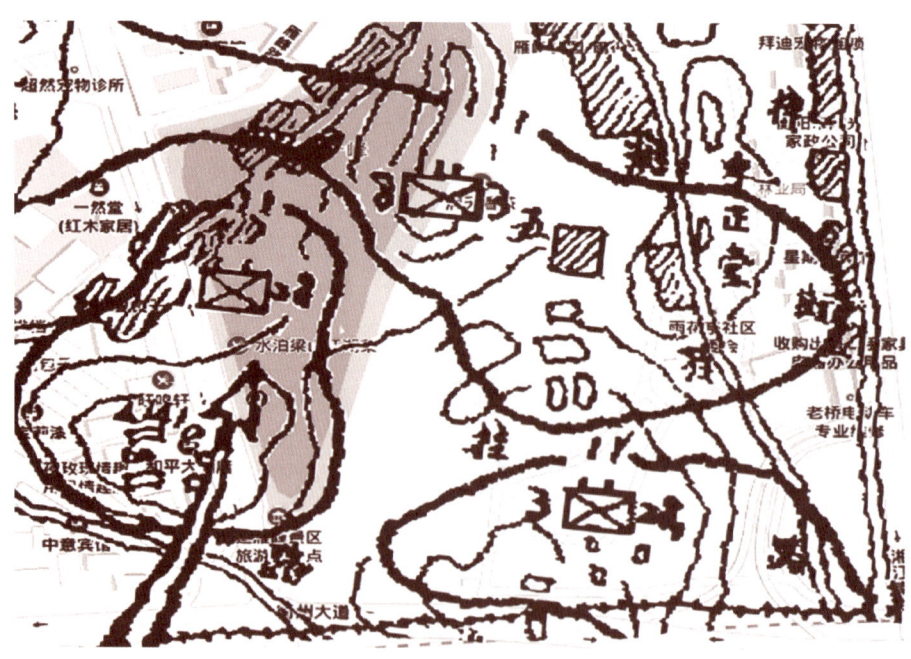

284

雁峰山炮击战今昔对比地图

11 时间：1944年7月16日至8月7日
战址：今岳屏广场北端苏眼井
日军在作战地图上标名为：虾高地

苏仙井阵地战

苏仙井因古井而得名，右侧的小土山曾被改造为核心防御阵地，山脚全部被削成90°悬崖。

战况：日军损失惨重，日军尸体填满山下的外壕，该阵地同岳屏山形成交叉火力，封锁城南大片区域，城破之时仍未被攻破。

7月16日下午守军放弃第一线，改守第二线阵地后，第10军直属工兵营（约80人）与新编成的预备第10师第29团第2营（为第29团、第30团残余官兵约150人），连同炮兵营100人，由预备第10师参谋古今任营长，占领五显庙、苏仙井中间高地阵地。副师长张越群率参谋长张权坐镇指挥。

军辎重团与军直属部队非战斗单位中会打枪的官兵，也编成两个战斗营，每营约300人，为全军预备队，分别控制着清泉路（以今市府路为直线，蒸阳南路与环城南路段。在今中国银行与雁城宾馆中间）与月亮塘（原先锋路市劳动局，今金色家族酒店后，珠琳巷段）附近区域。

7月27日，日军飞机整日对苏仙井阵地猛炸；午后3时，日军更以猛烈炮火向守军西南阵地轰击达两小时之久，黄昏时分，日军开始对苏仙井高地等阵地施行连续一昼夜的攻击。

五显庙与苏仙井中间高地，为守军西南阵地的核心，亦属日军攻击重点。阵地指挥官、工兵营营长陆伯皋运用智慧，发挥其工兵特有之技能，事先在阵地约230米的正面，挖出了一条宽15米至20米、深12米至15米的尖底外壕，又以带刺的铁丝网平设于半个壕高的两壁之间，形成一张悬空的罗网，外壕两端暗设机枪射点。

当夜，日军连续5次的攻击，跳入壕内之敌全部坠落于铁丝网上，如飞蛾扑入蛛网，上下不得，进退不能。

7月28日天明，守军以机枪扫射，类似挨个点名，跌入壕内的日军只有挨枪子的份，没有半点还手之力。壕沟里密集的敌尸不下600具，完全阻止了日军之攻势。由于天气酷热，壕沟尸臭熏人，群蝇乱飞。

8月2日至4日，日军继续对五显庙、苏仙井施行步、炮、空联合攻击；守军阵地大部被毁，官兵伤亡枕藉，但均抱退后一步即无死所之的决心，裹创再战，以确保阵地，化险为夷。

8月5日，日军步兵在其优势炮空火力支援之下，再次猛攻苏仙井，战斗剧烈如狂风骤雨，陆伯皋营长指挥这支步、炮、工混合编成的队伍不眠不休，不饮不食，抵死奋战。诡雷与手榴弹并用，尽歼来犯之敌于阵前。

8月6日9时以后，日军直接抵近射击的炮火，将守军阵地工事几乎夷为平地。未被击中而蛰伏战壕内的守军官兵，和冲锋前来的敌人浴血死战，寸土必争。碉堡垮了，武器毁了，人被埋了，但只要有一个未死者从灰尘中振臂高呼，无不奋起，一以当十，百以当千，和日军拼到底，与阵地共存亡。

在连日鏖战、警报频传声中，方军长采取了两项紧急措施：

（一）将已编训的军部各单位幕僚和杂勤官兵，分配至市区各巷战工事中准备巷战；

（二）抽出铁炉门以南任江防的暂编第54师的步兵营，以其3个步兵连分别控制接龙山北侧、苏仙井、司前街各附近区域，以应对突变状况。而该营原江防任务由司令部幕僚及杂勤官兵接替。

下午3时，接替苏仙井阵地的预备第10师第28团在团长曾京指挥下，全力以赴，以阻止日军继续突入。

今日苏眼井，该地以此井而得名

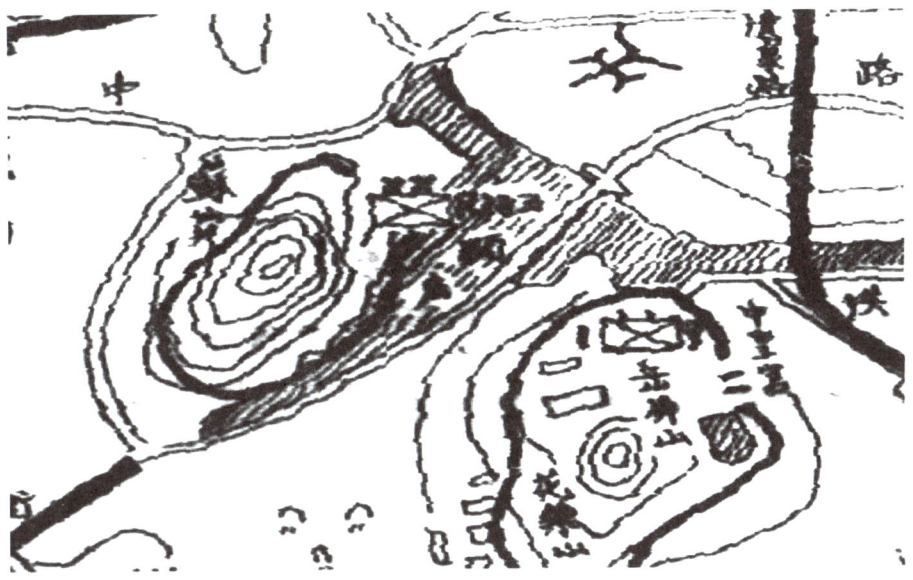

苏仙井阵地战当年作战地图

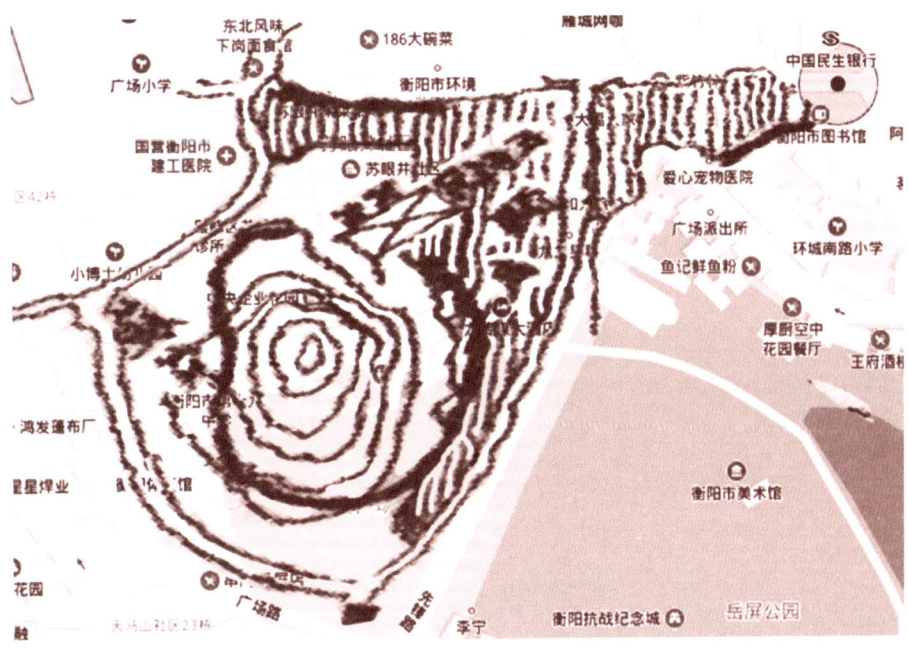

苏仙井阵地战今昔对比地图

萧家山、岳屏山防御战

战况：7月15日，市民医院南打线坪高地在工事全毁、守军全部牺牲、无兵力可调遣的状况下陷落。方军长乃命葛师长将固守20天、付出极高代价的第一线——五桂岭南半部、枫树山、市民医院等阵地全部放弃，改守第二线并乘夜调整部署。

预备第10师第28团及师部搜索营（约350人）驻守萧家山、岳屏山、花药山阵地。

7月27日，日军飞机分批次全天对守军阵地猛炸；午后3时，日军更以猛烈炮火向守军西南阵地轰击达2小时之久。黄昏时分，日军开始对守军二线阵地施行连续一昼夜的攻击。

花药山方面，由第28团第1营据守，经7月27日夜日军3次冲击，官兵伤亡殆尽，阵地大部陷入敌手。7月28日9时，何映甫营长率部搜索营增援，约80人发起反击，与敌进行拉锯战。何营长负

伤，官兵在副营长曾广衡指挥之下，与敌拼战只剩20余人。后援不继，曾京团长乃命其退守岳屏山。

7月29日，日军继续对西禅寺、萧家山、岳屏山施行步、炮、空联合攻击；守军阵地大毁，官兵伤亡枕藉，但均抱必死决心，裹伤再战，得以化险为夷。

日军经过充分准备，自8月2日起，日军空军不分昼夜滥行狂炸。

8月3日，日军炮兵夜以继日地作地毯式猛轰；一部分野山炮更推进至守军阵地前百米以内，直接射击守军阵地之侧防机能。

8月4日，日军开始了第三次总攻。在横山勇的亲自指挥下，投入了5个师团的兵力和100多门大炮，试图在1天之内拿下衡阳。城西南阵地仍为争夺重点。守军因炮弹用尽，无法还击，任由日军轰炸，但随后突击的日军仍无法冲破守军手榴弹和刺刀的抵抗。第3师师长周庆

祥因感其指挥所已受到直接威胁,乃命师工兵连反击防守。

萧家山高地上的地堡靠近高地两侧的房屋、五显庙西端的铁丝网及阵地前木栅等几乎全被炮火摧毁。但碉堡依然在发挥不可取代的作用。原来,聪明的守军士兵根据多次战斗高地上的碉堡极易被炮击压制的教训,将萧家山高地正面阵地的最前线,降低到与贮水池边沿同一水平线上,缩小枪眼上下幅度。上面再覆盖铺路的石头,并用木栅巧妙地隐蔽起来,避免了日军炮击。这样做,就是无法排水,战壕内积水及腰,将士们是浸在水中战斗的。日军饭岛大队的一部始沿贮水池堤坝前进,先锋20余名冲进被炮火毁掉的房屋。然而由于来自天马山方面守军侧防火力猛烈,日军后续部队受阻于中间地带,最先突入的日军士兵陷于孤立。守军趁机向其投掷手榴弹。尽管日军开始施放火焰喷射,其冲锋仍未获得成功。

日军第二次夜袭亦归失败,是因为来自岳屏山高地和天马山方面守军对萧家山高地正面的侧防火力准确无误。

在右边的日军志摩旅团,未直接攻击岳屏山高地以前,战况并无进展。左边的第120联队连西禅寺高地也未能拿下,致使岳屏山高地和天马山的守军得以全力支援萧家山高地。对此,日军狗急跳墙,当夜命由日军加濑中尉指挥的大型发烟筒在外侧施放烟幕,以削弱守军侧防火力,同时炮兵大队向守军阵地进行1分钟的压制射击,准备强行突击。晚上10时开始放烟,然而日军两个步兵大队几乎都失去了中、小队长,因而未能发起冲锋。只有饭岛大队利用烟幕,将早晨冲锋伤亡的大部人员收容了回去。

岳屏山工事极为坚固,多层障碍物发挥阻绝力量,敌屡攻屡败。曾京团长指挥辖下三个营先后对突入阵地的日军发起反击,与敌十荡十决,均用手榴弹与刺刀达成歼敌目的;第28团亦伤亡累累,战力消耗三分之一。第3营营长翟玉岗右足负重伤;第2营营长余龙右股被子弹贯穿;两人都坚持不下火线。

战至8月5日,阵地被日军占领三分之一;日军一部冲向团指挥所。葛师长闻讯,亲率卫兵1个班及司令部杂勤官兵30余人前往反击。曾京团长与余龙营长、翟玉岗营长见师长来援,均士气百倍,终将突入之敌200余人全部歼灭。阵地虽已恢复,但伤亡惨重,官兵仅存70余人。

8月6日中午,第3师第8团迫击炮连连长刘和生发现市民医院附近一日军指挥官正挥军刀指挥日军冲杀,乃发射其最后之8发炮弹予以歼灭。事后才知,日军第57旅旅团长志摩源吉少将,被刘和生打出的迫击炮弹自腹部贯穿而亡。

下午4时左右,岳屏山被日军突破。

萧家山、岳屏山防御战当年作战地图

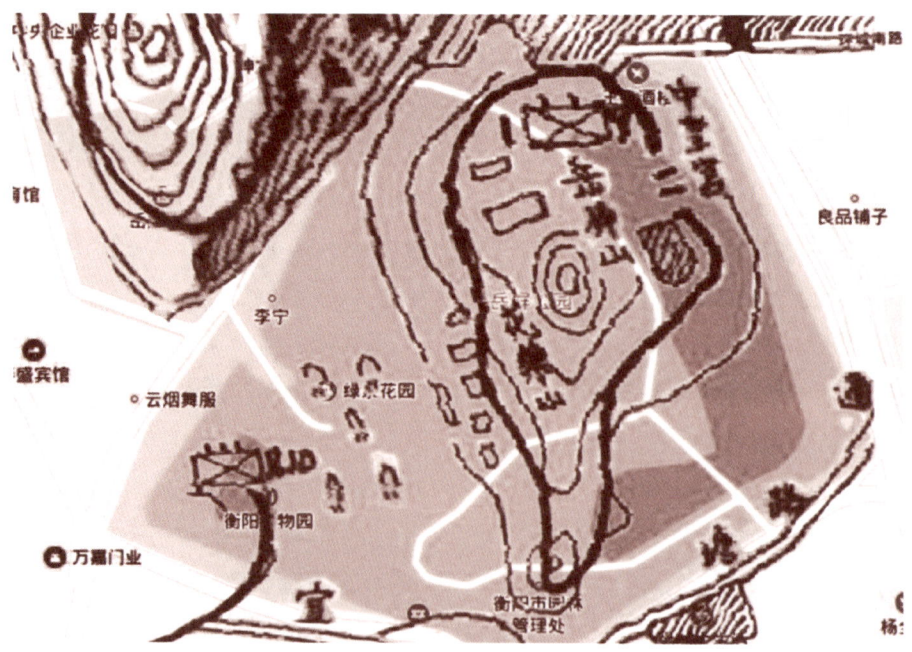

萧家山、岳屏山防御战今昔对比地图

13 时间：1944年6月28日至8月7日
战址：最南端为今"云沙诗意"小区，东为湘江，北为今"雁城路"，西为今"蒸阳南路"
日军在作战地图上标名为：芭蕉高地

五桂岭殊死战

战况：第10军预备第10师第28团据守五桂岭。从6月28日至7月2日，在日军连续5昼夜的攻击中，敌我双方均无休止地进行昏天黑地的生死搏斗。

五桂岭南端阵地，曾为一部日军突入，被守军第28团3营李若栋营长指挥士兵予以击退。阵地内及障碍物前敌遗尸300余具。李营长左脚重伤急送医院，防务由第2营副营长瞿玉岗接任，任代理营长。

五桂岭以东阵地，守军第3营9连1排全部壮烈牺牲；外新街第9连主力及五桂岭上的第8连均陷于苦战。

7月15日拂晓，日军百余人突入外新街南端；第8连王菊泉连长率部与敌作逐屋战斗。近午时分王连长阵亡，官兵伤亡殆尽，仅剩一个班长率兵2名据守西北角一个碉堡，黄昏时，大批日军越过铁路，一波一波向守军阵地猛扑。激战至午夜，第9连连长林可贤阵亡，官兵伤亡

惨重。副营长李昌本前往指挥，旋即负伤，情势危殆。幸有第3师第8团第2营4连前来增援，战至天明，将敌击退。

第28团1营所在阵地7月15日夜被日军连冲3次，战至天明，赵国民营长负伤不退，阵地却被日军百余人突入。幸军部直属搜索营第2连及时赶至，奋力反击，将突入之敌击退，转危为安。

第3营代理营长瞿玉岗即配合前来的军部搜索营第1连展开于五桂岭东侧，向外新街日军反击。派出突击小组绕至外新街南侧，潜入木屋，于敌后纵火；主力同时由正面冲锋。激战至16日拂晓，将突入之敌全部歼灭。

7月22日至26日，日军轮番猛攻，守军奋勇堵截。

7月29日，日军施行步、炮、空联合攻击，守军伤亡枕藉，仍能确保阵地。

7月30日夜，日军约两个中队分四批向五桂岭北部进犯。彻夜激战，日军未

能得逞。

8月2日起，日军不分昼夜，对守军阵地滥行狂炸。

接防的第3师第8团第3营已伤亡极大，至下午4时，阵地大部陷入敌手，蒋国柱营长负伤不退。黄昏，第8团团长张金祥命第2营营长苏琢率领仅有的60余名官兵发起反击，战至午夜，将侵入阵地内的敌人全部歼灭肃清，而苏营长不幸阵亡，第3师速调师特务连连长赵培孚继任2营营长。

8月5日，日军继续以强大步兵，在优势炮空火力支援之下，向守军阵地猛攻，五桂岭每一处阵地均有两次以上的拉锯争夺战。虽有第3师直属部队及辎重团的1个营，先后分别向各阵地驰援，进行极为艰苦、惨烈的逆袭，勉强将失去的阵地一而再再而三地从日军手中夺回；但官兵伤亡的惨烈程度不堪想象。第3师第7团团长鞠震寰、第9团团长萧圭田全部受伤；鞠团长的伤势尤重。

五桂岭北部两度被日军突入，方军长命第190师第570团的官兵90余人，划归第3师第8团团长张金祥指挥，在两小时内，对日军进行不间断的反击，歼敌300人以上，稳定了危局。第8团俘获一日军士兵宫畸胜次郎，其交代日军在进攻时，往往将捕获的中国人脱掉衣服，强令赤膊在前开路，或抵挡子弹，或代其破坏守军障碍物，这些人大多惨死于阵前。日军的恶行令人发指，守军士兵个个怒发冲冠。

8月7日傍晚，日军对五桂岭北阵地发起全面总攻。我忠勇官兵与敌进行惨烈无比的拉锯战，后面的人踩着前面倒下的尸体，与同样踏着尸体而来的敌人轮番肉搏，虽能稳定危局，然亦无力尽驱突入之敌。在两败俱伤的情况下，敌我保持犬牙交错短兵相接的对峙局面。

292

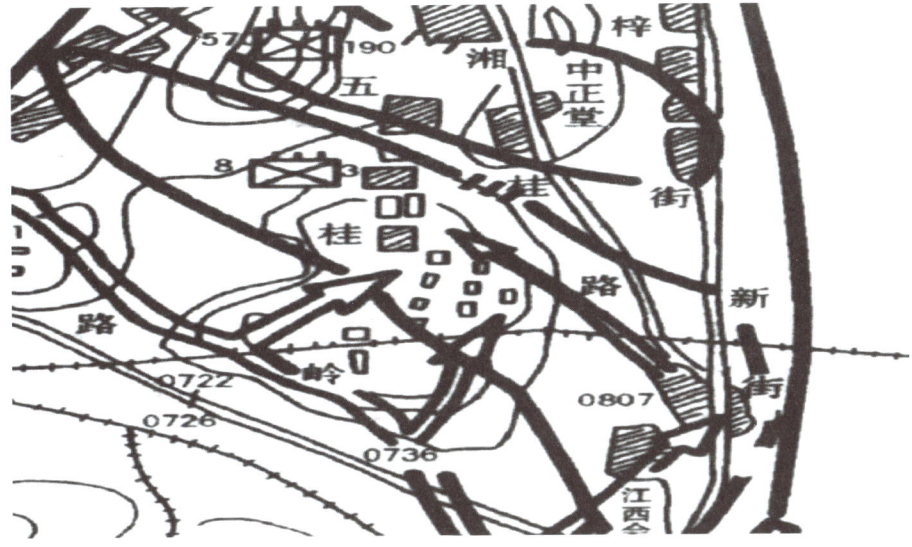

五桂岭殊死战当年作战地图

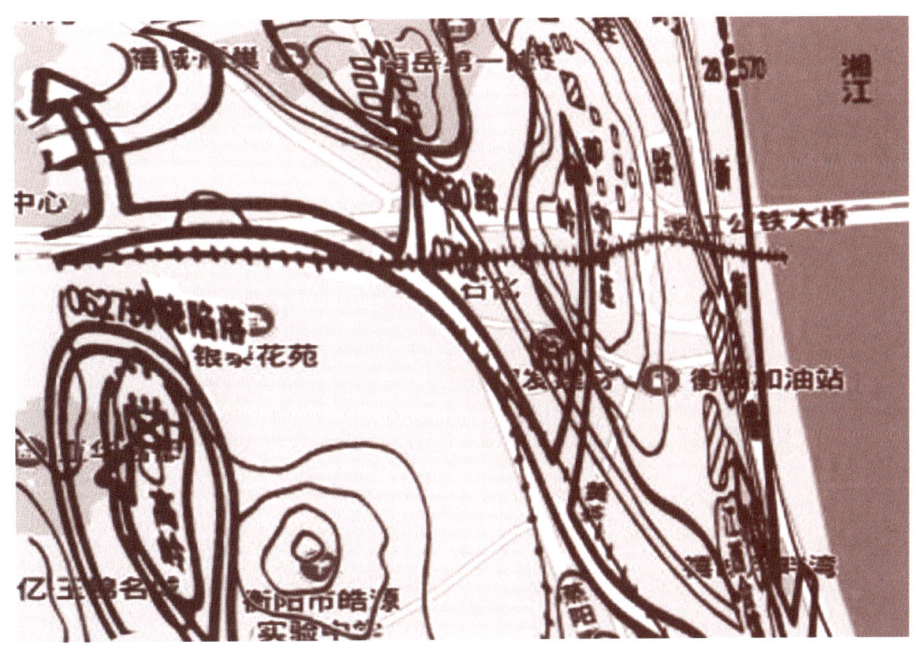

五桂岭殊死战今昔对比地图

城区街巷肉搏战

在全日激战、警报频传声中，第10军军长方先觉采取了紧急措施：将已编训的军部各单位幕僚和杂勤官兵，分配至市区各巷战工事中准备巷战。

杨林庙、杜仙庙巷战

第3师第7团第2营据守杜仙庙、杨林庙阵地，7月14日夜，营长谢英于杜仙街在指挥士兵反击中壮烈殉国，由该团团附侯树德接任营长。7月15日午，第2连连长储屋畲与日军争夺伏地堡时不幸阵亡。继任连长戴楚威，第二天在敌机大投燃烧弹时救护战友而灼伤全部肢体，倍受痛苦煎熬，与伤残官兵一同殉难。

日军飞机自8月2日起，不分昼夜，狂轰滥炸；日军炮兵则于8月3日午后开始，夜以继日地作地毯式猛轰；一部分野山炮更推进至守军阵地前百米以内，直接射击守军阵地之侧防机能；敌步兵于8月4日对守军阵地作自杀式冲锋，其攻势之猛、兵力之大、火力之强、持续时间之长，为开战以来所未见。

下午，杨林庙、杜仙庙，先后侵入日军40余人；侯树德营长乘其立足未稳之际，将其一举歼灭。

易赖庙前街巷战

第3师第7团第1营据守易赖庙前街。

7月22日晚至26日，日军炮火骤增，每日暮前、拂晓后，对守军阵地施行猛烈炮击。守军因炮弹用尽，对日军炮火无法反制，官兵伤亡极大。7月27日，日军飞机又竟日对阵地狂炸；黄昏时分，居然对易赖庙前街等阵地施行连续一昼夜的攻击。日军步兵冲锋5次，每次百余人，大部皆被歼灭于障碍物之前。外壕内填满敌尸。拂晓前，后续日军踏着尸堆冲入守军阵地。至7月28日，易赖庙前街东北角被敌约百余人占领。穆鸿才营长率部反击，与日军进行逐屋争夺战，

易赖庙前街巷战今昔对比地图

官兵伤亡极大；战至日暮，终将突入之敌肃清，恢复阵地。但穆营长及第3连王守先连长先后殉国；调第8团团附邹亚东任营长继续指挥。第3连连长由中尉排长吴俊彦继任。

8月4日，日军全日猛冲猛打，寇如潮水涌至，堵得东来西又溃，黄昏时，日军100余人侵入易赖庙前街，与守军第1营短兵相接，惨烈无比的逐屋逐碉争夺战发生。鞠震寰团长鉴于情势危殆，乃命第3营营长王金鼎率其残部100余人，加上因已无炮弹而转换成步兵的师直属防御炮连40余人，前往增援，背水一战，于午夜前尽歼敌众，阵地转危为安。

8月5日，日军继续以步兵在优势炮空火力支援之下，向守军阵地猛攻，战斗剧烈如狂风骤雨，终日不停。守军阵地全毁；守军官兵不眠不休，不饮不食，拼死奋战。入夜，日军更以雷霆万钧之力，发起猛攻。衡阳城内，火光冲天，散落在街巷的伤患官兵，被炸得血肉横飞，四处爬滚，哀号惨叫，凄绝人寰。易赖庙前街最终失守。

青山街巷战

第3师第7团第3营据守青山街、县立中学一带阵地。

青山街彻夜遭到优势之敌猛攻。

8月5日,一度为200余名日军侵入,王金鼎营长苦战已呈不支状态。深夜11时,周庆祥师长在军部开会,接到青山街阵地被日军突入的战况报告,立即率卫士排及司令部官兵70余人直奔青山街,周庆祥手持钢刀,率先冲入敌我混战的阵地,左劈右挡,刀片旋舞,连砍数人。士兵们无不为之鼓舞,忍不住高呼:"周师长!周师长!"全体将士一鼓作气将突入的200多日军全部消灭,在天明前夺回了阵地。周庆祥将卫士排留给了第7团。

8月6日9时以后,日军发起全面攻势,猛烈无比的炮空火力,给守军阵地以崩天塌地的震撼和难以估计的伤亡;而日军直接抵近射击的炮火,将阵地工事几乎夷为平地。未被击中而蛰伏战壕内的守军官兵,唯一以作凭籍的就是准备以有限的手榴弹,和冲锋前来的敌人进行决战;刺刀拼杀与肉搏,更是杀敌的必要手段。

8月7日拂晓,日军500余人突入青山街;日军第95大队占领了天主教堂,第93大队则突破了青山街阵地,双方展开巷战,反复肉搏,惨状空前。第7团第3营王金鼎营长所率队伍全部壮烈牺牲。

日军则向城内继续渗透。

8月8日凌晨3时以后,青山街完全失守。

演武坪巷战

第190师第568团所据守演武坪、杜家港一线阵地,虽连日遭日军步、炮、空袭击,但仅造成少数官兵伤亡;工事被毁则随即修复加强。日军未能越雷池一步。

演武坪坐落在衡阳城北,又称演武场,系明嘉靖十五年(1536年),当时兵备副使陈卿委千户胡宁等督建。坪中有点将台一座,台上正厅三间,观德楼三间,左右耳房各五间。台下有旗台、鼓台、左右厅各三间,垣堑外开沟壕,周围1300余丈,植柳树3000株。南面立"节制"石坊三座,前有砖砌屏坊一座,后建门楼一座,规制宏大,现已荡然无存。该地历来为军事操练检阅场所,故名"演武场"。

清顺治九年(1652年)8月,南明永历政权大将李定国攻占衡阳。11月,和硕敬谨亲王奉旨率清军10万"围剿",李定国迎战城外,未战三个回合便假装败退,和硕敬谨亲王追至演武坪,一通炮响,南明军三面杀入,亲王中了埋伏被斩马下,清兵大败。故演武坪不仅是

296

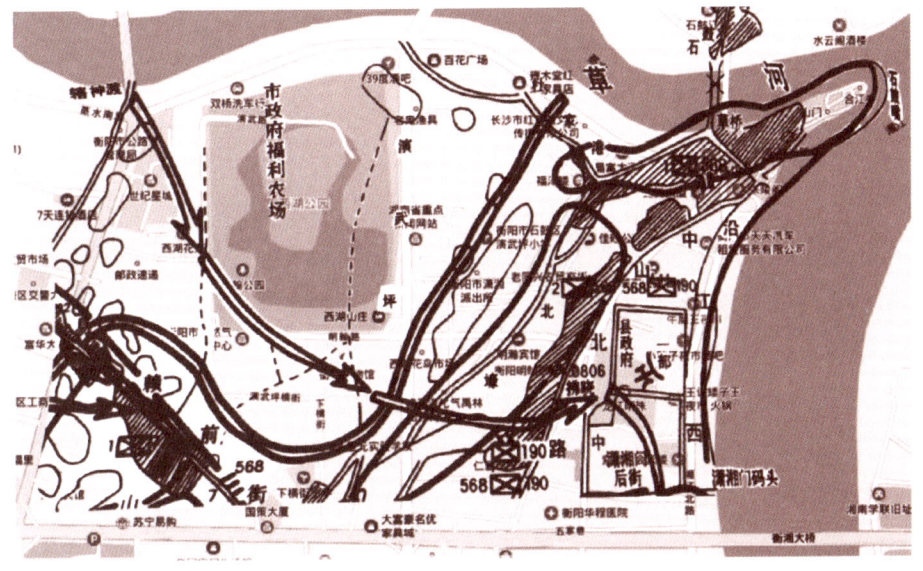

演武坪石鼓书院中山北路巷战今昔对比地图

集兵练武之地，还是反清战场。

1925年4月12日湖南省第八届运动会也曾在演武坪举行，旋将其改建为公共体育场。

1926年7月，北伐军到达衡阳，各界人士欢欣鼓舞，夹道欢迎。在演武坪举行军民联欢大会。

1929年9月，民国政府在衡阳演武坪修建飞机场。

衡阳保卫战战前，日寇狂轰滥炸，演武坪已是弹痕遍地，杂草丛生，变成了一片废墟。第10军第190师第568团据守演武坪、杜家港一线阵地，阻击日寇。

第568团阵地外壕为护城河，水深，

淤泥也厚。阵地后方为野战医院，有伤病员数百。护城河处有一涵洞，洞口昼间铺设门板木材搭成便桥，去对岸搜取菜类，未撤除。

8月6日凌晨3点，涵洞被日军发现。夜晚，日军十余人利用这个通道，暗匍接近，造成突破口。日军第58师团一部突入衡阳城小西门，攻击中使用了化学武器。中国守军逐屋巷战，日军进展艰难。

9时，日军炮火地崩天塌，将守军阵地夷为平地，第5连罗夫连长及官兵20余人全部殉国。日军50余人继而围攻左翼第3营阵地，鹿精忠营长指挥所部约30人奋力冲杀。正在危急之时，副团长李适率军械官墨德修及团部官士20余人前来增援，合力歼敌。

李适副团长腹部中弹阵亡。残敌30余人凭天主堂坚固建筑物进行顽抗，容有略师长报请方军长派特务营曹华亭营长率100余人前来支援。当部队行至县政府转角处时，被日军从天主教堂内发射掷弹筒袭击。官兵在进攻中伤亡过半，第4连连长井永泉不幸阵亡，反攻受挫，双方成相持状态。第4连1排排长黄学云受伤不退，用最后一枚手榴弹与日军同归于尽。

后续日军在正面进攻，占据天主教堂的日军在背后射击，曹华亭所率的残余人员，像肉饼一样被挤夹在一起，眼看大势已去，曹华亭又担心方军长的安危，就带着仅剩的5名士兵撤回去了军部。

8月8日10时，从演武坪突入的日军获得增援，向市中心区突进，守军已无预备队可资堵截。

第190师第568团全团士兵战后只有3人生还。

司前街巷战

8月6日9时以后，日军向守军阵地发起全面攻势，猛烈无比的炮空火力，给予守军以地崩天塌的震撼和难以估计的伤亡；而日军直接抵近射击的炮火，将阵地工事夷为平地。未被击中而蛰伏战壕内的守军官兵，唯一的倚靠就是以有限的手榴弹和刺刀与冲锋前来的日军士兵背水一战；司前街的防务由暂编54师派师司令部的幕僚及勤杂官兵组合的一个连接替。

在司前街上，鞠震寰团长左脚受伤，由两个士兵抬着坐担架率领这个连与日军展开巷战。战至9时，鞠震寰团长被日军团团围住，仍单腿依墙反抗，誓死不降，被日军用机枪当靶子扫射而亡。守军由非战斗人员组成的连队顿时守备瓦解，一时成混乱状态。

司前街最终失守。

刚直路巷战

如今的人民路原名刚直路，为纪念彭玉麟而命名，是衡阳城区主干道之一。衡阳保卫战最后的24个小时，日军第58师团一部由北门突入，与从小西门突入的第116师团在刚直路会合，同时占领了衡阳城区的制高点钟鼓楼。守军利用断墙、井台、土堆顽强抵抗，打一枪换一个地方，作散鸟状。无奈敌众我寡，全部被日军围歼。

汽车西站巷战

8月2日，第3师第9团3营7连连长张志贞，带领部下仅剩的三十余人，由西禅寺阵地(现衡阳男科医院)，向汽车西站发动了自杀式夜袭。

第7连与第9连原来据守蒸水北岸来雁塔至望城坳一线。6月28日拂晓即被日军重点围攻。在炮火支援下，守军背水而战，利用两个据点相互侧防，奋勇杀敌，给予日军重创。之后日军大量增援，望城坳阵地被突破，第9连连长许健及两个排长牺牲，第3营营长孙虎斌指挥第7连连长周炳生率兵两排反击，反击中周炳生连长咽喉被子弹贯穿，送医数日后亡故，排长张志贞升任连长。周炳生

系福建建瓯人，1942年22岁的他毕业于黄埔军校第17期第21总队步兵科。

张志贞继任连长后，茶饭不思，坐卧不安，老连长周炳生的英武形象在脑海里挥之不去，他一门心思就是找机会为老连长报仇。于是有了这次双方兵力极为悬殊的夜袭。

张志贞率兵30余人全歼了日军一个重机中队，张志贞本人与19名士兵亦在夜袭中殉国。

第10军士兵展开巷战

泰梓码头巷战

预备第10师工兵连黄仁化连长曾在此遭到炮击而献身。他的部属一直在此坚守。

将近一个半月的鏖战，让他们越来越体会到军长战前下达的"三不打原则"带来的好处。一是看不见不打：即在敌人破坏阵地前障碍物时，不要轻易射击，以藏匿我军火力点的位置。二是瞄不准不打：必须等待敌人大部队通过破坏口，进到外壕沟时，便突然集中火力将他们歼灭。三是打不死不打：等待敌人开始攀登阵地前绝壁下时，再用手榴弹将他们歼灭。

巷战同样如此，这让他们节省的弹药赖以坚持杀敌。

道后街巷战

军政部属下的69号兵站医院本驻扎在粤汉铁路线的渌口站，1944年5月底，奉命拨归第10军，第二天便轻装向衡阳出发。

衡阳市中心有条道后街，这条街有六七家银行，房屋设施较好，战前已全部停业。69号兵站医院就设在湖南省银行总行坚固的院内（今解放路与蒸阳南路口至中山南路段），并以银行钢筋结构第地下室作为手术室，部署了伤运线、包扎所，做好了一切收容伤员的准备工作。

衡阳城毕竟为弹丸之地，日军飞机几十天的连番轰炸、大炮轰击，昼夜硝烟弥漫，伤员已无一合适场所安置，无

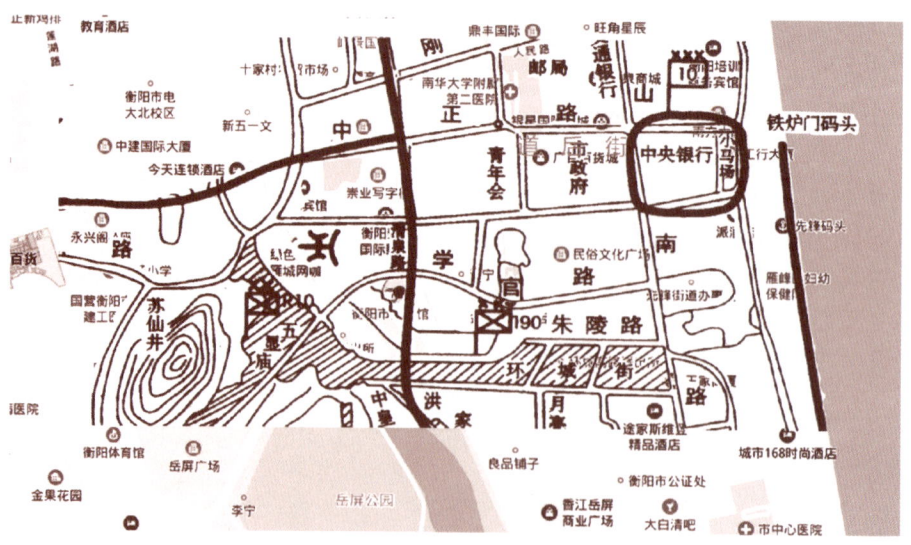

道后街巷战今昔对比图

300

法按序救治。有的伤员多次受伤或眼看着被飞机炸死亦不在少数；伤者无法安居治伤，死者亦无法掩埋。尸横遍野，其惨烈之状令人痛悼。方军长几次来医院慰问伤兵，伤员们抱住军长的大腿失声痛哭。方先觉泪流满面，痛不忍睹。那种大敌当前官兵生死与共、慷慨悲壮的场面，那种官兵同仇敌忾、忠心报国的情绪，令人深为感动。站长李遇平当晚即挥笔作诗一首：

> 血雨腥风浴昏月，
>
> 湘江残桥存忠骸。
>
> 功过是非谁定论，
>
> 抗日将士心无愧。

上千名守军伤员在这里进进出出。

每一个人都同时患有多种疾病，他们都是从张家山、虎形巢、五桂岭、雁峰山、西禅寺、拓里渡等阵地上抬卜米的幸存者。他们有些已在此医治一个多月了，蓬头垢面、衣衫褴褛如同行尸走肉！头发和胡子连成一片，比叫花子还不如。主要是缺医少药，粮食一开始也不能给他们放开吃，每顿饭控制着他们吃个半饱，因为许多伤员的胃已经严重萎缩，有几个还是胀死的。由于控制了饮食，又无其他营养品，有些伤员为了补充维生素或调调口味，都想方设法地来寻找食物，一个个挂棍裹臂的想在田地里抓田鼠吃，可田地都让炮弹掀翻了

一个遍，田鼠毛都没见到一根。有些人拉肚子拉得已经没有力气脱裤子了，干脆把裤裆拉开变成了孩子的"开裆裤"。他们原本稍有恢复就得往后方医院运送，但衡阳城被围得水泄不通，不知后方在何处。

8月7日上午，69号兵站医院被日军包围，700多个不能行动的重伤官兵无一人举白旗，无一人哀叫投降，一个个脸色凝重，一个个怒目圆睁。突然，一个卧在病床上的伤员从枕下摸出一颗手榴弹，还没来得及甩出，便被日军击毙了，随着手榴弹的爆炸声，屠杀开始了。在一阵阵枪弹声中、在一轮轮刺刀底下，伤员们发出一声声惨叫、翻滚、抽搐、蠕动，结束了本就奄奄一息的生命。

全城巷战的机枪声、炸弹声越逼越近、越演越烈。

凶残的鬼子残暴地屠杀了医院里700多重伤官兵。

抗战胜利后道后街改名为"荣誉路"。

中山南路巷战

据1942年的衡阳市金融业统计，银行售托保险市面日平均流动资金达法币5亿元；日平均承兑款达法币3千万元。衡阳的银行可以按性质可分为三类，即

国家银行、地方银行和商业银行。另外钱庄、钱号无法统计。国家银行有中央银行衡阳分行、中国银行衡阳办事处、中国银行衡阳盐业局办事处、交通银行衡阳支行、中国农民银行衡阳办事处、邮政储金汇业局衡阳分局等。

中山南路的中央银行衡阳分行1938年1月成立，代理国库，发行货币，办理存款、汇兑、贴现等业务。

1944年中央银行衡阳分行停业，改为第10军军部。

8月6日下午3时，方军长在中央银行指挥所召集4位师长和军参谋长举行紧急会议，研究如何应付艰难的战局。大家一致认为：日军攻势如此猛烈，守军已再无可抽兵力，同时，手榴弹、步机弹即将告罄；如果援军不能及时到来，守军撑不过3天。周庆祥师长主张突围；但城内6000多伤患者将坐以待毙。最后，方先觉决定死守。除了不成功便成仁的死守之外，再没有其他可走之路！

方军长在此发出了他传奇47天的最后一份电报。

战场上的壕沟、街巷已经被中日两军的战死者填满或堵塞。要越过壕沟或走出街道就必须在已经腐烂的尸体上行走。一不小心就会扑哧扑哧地溅上尸体的腐液。姿势有所抬高的话就会遭到对方子弹的射击。

8月8日，凌晨1点左右，幸存者基本被压迫至市中心银行附近几处的断垣残壁之下。

城南阵地尚维持完整，仍有官兵与日军苦战不休；其他各区域，各街道因指挥系统瓦解，官兵只能各自为战。此时此地，草木含悲，人人只打算如何杀死一个以"找回本钱"；杀死两个便"赚一个"，无一人退却，亦无一人逃亡。

此时枪炮声已经稀疏，日军飞机低空盘旋，机身的红绿尾灯与探照光柱，不时在守军士头顶掠过，还在抛散着"和平参加证"之类的宣传品。日军从四面八方涌来，天已拂晓，一均暴露在强敌面前，于是不约而同的将随身武器及重要文件藏于墙缝，扔向井中，失声痛哭。直至日落时分，枪声始逐渐沉寂；47昼夜轰轰烈烈的衡阳保卫战，在幸存官兵泣血锥心的痛苦中结束。

罗星明

英雄不应该被忘却，尤其是那些为抵御外寇入侵、捍卫民族独立而牺牲的民族英雄。

我们重启尘封的史料，穷搜遗落的记忆，尝试以文字和影像来还原历史真实，目的就是让曾经为捍卫我们脚下这片土地而付出鲜血和生命的英雄们依然鲜活，在薪火相传的文字中，在袅袅升腾的炊烟中，依然不绝如缕。

发生于上个世纪中叶，也就是1944年夏月的衡阳保卫战，中国军队以不足一个军编制的1.7万人，与寇入我大陆纵深衡阳的10万日军虎狼之师，在当时约为1平方公里面积的狭小区域拼死缠斗，毙伤日军4.8万人，坚守阵地达47天。在双方兵力如此悬殊的情况下，中国军人竟能以少敌多，御敌如此长久，创造了中国抗日战场绝无仅有的战例，也创造了整个二战盟军与法西斯作战艰苦卓绝之战例。

孤城，残军，临危受命。方先觉军长和他率领的第十军，以血肉之躯，壮怀激烈，拼死一战，坚守衡阳战略要地，打出了"泰山军"的威武不屈，打出了中国军人的血性荣光。在每一处断崖、每一个堡垒，每一处壕沟，中国军人都血拼死守，誓与阵地共存亡，让疯狂进攻的日本侵略军横尸阵前。1944年12月20日的《救国日报》在社论中曾这样评价："抗战八年，战死疆场的英雄烈士，至少数十万人；而保卫国土，至死不屈者，亦不在少数；而其对国家贡献最大，于全局胜败有决定作用者，当推衡阳之守军。"

当然不仅仅是军人，还有同仇敌忾的衡阳民众，他们倾其所有给予中国守军以巨大支持。据粗略统计，当时全市就动员了各行业人员13万人修筑工事，

303

捐献木料130万余根，铁轨钢材、建筑材料无数，依照衡阳山形地势，构造了日军侵华以来从未遭遇的绝壁深壕工事，为中国军队坚守孤城创造了据险坚守的牢固阵地。此外，城区市民在疏散过程中，无不主动留下大批粮食、盐巴、肉菜、药品，以供守城将士使用。并有数千民工协助守城。战斗中，孤城周边仍有各地民众冒着炮火为中国守军提供援助。是役结束，衡阳全城被夷为平地，全市几十万市民家产损失殆尽。可以说，遍观二战整个中国战区，能像衡阳保卫战期间那样，老百姓不顾身家性命，援助己方军队的情形亦少之又少矣。在延安的毛润之先生对此感慨系之，他在《解放日报》撰文评价说："坚守衡阳的守军是英勇的，衡阳人民付出了重大牺牲"。

毋庸置疑，这一场在二战史上被认为促使了东条英机内阁下台，迟滞了日军大本营打通中国南北交通线的"一号作战"命令实施的著名战役，应该彪炳史册。当数十年后硝烟散尽，在一些幸存者的口述中，在一些文史工作者的追记中，在朗朗民间、郁郁文坛，有关衡阳保卫战的诸多史料正重新还原、归集，此时，我们犹能感受到七十多年前的血雨腥风、战云密布的气氛。无论岁月多么刻薄，人们不会淡去对衡阳那场与外寇厮杀的记忆，书写在历史天空上的英雄史诗惊天泣神，只能仰视。

如果当前出现的许许多多文字和影视作品，是试图用历史的长镜头来对衡阳保卫战进行宏大叙事，那么，《血性衡阳》一书的作者蒋昭芒先生，则是另辟蹊径，聚焦一个个独立的小故事，譬如在他的笔下，我们看到了打响衡阳保卫战第一枪的第10军暂编54师第一团1营营长、湖南湘西人杨济和；八炮齐放、端掉日军中将佐久间为人的第10军预备第10师第28团迫击炮连连长、安徽桐城人白天霖；腰悬战友骨灰、誓死复仇的第10军第3师第7团第2营营长、安徽太和人侯树德；也看到了代表本地民众抗敌决心的衡阳抗敌后援会成员、船老大和王才德，等等。通过这些人物小故事串起来的情节，可以让读者深刻感受到来自不同地域的中国军人，在面对强寇入侵时的男儿血性和慷慨赴死的民族精神；也正是有这些军人、民众的携手御敌，才让不可一世的日本侵略者魂惊魄散，感慨此役"牺牲之大，令人惊骇！"。

昭芒先生虽久居岭南，然根系衡岳湘水，闲暇之余，对故乡衡阳历史掌故、人情风物多有留意和研究，常广搜博采、熟稔于心，而后发之笔端，洋洋洒洒，情动其中，令人读之受益。尤其是在我们深入学习领会《习近平在纪念中国人民抗日战争暨世界反法西斯战争胜利70周年大会上的讲话》《习近平在第十次文代会、第九次作代会上的讲话》之后，再读《血性衡阳》，更感觉到这是我们今天进行爱国主义教育的又一佳作，现实意义深远。

昭芒先生嘱我为他撰写的《血性衡阳》一书作序，百忙一暇，然读之血脉偾张，遂信笔匆匆涂鸦数语以不负所托。

是为跋。

2018年11月于广州

后记
AFTERWORD

比较衡阳保卫战中的血色数据，聆听衡阳保卫战中的喋血故事，凝视衡阳保卫战战场图片与锈迹斑驳的枪弹，无不字字锥心，句句泣血。整整一代人的情怀，也是那一年生人最美的芳华。

当时的中国战场统帅蒋中正先生称，衡阳之战"为抗战以来所未有"。

美国国会图书馆资料记载："衡阳保卫战，10万以上的日军包围了1.7万名中国军人。当中国军队在衡阳击败日本的第二波进攻并击毙2.5万日军之后，日本首相东条英机倒台。经47天血战之后，衡阳于8月8日陷落。日军死伤超过7万人，其中4.8万人被击毙；中方死伤1.5万人，其中7400人捐躯……"。

不可一世、狂傲至极的日本侵略者不得不在自己的战史中记载：衡阳之战是唯一一次日军伤亡超过中国军队的战例。承认此役"牺牲之大，令人惊骇！"。

从6月23日拂晓日军进攻开始，到衡阳沦陷之前的这47天里，中国守军没有一个士兵逃跑、投降。衡阳的外围阵地是在6月27日失守的，阵地上的中国守军，连同伙夫在内，全部战死。孤城之内，尽是决死之心。

正是伟大的中国士兵在绝望中坚守，在血脉偾张中奋起一搏，终于让日寇在入侵中国以来开始感受到了战栗和恐惧，也让历史记住了中国军队序列中最英勇的方先觉的"泰山军"。

74年前，在世界反法西斯同盟，"泰山军"英勇善战善守的英名全球流传；74年前的衡阳，又一次以血染的数据、血红的故事为不屈的中华民族作了坚贞的注释。74年前的衡阳，挽救时危解黎民倒悬，不屈脊骨壮社稷增辉。

壮哉，衡阳！攒石磨炮，挖壕狙击；血肉筑城，铁血驱虏；弹尽粮绝，虽死犹荣。

伟哉，衡阳！同仇敌忾，时艰节现；义薄云天，气冲斗牛；千秋万代，不朽功勋。

参考资料：

《衡阳抗战铸名城》政协衡阳市委编

《浴血孤城》萧培　著

《衡阳保卫战亲历记》蒋鸿熙　著

《落日孤城》张和平　著

衡阳图书馆丁民老师提供部分资料、人物肖像与历史图片，并制作全部今昔对比地图。

网络参考资料及其它书目，恕不逐一署明。

在此一并衷心致谢！

衡阳抗战纪念城纪念碑